MBA

面试闯关一本通

郭郖　丁磊 ◎ 主编

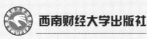

西南财经大学出版社

中国·成都

图书在版编目(CIP)数据

MBA 面试闯关一本通/郭郢,丁磊主编.—成都:西南财经大学出版社,2024.1
ISBN 978-7-5504-6080-5

Ⅰ.①M…　Ⅱ.①郭…②丁…　Ⅲ.①工商行政管理—研究生—入学考试—自学参考资料　Ⅳ.①F203.9

中国国家版本馆 CIP 数据核字(2024)第 014138 号

MBA 面试闯关一本通
MBA MIANSHI CHUANGGUAN YIBENTONG

郭郢　丁磊　主编

责任编辑:李特军
责任校对:冯　雪
封面设计:张姗姗　郭　郦
责任印制:朱曼丽

出版发行	西南财经大学出版社(四川省成都市光华村街 55 号)
网　　址	http://cbs.swufe.edu.cn
电子邮件	bookcj@swufe.edu.cn
邮政编码	610074
电　　话	028-87353785
照　　排	四川胜翔数码印务设计有限公司
印　　刷	郫县犀浦印刷厂
成品尺寸	185mm×260mm
印　　张	17.625
字　　数	373 千字
版　　次	2024 年 1 月第 1 版
印　　次	2024 年 1 月第 1 次印刷
印　　数	1—3000 册
书　　号	ISBN 978-7-5504-6080-5
定　　价	39.80 元

编委会

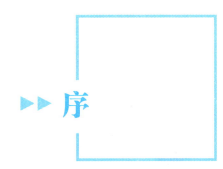

▶▶ 序

尼采说，每一个不曾起舞的日子，都是对生命的辜负。我们就是这样一群在路上奋斗、让生命起舞的人。MBA 是一类专业学位，一种学习方式，更是一种生活态度，选择 MBA 就意味着选择了奋斗、担当、精彩、共赢的人生。回顾废寝忘食、排除万难备考的日子，这段经历是辛苦的却也是难忘的，因为它孕育了潜移默化的蜕变，见证了重塑自我的过程。

当我们通过管理类联考的考验后，面试就是横亘在我们与成功上岸之间的高山。轻视面试环节、忽略自我认知、缺乏全面准备、缺少科学方法等都有可能使面试折戟。为了帮助每一位准 MBA 高效完成面试准备，品睿教育整合强大的师资力量，将十四年来呕心沥血积累的面试经验集结成书，希望为大家的闯关之路提供一张详细地图、一份作战指南、一个救命锦囊。品睿教育始终与您相伴，让我们的 MBA 人生不再孤单。

这本书或许与市面上其他的 MBA 面试指导书有所不同，我们的特色体现为共情、简约、真实、高效。

【共情】本书的全体编委都是管理类联考和 MBA 面试的亲历者，更是拥有多年 MBA 面试辅导经验的引路人。全书选择"我们"的视角，因为千千万万的读者都是"我们"的一员。编委们不仅熟知 MBA 面试的重点、难点与要领，而且还能根据报考院校和项目的面试要求为大家量身定制面试攻略。

【简约】每位读者在现实中都是平衡工作、学习与生活的高手，但我们仍然希望面试闯关的全过程不会成为沉重的负担。至繁归于至简，本书舍弃了传统面试辅导书的繁文缛节，保留了满满的干货，言简意赅地阐述内容，力争最大限度地节约备考精力与时间，使大家能快速上手、迅速得手。

【真实】本书全面、详实地介绍了面试概况与分析、准备要求与方法、闯关指南与策略等内容，贴合面试实际。书中涉及的题目、解析与学员案例都是源自多年面试辅导的真实素材，学习资料与范文也与社会经济生活息息相关。

【高效】本书三篇十章的结构布局，打开了面试闯关的全局视野，使大家对面试是什么、为什么、怎么做等问题一目了然。同时，各篇章之间相互独立，大家可以根据报考院校和项目的实际情况进行菜单式的自主学习，把宝贵的时间花在刀刃上，提高面试闯关的成效。

本书由郭郢、丁磊主编，张欢、毛静、郭海澜、景晨羲、张舟、周恒等参与编撰，品睿教育团队也提供了不可或缺的支持。在此谨对所有付诸心血和给予帮助的伙伴们表示诚挚的感谢。现代管理学之父彼得·德鲁克说，管理的本质是激发每一个人的潜能与善意，我们同样相信"授人以鱼不如授人以渔"。希望本书的每一位读者都能从中获得知识、方法与力量，顺利通过面试，开启无限精彩的 MBA 人生！

品睿教育

2024 年 1 月

▶▶ 目录

总论篇

准备篇

123/ 第六章　思维训练

闯关篇

137/ 第七章　申请材料关

239/ 第十章　英语听说关

总 论 篇

知彼知己，百战不殆；

不知彼而知己，一胜一负；

不知彼不知己，每战必殆。

——《孙子兵法》

第一章

面试概述

一、项目介绍

1. MBA 介绍

工商管理硕士（Master of Business Administration，MBA）于 1908 年诞生于哈佛大学商学院，到现在已有超过 110 年的历史。MBA 项目旨在培养未来能够胜任工商企业和经济管理部门高层管理工作需要的务实型、复合型和应用型高层次管理人才。

> 北京大学光华管理学院 MBA 项目培养目标："一直致力于培养具有社会责任感和全球视野的高级管理者与未来商业领袖。"
>
> 复旦大学 MBA 项目的使命："借助中国经济高速发展的强劲动力和复旦大学管理学院的优质资源，培养具有全球视野又深谙中国国情的青年精英、未来领袖。为经济繁荣和社会发展做出贡献！"
>
> 上海交通大学安泰 EMBA 的培养目标："培养具有全球化视野、战略性思维、卓越领导力和社会责任感的领导者。"

中国从 20 世纪 80 年代开始学习和引进 MBA 教育。1990 年，国务院学位委员会办公室（简称国务院学位办）正式批准设立 MBA 学位并试办 MBA 教育。1991 年，国务院学位办批准 9 所国内高校开展 MBA 教育试点工作，分别是清华大学、中国人民大学、天津大学、南开大学、复旦大学、上海财经大学、厦门大学、哈尔滨工业大学、西安交通大学。此后，中国内地陆续批准了更多高校为 MBA 教育培养单位。2021 年

7月26日，教育部《2020年学位授权审核结果公示》新增MBA办学院校26所①。目前全国共有277所MBA院校招生单位，如图1-1所示。

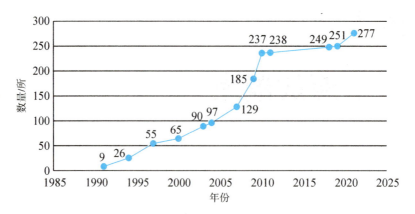

图1-1　1991年至2021年中国内地MBA招生院校数量

数据来源：教育部官网

　　MBA项目最早分为单证和双证两类，单证项目的学员完成学业后只获得工商管理硕士学位证，双证项目的学员完成学业后同时获得工商管理硕士学位证和硕士研究生毕业证。报考单证项目的学员参加每年10月的全国联考，通过复试后，次年3月入学。报考双证项目的学员参加每年12月的全国联考，通过复试后，次年9月入学。国务院学位委员会《关于2014年招收在职人员攻读硕士专业学位工作的通知》② 规定，"从2016年起，不再组织在职人员攻读硕士专业学位全国联考，除高级管理人员工商管理硕士外（EMBA），其他类别的在职人员攻读硕士专业学位招生工作，将以非全日制研究生教育形式纳入国家招生计划和全国硕士研究生统一入学考试管理。"此次调整之后，10月联考随即取消，仅保留12月的全国联考，参加全国联考的MBA考生，无论选择全日制还是非全日制学习方式，完成学业后都会获得双证。

　　MBA全国联考始于1997年，全国联考即在MBA招生中实行统一考试科目、统一考试大纲、统一命题、统一阅卷以及统一录取标准的全国联合考试制度。目前MBA全国联考已经升级为管理类专业学位硕士研究生入学统一考试，简称管理类联考综合能力（科目编号199）。工商管理硕士（MBA）、会计硕士（MPAcc）、工程管理硕士（MEM）、公共管理硕士（MPA）、图书情报硕士（MLIS）、旅游管理硕士（MTA）和审计硕士（MAud）七个专业型硕士的笔试均为管理类联考，联考科目包括"综合能力"与"英语二"两科，总分300分，在同一天内完成考试。其科目信息如表1-1、

表 1-2 所示。

表 1-1　综合能力科目信息

科目	科目分值	题型分布	考试时长	总分值
数学	75 分 （25 题，每题 3 分）	问题求解 15 题 条件充分性判断 10 题 （单选题 5 选 1）	180 分钟 （8:30~11:30）	200 分
逻辑	60 分 （30 题，每题 2 分）	逻辑推理题 30 题 （单选题 5 选 1）		
写作	65 分 （论证有效性分析 30 分， 论说文 35 分）	论证有效性分析 1 题 （600 字左右） 论说文 1 题 （700 字左右）		

表 1-2　英语科目信息

题型	题型分值	题型分布	考试时长	总分值
语言知识运用 （完形填空）	10 分 （20 题，每题 0.5 分）	1 篇文章 （约 350 词）	180 分钟 （14:00~17:00）	100 分
阅读理解 A （传统阅读）	40 分 （20 题，每题 2 分）	4 篇文章 （约 1 500 词）		
阅读理解 B （新题型）	10 分 （5 题，每题 2 分）	1 篇文章 （450~550 词）		
翻译	15 分	英译汉 1 题 （约 150 词）		
小作文	10 分	应用文 1 题 （100 词以上）		
大作文	15 分	短文写作 1 题 （约 150 词）		

2. EMBA 介绍

　　高级管理人员工商管理硕士（Executive Master of Business Admini-stration，EMBA）最早诞生于美国芝加哥大学管理学院。1999 年，北京大学光华管理学院在内地商学院中率先创办 EMBA 项目。2002 年 7 月，国务院学位办批准北京大学、清华大学、浙江大学、上海交通大学、西南财经大学等 32 所高等院校开展高级管理人员工商管理硕士专业学位教育，各院校开始陆续招生。EMBA 旨在培养具有高度政治素养、责任心和职业道德的中高层管理者。

北京大学 EMBA 的培养目标：旨在培养具有社会责任感的行业领袖，帮助他们提高领导和创新能力，洞察行业趋势，引领时代潮流，带领企业在经济变革中"破晓生花"，从"大"到"伟大"。

清华大学 EMBA 的培养目标：培养具有良好的商业道德，具有较强开拓创新能力和领导能力，掌握系统的现代管理知识和国际经济、技术发展的最新动态，具有国际经营战略头脑和总揽全局的决策能力，适应国际竞争需要的企业家和高级职业经理人。

复旦大学 EMBA 培养目标：以培养"将帅之才"为宗旨，不仅为具有丰富管理实践经验的企业家、高级经理人员提供全面的、系统的、国际化的现代工商管理教育。更以百年积淀和人文底蕴为基础，帮助学员积累内涵修养，完善知识结构，激发创新潜能，培养肩负中华民族复兴使命的各行业领袖！

2002—2016 年，EMBA 项目采取各招生院校自主命题考试的方式自主招生，学员完成学业后只获得高级工商管理硕士学位证，没有硕士研究生毕业证，即单证。从 2017 年起，全国各院校 EMBA 项目统一纳入全国硕士研究生考试招生，考生参加管理类专业学位硕士研究生入学统一考试，由教育部划定统一的工商管理硕士专业学位分数线并向社会公布，培养院校按照国家统一招生政策自主录取。自 2016 年 12 月 1 日起，各培养院校不再自行组织 EMBA 专业学位研究生招生考试。一般来说，各院校的 EMBA 笔试分数线与 MBA 一致（个别院校例外）。

2016 年 3 月 28 日，教育部公布的《教育部关于进一步规范工商管理硕士专业学位研究生教育的意见》① 规定，从 2018 届开始，EMBA 学员完成学业后将获得双证，即工商管理硕士学位证和硕士研究生毕业证，绝大部分院校 EMBA 的学位证和毕业证与该校 MBA 一致（个别院校例外，颁发高级管理人员工商管理硕士学位证和硕士研究生毕业证书）。

除了参加管理类专业硕士研究生入学统一考试的 EMBA 项目之外，EMBA 招生考试还有两项特殊安排。第一是北京大学（包含光华管理学院、汇丰商学院、国家发展研究院）和清华大学（包含经济管理学院、五道口金融学院）联合组织 EMBA 项目的招生考试，简称清北 EMBA 联考。此项考试笔试科目为"EMBA 联考综合能力"，时间 3 小时，满分 200 分，主要考查考生的英语阅读水平、逻辑思维能力、管理实践经验及商业判断能力。第二是中欧国际工商学院和长江商学院的 EMBA 项目，招生考试由学校单独命题，笔试科目、时间与内容各有不同。

----

① 教育部. 教育部关于进一步规范工商管理硕士专业学位研究生教育的意见［EB/OL］.（2016-03-22）［2021-09-24］. http://www.moe.gov.cn/srcsite/A22/moe_826/201604/t20160406_236783.html.

二、提前面试概述

MBA/EMBA 面试分为正常批次面试和提前面试两类。参与正常批次面试的学员按照硕士研究生正常的招生录取流程，先进行笔试，笔试成绩达到全国硕士研究生招生考试初试基本分数线及报考院校的专业分数线后，再进入面试环节。提前面试与此流程有所不同，下文将详细介绍。

1. 提前面试介绍

2010 年，清华大学经管学院在全国率先推出了 MBA 项目提前面试改革。其后，国内多所知名院校 MBA 项目先后实行提前面试，将全部招生名额或部分招生名额通过提前面试的方式进行招生录取。截至目前，对于准备报考北京大学、清华大学、中国人民大学、上海交通大学、复旦大学、西安交通大学等名校的考生而言，提前面试已经成为主要的选拔方式。

MBA 项目的传统招生录取流程如图 1-2 所示。考生需要先在 9 月 24 日至 27 日预报名或 10 月 8 日至 25 日期间，每天 9:00~22:00 正式网络报名时，选择唯一一所招生院校的 MBA 项目，再参加每年 12 月中下旬举行的管理类联考（包括"综合能力"和"英语二"两个科目）。待次年 2 月份管理类联考成绩公布后，各招生院校根据国家统一划定的分数线或自主制定的分数线（第一批 34 所"985"工程院校具有硕士研究生自主招生划线权），确定分数高于分数线并获得复试资格的考生名单，并在其后组织复试。

9月、10月
网上报名
10月、11月
网上或现场
确认报名信息

→

12月第三周
或第四周周六
参加全国统考

→

达到报考院校项目
分数线
获得正常批面试
资格

→

参加正常批面试

→

通过后
获得录取资格

图 1-2　MBA 项目的传统招生录取流程

提前面试是对 MBA/EMBA 项目传统招生录取流程的重大改革，招生院校将复试环节的核心板块面试由原先的笔试之后提前到笔试之前进行。提前面试有助于学校提前遴选并锁定职业发展背景优秀且管理综合素质较高的生源。通过提前面试的考生在笔试环节将获得独特的优势，他们报考的绝大多数院校所要求的分数线与正常批次报考的分数线相比会大幅下降，等于甚至低于国家线的水平。这部分考生的笔试成绩达到院校要求后，一般只需要参加英语和政治复试，考核通过后即可被院校录取。目前部分顶级名校，例如北京大学和清华大学的 MBA/EMBA 项目甚至不接受正常批次报考，要求所有考生全部参加提前面试，获得北大预录取、有条件录取或者清华有条件录取、条件录取递补资格才能继续报考。提前面试招生录取流程如图 1-3 所示。

参加申请院校组织的MBA/EMBA提前面试 → 通过面试获得预录取有条件录取条件录取资格等 → 12月第三周或第四周周六参加全国统考 → 笔试联考分数达到院校分数线后且参加政治和英语口语考试通过 → 获得录取资格

图 1-3　MBA/EMBA 项目的提前面试招生录取流程

2. 提前面试结果介绍

各院校提前面试的结果略有差异，大体分为预录取、有条件录取或者条件录取、条件录取递补资格几类。我们以北京大学光华管理学院（北大光华）和清华大学经管学院（清华经管）的 MBA 项目为例：

（1）预录取与有条件录取

北京大学光华管理学院 MBA 项目的提前面试结果分为"预录取""有条件录取""等待"和"未被预录取"四类。

·获得"预录取"和"有条件录取"资格的考生方可报名参加全国管理类联考。

·获得"预录取"资格的考生，报考北大光华 MBA 项目，管理类联考成绩超过国家 A 线且思想政治理论成绩合格，即可获得"初录取"资格。如考生的管理类联考成绩未达国家 A 线，原项目的"预录取"资格可保留至次年，次年可以直接报名参加全国管理类联考。

·获得"有条件预录取"资格的考生，报考北大光华 MBA 项目，管理类联考成绩超过国家 A 线且思想政治理论成绩合格，在"预录取"考生因放弃预录取资格，或者管理类联考成绩未达国家 A 线，或者思想政治理论不合格等原因而未被"初录取"的情况下，可以按照联考成绩择优递补获得"初录取"。当年未被"初录取"的"有条件预录取"考生，次年可以获得直接参与原项目提前面试的资格。

·获得"等待"结果的考生，可以选择放弃"等待"资格，在全日制 MBA 项目和非全日制 MBA 项目之间申请调换；也可以等待与后续批次考生进行比较，有一定的概率获得录取机会。

·"未被预录取"的考生当年不可以再次申请，也不建议在全国管理类联考时报考北大光华 MBA 项目。

（2）条件录取与条件录取递补

清华大学经管学院 MBA 项目的提前面试结果分为"条件录取""条件录取递补"和"未获得条件录取"三类。

·获得"条件录取"资格的考生，报考清华经管 MBA 项目，管理类联考成绩达到国家 A 线且通过政治考试和英语听力测试，可获得"预录取"资格。如果考生的管理类联考成绩未达国家 A 线，"条件录取"资格可以保留至次年。

·获得"条件录取递补"资格的考生，报考清华经管 MBA 项目，管理类联考成绩达到国家 A 线且通过政治考试和英语听力测试，在"条件录取"考生因放弃预录取资格，或者管理类联考成绩未达国家 A 线，或者政治考试和英语听力测试不合格等原因而未被"预录取"的情况下，可以按照联考成绩择优递补获得"预录取"。最终没有成功递补的考生可在次年获得直接参与原项目提前面试的资格。

·未获得"条件录取"的考生不能报考清华大学经管学院 MBA。

三、面试流程与内容

目前各院校 MBA/EMBA 正常批次面试和提前面试的环节主要包括个人面试、小组面试、英语听说能力测试、政治考试、思想政治素质与品德考核五个板块，每个院校项目面试流程和内容略有差异。

1. 个人面试

个人面试最常见的形式为自我介绍、抽题回答和自由问答，面试时间为 10~30 分钟。"985 工程"建设高校及其他知名高校的提前面试环节往往仅涉及个人面试，面试时间为 15~30 分钟。少数增加了小组面试的高校，个人面试的时间相对较短，一般为 10~15 分钟。

2. 小组面试

常见的小组面试有两种类型：无领导小组讨论（见图 1-4 中左图）和团队对抗（辩论）（见图 1-4 中右图）。

左图　　　　　　　　　　　　　右图

图 1-4　两类小组面试

（1）无领导小组讨论

无领导小组讨论通常由 6~8 位同学作为一组，全组阅读纸质案例或观看视频案例之后，进行 20~30 分钟的无领导小组讨论，最后由小组推荐 1 位或者考官抽点 1 位考生做 2~3 分钟的总结陈述。小组面试的过程中，有些院校的考官不会与考生交流，有些院校会要求考官与每一位同学进行面试沟通。小组面试为部分招生院校 MBA 项目的考查环节，例如重庆大学、西南财经大学等院校。

（2）团队对抗

团队对抗通常由 6~8 位同学作为一组，分为正反两方，自由辩论 20~30 分钟。正方和反方一辩分别起辩后进行自由辩论，最后正反双方各推荐 1 位代表进行 2 分钟左右的结辩陈述。

3. 英语听说能力测试

英语口语测试的时间通常为 4~5 分钟，主要流程为：
· 考生用英语进行自我介绍。
· 考生随机抽取 1 个题目，即兴回答。
· 考生以对话的形式与考官交流。

值得注意的是，部分院校除了英语口语测试外，还有独立的英语听力测试。同时，部分院校取消了英语听说能力测试，例如北大光华非全日制 MBA 项目、四川大学 MBA 项目等。大家一定要高度重视英语听说能力测试，每年都有部分同学因英语听说能力测试表现较差而遭到淘汰。

4. 政治考试

政治考试一般分为三种形式：
· 笔试形式：闭卷或开卷。
· 面试形式：从题库中抽题，即兴回答。
· 在规定时间内，提交一篇指定题目的政治论文。

【参考范围】
· 习近平新时代中国特色社会主义思想。
· 中国共产党第二十次全国代表大会报告。
· 国务院政府工作报告。
· 毛泽东思想和中国特色社会主义理论体系概论。
· 马克思主义基本原理概论。
· 时事政治。

5. 思想政治素质与品德考核

部分院校在 MBA、EMBA 复试中组织专人对考生进行思想政治素质与品德考核，结果为合格或不合格。如果此环节的考核结果为不合格，复试将被一票否决！

【例题】

- 你认为有必要让学生学习吃苦耐劳精神吗？
- 你对"不在其位，不谋其政"有什么看法？
- 你对"三十而立，四十不惑"是如何理解的？

以上面试环节仅供参考，不同院校的 MBA、EMBA 项目面试内容各有不同，请以报考院校的最新招生政策为准。其中个人面试和政治考试是所有院校复试中均有涉及的环节。

此外，教育背景为同等学力以及报考学历为国家承认的高职高专毕业、本科结业的考生，部分院校会有加试环节。常见的加试科目为"市场营销"和"管理学"两科，以笔试或者在面试环节中抽题回答的方式进行。

四、面试考查点

MBA/EMBA 面试着重全面考查考生，主要考查点包括素质、能力和职业三方面。每个方面的细节要求和准备策略我们分散在后续章节之中逐一探讨。

1. 素质考查点

- 着装、仪表风度：如着装得体，举止优雅，仪表堂堂等。
- 个人价值观：如正直、诚信、忠诚等。
- 业余兴趣和爱好：如良好、正能量、与众不同等。
- 积极上进的心态：如激情、百折不挠等。
- 职业素养与道德认知：如不做有违职业道德方面的事情等。

2. 能力考查点

- 语言表达能力：如语速适中、抑扬顿挫、口齿清晰等。
- 逻辑思维能力：如良好的分析判断能力等。
- 反应能力与应变能力：如压力测试、特殊面试题等。

· 人际交往能力：如与单位同事 360 度关系处理等。

· 自我控制能力：如考场礼仪、情绪稳定等。

· 团队合作能力：如小组讨论的角色定位与分工协作等。

· 学习能力与创新能力等。

3. 职业考查点

· 工作实践经验与业绩：用数据和事例去支撑。

· 职业规划与愿景：如个人职业发展的志向抱负与目标规划等。

· 工作态度：如责任心、荣誉感、目标感等。

· 管理潜质：如团队管理能力、未来成长潜力等。

五、面试锦囊

1. 精心准备

· 机遇偏爱有准备的人！我们要提前精心策划和认真准备。

· 针对面试中可能提及的问题，设计差异化、精彩的作答。

· 针对内容适当进行个人或小组讨论的模拟演练是有效的方法。

2. 衣着得体

· 在 MBA 面试中穿着职业正装，会更好地展现出考生的成熟稳重。

· 女同学避免佩戴夸张的首饰，不化浓妆。

· 面试前，避免食用葱蒜等有刺激性气味的食品，可咀嚼口香糖，达到清新口气又缓解紧张情绪的目的。

· 最好面试当天清洗头发，保持清爽的良好状态。

3. 表达清晰

· 同学们在面试中表达观点的时候要注意语言清晰，语速适中。

· 自我介绍时应精炼、创新，充分展现出自己的优势和读 MBA 的潜质。

· 注意转化提问，不要轻易给出"不知道""不清楚"等消极回答。

· 回答提问时注重逻辑框架的清晰完整。

· 回答问题要机敏、巧妙，少说废话。

4. 言之有据

·在 MBA 面试中运用管理学和经济学等理论知识，可以更好地帮助考生搭建回答问题的框架、拓展思考角度。

·要注意理论知识的正确、准确与合理运用，面试主考官都是经济管理领域的专家，如果理论运用错误或者不恰当，会适得其反、弄巧成拙。

5. 沉着应对

·在 MBA 面试时，考官可能会提出具有难度甚至刁钻的问题，我们在回答问题后，还有可能遭到老师连续的严厉批评或指责。这种情况可能是潜在的压力面试。

·在此情况下，考生要"稳"得起，沉着应对，千万不要和老师争执，也不要据理力争，而是应当艺术地、巧妙地化解难题、通过考验。

6. 真实坦诚

·MBA/EMBA 培养的是商界精英及未来的商业领袖，必须有较高的道德水准。

·面试考官会着重考查考生背景的真实性及为人处世，一旦考官发现考生的申请材料或回答涉及诚信问题，可能被一票否决。

重要提醒

·考生在面试期间及之后一定不要在任何考生群、备考群里发布有关提前面试、正常批次面试的相关内容和题目信息！

·如有人举报并经查实，院校将取消该考生的面试成绩，直接淘汰！

六、提前面试申请策略

1. 项目申请

在招生院校公布 MBA/EMBA 提前面试政策后，考生可在规定的申请时间内，根据自身情况同时申请多所院校项目。如果有意愿报考知名院校或者其他设置了提前面试的院校，同学们一定要参加提前面试，即使申请的提前面试项目没有通过，也不影响考生选择其他提前面试项目或参加该项目的正常批次报考。

各院校在提前面试的申请材料、面试流程以及侧重点和要求等方面均存在不同程度的差异，这可能导致考生在准备面试时花费不少时间和精力却成效不佳。所以建议大家每年申请提前面试的院校项目数量不宜过多，避免因面试准备不充分、对院校政策和招生倾向不够了解等原因导致面试失败，浪费时间和精力，同时又影响管理类联考的复习准备。

关于提前面试的项目申请，我们有如下建议：

·一般而言，每位考生每年申请 2~3 所院校的提前面试为宜，既能保证有比较充足的准备时间、获得足够的录取机会，又能避免因为面试院校的录取倾向、选拔标准与自身情况不匹配或面试表现不理想而错失录取机会。

·提前面试项目的选择上要有梯度，根据自身的学历和工作背景、未来的职业和创业规划、项目定位诉求以及项目学费等因素选择合适的项目。

·前置学历为"985"工程院校、"211"工程院校、海外名校全日制本科或研究生，在大中企业担任中高层，年龄在 20~30 岁的同学，可以优先申请 MBA 项目。

·前置学历为大专、成教自考、网络教育、民办本科学历，工作年限较长，管理经验比较丰富，对学费不敏感、更注重校友资源的同学，可以优先申请 EMBA 项目。

·值得注意的是，北京大学和清华大学 EMBA 项目的报考条件是本科或本科以上学历毕业 8 年或以上，大专毕业 10 年或以上，其中应有 5 年或以上管理工作经历。

·复旦大学 EMBA 项目的报考条件是：①具有大学专科或专科以上学历；②具有 10 年以上工作经验，6 年以上管理经验。

·其他院校的 EMBA 项目通常来说符合 MBA 报考条件，如研究生毕业 2 年，或本科毕业 3 年，或大专毕业 5 年即可。

·知名院校希望报考生源多元化，往往从事智能制造、工程管理、公共管理、法律等工作的同学报考 MBA/EMBA 项目会有一定的差异性优势，但也要注重自身背景、未来职业发展目标与报考项目的匹配度。

·知名院校一般都非常欣赏创业的同学，如果考生属于独立创业或者联合创业并取得成功和重大成绩的情况，将非常有利于通过提前面试。

·考生在高新技术产业等前沿领域创业或工作，有突出贡献或重大成就，通常会赢得院校的青睐。

2. 院校选择

不同院校的 MBA/EMBA 项目在提前面试环节的申请难度和录取标准不尽相同。大家选择报考院校时，要充分考虑院校品牌、所在城市、项目选择（MBA/EMBA）以及自身条件和意愿与报考院校项目的匹配度，最终确定自己的申请院校组合。

建议考生在选择院校项目时采取梯度性策略，由易到难进行申请。考生可先申请通过难度较低的项目，培养面试经验、增强自信；同时通过面试互动进一步了解、感受目标院校与自身的匹配度；之后再冲刺品牌影响力较高、师资实力较强，但申请难度相对较大的院校，提高自身获得最终录取的概率，把握 MBA/EMBA 申请的主动权。

部分院校由不同的学院独立开展 MBA/EMBA 招生，例如北京大学设有光华管理学院、汇丰商学院、国家发展研究院三个 MBA/EMBA 项目，清华大学设置了经济管理学院、五道口金融学院两个 MBA/EMBA 项目，上海交通大学的安泰经济与管理学院和高级金融学院，复旦大学的管理学院和泛海国际金融学院等均分别招生。如果考生特别想考某知名院校，若其中一个项目的提前面试没有通过，不妨更换另一个项目再尝试，说不定会有意外的收获。部分知名院校 MBA/EMBA 项目矩阵见图 1-5，招生信息见表 1-3。

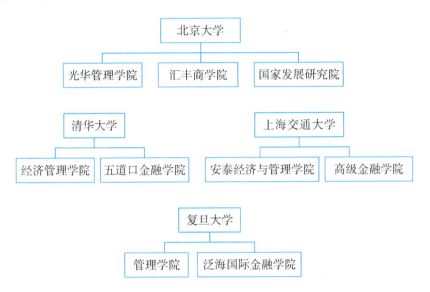

图 1-5　部分知名院校 MBA/EMBA 项目矩阵

表 1-3　部分知名院校招生信息汇总

学校	学院	专业	学习方式	学制/年	总学费/万元	招生人数	上课时间	提前面试
北京大学	光华管理学院	MBA	全日制	2	18.8	40	周中	是
		MBA	非全日制	2	42.8	400	周末	是
		EMBA	非全日制	2	82.8	400	4 天/月	是
		MPAcc	全日制	2	15.8	35	周中	否
		Maud	全日制	2	12.8	5	周中	否
	政府管理学院	MPA	非全日制	2	12.9	180	周末	否
	国际关系学院	MPA	非全日制	2	12.9	30	周末	否
	软件与微电子学院	MEM	非全日制	2	18.8	201	周末	是
	工学院	MEM	非全日制	2	18.8	82	周末	是
	汇丰商学院-深圳	MBA	全日制	2	18.8	25	周中	是
		MBA	非全日制	2	42.8	175	周末	是
		EMBA	非全日制	2	82.8	100	4 天/月	是
	国家发展研究院	EMBA	非全日制	2	82.8 万	100	4 天/月	是

表1-3（续）

学校	学院	专业	学习方式	学制/年	总学费/万元	招生人数	上课时间	提前面试
清华大学	经济管理学院	MBA	全日制	2	19.8	50	周中	是
		MBA	非全日制	2	41.8	240	周末/集中	是
		MBA（产业创新）	非全日制	2	41.8	60	周末	是
		EMBA	非全日制	2	82.8	370	4天/月	是
		MPAcc	非全日制	2	29.8	26	4天/月	是
	深圳国际研究生院	MBA（科技创新）	非全日制	2	41.8	55	月集中	是
		MPAcc	非全日制	2	29.8	30	周末	是
	工程管理硕士教育中心	MEM	非全日制	2	23.8	395	4天/月	是
	公共管理学院	MPA	非全日制	2.5	13.8	170	集中/周末和晚上	是
	五道口金融学院	MBA+美国康奈尔大学	非全日制	2	35.1	120	隔周	是
		EMBA	非全日制	2	82.8	170	4天/月	是
中国人民大学	商学院	MBA（国际）	全日制	2	17.8	—	周中	是
		MBA（普通）	非全日制	2	35.8		晚上+周末	是
		MBA（金融）	非全日制	2	40.8		晚上+周末	是
		EMBA	非全日制	2	53	150	4天/月	是
	财经金融学院	EMBA	非全日制	2	46	—	4天/月	是
哈尔滨工业大学	经济与管理学院	MBA（创投与管理）	非全日制（深圳）	2.5	38.8	—	周末/集中	是
		MBA（行业科创）	非全日制（深圳）	2.5	35.8-40.8	—	周末/集中	是
		MBA（综合）	非全日制（深圳）	2.5	28.8	—	周末/集中	是
		MBA（综合）	非全日制（哈尔滨）	2.5	20.8		周末/集中	是
		EMBA	非全日制	2	56.8	—	4天/月	是
复旦大学	管理学院	MBA	全日制（国际）	2	36.98	1410	周中	是
		MBA	非全日制	2.5	53.98		周末/周中+周末1天	是
		EMBA	非全日制	2	83.98		4天/月	是
		EMBA	非全日制（台湾）	2	84.98		4天/月	是
	泛海国际金融学院	金融MBA	全日制	2	42.8	167	周中	是
		金融MBA	非全日制	2	53.8		周末	是
		EMBA	非全日制	2	79.98		4天/月	是

表1-3（续）

学校	学院	专业	学习方式	学制/年	总学费/万元	招生人数	上课时间	提前面试
上海交通大学	安泰经管学院	IMBA	全日制	2	36.8	840	周中	是
		MBA	全日制（CLGO）	2.5	36.8		周中	是
		MBA	非全日制（综合）	2.5	51.8		2个晚上+周末1天/周五下午、晚上、周六1天/隔周上课	是
		MBA	非全日制（金融）	2.5	51.8		周末2天	是
		MBA	非全日制（AI）	2.5	51.8		2个晚上+周末1天	是
		MBA	非全日制（科技金融）	2.5	51.8		—	是
		EMBA	非全日制	2	79.8		4天/月	是
	高级金融学院	MBA	非全日制	2.5	53.8	530	隔周周末	是
		EMBA	非全日制	2	82.8		4天/月	是
同济大学	经济管理学院	MBA	全日制（英文）	2	30.8	—	周中	是
		MBA	非全日制（英文）	2.5	43.8	—	周末	是
		MBA	非全日制（中文）	2.5	43.8	—	晚上/周末/集中	是
		EMBA	非全日制	2.5	63.8	200	4天/月	是
中山大学	管理学院	MBA	全日制（国际）	2	7	30	周中	是
		MBA	非全日制	3	37.8		周末	是
		EMBA	非全日制	2	53.8	350	4天/月	是
上海财经大学	商学院	MBA	全日制	2	28.8	70	周中	是
		MBA（双学位）	全日制	2	19.4	30	周中	是
		MBA（综合精英）	非全日制	2.5	36.8	364		是
		MBA（金融投资）	非全日制	2.5	41.8		周末/晚上	是
		EMBA	非全日制	2	48.8	120	周末/集中	是

表 1-3（续）

学校	学院	专业	学习方式	学制/年	总学费/万元	招生人数	上课时间	提前面试
浙江大学	管理学院	MBA	全日制	2	21.8	51	周中	是
		MBA	非全日制	2.5	33.6	440	集中或周末	是
		IMBA	非全日制	2.5	33.6	75	集中	是
		EMBA	非全日制	2.5	52.8	150	4天/月	是
西安交通大学	管理学院	MBA（01、02、03、05方向）	非全日制	2.5	21.8	470	周末	是
		MBA（04、06方向）	非全日制	2.5	23.8		周末	是
		EMBA	非全日制	2	33.8	100	4天/月或周末	是
武汉大学	经济与管理学院	MBA	非全日制	3	21~22.8	625	集中或周末	是
		EMBA	非全日制	3	35.8		4天/月	是
四川大学	商学院	MBA	非全日制	2.5	15.8	550	周末/集中/晚班	否
		EMBA	非全日制	2	28	50	4天/月	否
电子科技大学	经济与管理学院	MBA	全日制	2	13.8	38	周中	否
		MBA	非全日制	2.5	15.8	400	周末/集中/晚班	否
		EMBA	非全日制	3	24.8	50	4天/月	否
重庆大学	经济与管理学院	MBA	非全日制	3	15.6	340	周末	否
		EMBA	非全日制	3	23.7	100	4天/月	否
西南财经大学	工商管理学院	MBA	全日制	2	13.8	50	周中	否
		MBA	非全日制	2.5	15.8	199	周末	否
	西部商学院	EMBA	非全日制	2	22.8	78	4天/月	否

注：此表资料来源为各知名院校官网，部分信息未能完整查询，请以院校具体招生政策为准。

3. 批次选择

每年 MBA/EMBA 项目的提前面试通常分 3~4 批次进行，部分院校的 EMBA 项目采取滚动面试的方式。提前面试主要集中在每年的 5 月至 11 月。

对于准备充分的考生，建议优先选择靠前的批次。因为按照历年的报考申请情况，众多考生因接触提前面试政策的时间较晚、准备不充分，往往会选择靠后的批次。这样参加第一批提前面试的考生竞争压力相对较小。同时，如果考生能尽早通过提前面试，其就可以将时间和精力更加集中于准备笔试。

所有院校 MBA/EMBA 项目在提前面试的批次方面均有限制，考生每年仅能申请某项目的其中一个批次，故考生一定要重视每一次申请机会，避免带着侥幸心理频繁试错。部分知名院校允许满足一定条件的考生在非全日制与全日制 MBA 项目之间申请调换。例如北大光华 MBA 项目，申请材料评审结果或面试结果为"等待"的考生，可以选择放弃"等待"资格，在全日制 MBA 项目和非全日制 MBA 项目之间调换。

对于同时申请多所院校 MBA/EMBA 项目提前面试的考生而言，各院校同一批次的面试时间可能重合，建议提前根据各院校公布的面试时间合理选择批次。考生如遇特殊情况需要更换面试批次的，可向学校申请延期至下一批次。

第二章

面试分析

《孙子兵法·谋攻篇》有云"知彼知己，百战不殆"，意思是在战争中如果对敌我双方的情况都能了解透彻，打起仗来即使百战也不会有危险。在我们的面试闯关大作战中，知己知彼同样意义非凡。只有在把握面试目的、了解考查内容、掌握院校特点、全面自我审视，并做了充分准备之后，我们才能在面试闯关中所向披靡。

一、目的分析

1. 面试目的

把握面试目的是闯关大作战谋划布局的起点，我们可以换位思考，站在院校考官的立场分析面试目的，达到"知己知彼"的状态。管理类联考是从应试者中挑选适当生源的选拔性考试，笔试与面试共同发挥甄别考生的作用。根据守门人理论，考官在 MBA 面试中扮演着"守门人"角色，通过深入面谈与全面观察了解考生的过去、现在和未来，甄选适合接受 MBA 教育的人选，因此面试表达了独特的目的，如图 2-1 所示。

图 2-1　MBA 面试的考查目的

（1）印证书面认知

院校通过考生的书面材料或笔试成绩筛选出面试入围者，意在通过当面交流与考核印证来自书面的认知，例如辨别材料的真伪，衡量考生的知识与能力，分析考生的表达能力、思维能力和抗压能力等。

（2）了解成长经历

一个人的成长经历对当下以及未来存在巨大的影响，无论是家庭环境、教育背景和职业生涯，还是思维习惯、性格形成和价值判断，都与个人成长经历有着密切的关系。考官可以借助考生的成长经历，判断考生的教育背景和职业生涯与 MBA 项目的匹配性，还会通过成长经历预测其未来的发展空间。

（3）把握性格品德

考生的性格和品德是否适合就读 MBA 项目，这也是需要通过面试进行初步判断的。MBA 教育除了传递知识、培养能力之外，还肩负着提升素质、健全人格的使命。简短的面试虽然无法深入了解考生的内心世界，但能够作为书面选拔的有益补充，对考生的性格和品德进行初步把握，避免对考生"软实力"的误判。

（4）考查知识能力

考生就读 MBA 所需的知识与能力通过书面材料或笔试成绩可见一斑，但是管理类联考重在选拔具备一定的理论水平和实践能力的考生，因此考生的知识与能力还需要在面试环节加以检验，尤其是考生灵活运用理论知识、分析和解决管理实践问题的能力。

（5）预判发展潜质

报考 MBA 的考生们通常处在职业发展的上升期，正值年富力强、充满无限可能的人生阶段。关于考生的职业规划、未来目标乃至人生理想的话题，在面试中进行探讨更加恰当，面对面沟通所提供的丰富信息能够帮助考官预判考生未来的发展潜质，对选拔适合的人才极具参考价值。

2. 院校目标

每所院校在考查 MBA 考生的时候都有既定的选拔目标和价值标准，但不同院校之间又因教育理念、愿景使命和优势领域的不同而各有侧重。我们可从代表性知名院校的 MBA 招生信息之中寻找规律。

（1）北京大学光华管理学院 MBA 项目

北京大学光华管理学院 MBA 官网 2024 年 MBA 招生政策中详细描述了本项目的定位①：

---

① 北京大学光华管理学院 MBA 官网：2024 年招生政策. https://www.gsm.pku.edu.cn/mba/zsxx/sqxx/zszc.htm.

为事业处于上升期的业界骨干和自主创业人士提供的项目。以帮助学生进一步拓展思维，开拓视野，强化分析、领导和决策能力为目标。

适合于工作业绩突出、职业背景优秀，想进一步提升事业平台的学生。

（2）清华大学经管学院 MBA 项目

清华大学经管学院 MBA 官网在常见问题栏目中这样说明选拔标准[1]：

我们强调的是综合素养……综合评价内容包括工作经历、学习经历、社会活动、过去取得的业绩、个人志向及能力、未来的发展潜力、职业发展规划等与考生相关的一切信息。在诚信原则的基础上，考生任一方面的优点和弱点都不会是决定性因素。……我们选择的是同龄人中的佼佼者，只要你比同龄人优秀，你就有机会。

（3）复旦大学管理学院 MBA 项目

复旦大学管理学院 MBA 官网将项目使命调整为[2]：

借助中国经济高速发展的强劲动力和复旦大学管理学院的优质资源，培养改变世界、造福人类的商业和社会领导者。

复旦大学官网项目特色栏目介绍培养体系时总结了"VALUE"学习价值体系[3]：

vision（视野）：通过多样的国际化体验，前沿的科技趋势把握，以及复杂的宏观治理问题剖析，构建宏阔决策视野。

academic（学术）：依托前沿的课程体系，雄厚的师资实力，完善的制度保障，深植管理知识根基。

leadership（领导力）：发挥学生群体精英优势，推动同侪镜鉴，跨域协同，关注 esg 与可持续发展，增强人文素养，催化领导力提升。

university（大学）：发挥综合型一流大学优势，服务职业发展，连接全球校友，跨学院联合培养，丰富学生校友的学习资源与发展机会。

experience（砺炼）：独特的"X"课外培养体系，实战的 iLab 商业咨询项目、iLab 商业挑战赛，以及创新创业赛事与生态，砺炼实践经验。

---

[1]　清华大学经管学院 MBA 官网常见问题栏目. http://mba.sem.tsinghua.edu.cn/recruit/faq.html
[2]　复旦大学管理学院 MBA 官网项目总览. https://www.fdsm.fudan.edu.cn/fdmba/introduction.html
[3]　复旦大学管理学院 MBA 官网项目特色——培养体系. https://www.fdsm.fudan.edu.cn/fdmba/fea_foster.html

（4）浙江大学管理学院 MBA 项目

浙江大学管理学院 MBA 项目介绍中写道①：

> 以培养具有国际视野、创新创业精神、卓越领导能力和高度社会责任感的领导型和创业型人才为己任。通过对引领时代发展的经典管理思想和前沿管理理念的传授，以及对推动行业健康发展的企业管理实践的研讨，来培养和提升学员的职业意识、专业素养和系统思维能力，以充分适应未来不确定环境中的复杂管理任务。

（5）上海交通大学安泰经济与管理学院 MBA 项目

上海交通大学安泰经济与管理学院 MBA 项目介绍中提到②：

> 上海交通大学安泰经济与管理学院 MBA 项目致力于培养具有品行正、视野宽、基础实、创新力强、人文底蕴深厚的商界领袖和业界精英，培养学生具有较高道德情操、全球化视野、系统的工商管理知识、综合运用知识和自主创新的能力。通过努力力争成为国际一流、具有中国特色的 MBA 项目。

3. 选拔标准

通过对上述五所代表性院校 MBA 项目招生信息的对比，我们不难发现各院校的选拔标准之间既有共性又有特性。借助对文本内容的分析与对比，我们将选拔标准划分为知识、能力、品行、视野、责任、愿景六项因素（如图 2-2 所示）。

图 2-2　知名 MBA/EMBA 院校选拔标准

---

① 浙江大学管理学院 MBA 官网项目介绍. http://mba.zju.edu.cn/2024/
② 上海交通大学安泰经管学院 MBA 官网项目介绍. https://mba.sjtu.edu.cn/singlepage/index.html

（1）知识

考生既有的知识并不是关键因素，但与 MBA 项目相匹配的教育背景、学习经历，良好的通识教育和扎实的专业知识，是考生立足当下、创造未来的基础。知识标准可以理解为各院校选拔 MBA 考生的门槛性指标。

（2）能力

考生所具备的能力既包括代表硬实力的学习能力、管理能力和经营能力，又包括代表软实力的领导能力、创新能力和思维能力。这些能力可以通过考生书面材料提供的信息进行判断，也可以通过考生面试中的临场反应加以检验。

（3）品行

考生的品行无法通过简短的面试窥一隅而知全貌，但各院校不约而同地提及品行并将其作为重要的选拔依据。清华 MBA 注重"综合素养"和"诚信"，上海交大安泰 MBA 的培养目标中"品行正"位居首位，这些信息均体现了各院校"德才兼备"的选拔标准。

（4）视野

复旦大学、浙江大学和上海交大安泰 MBA 不约而同地突出了"国际视野"的重要性，未来的世界是广阔、多元又瞬息万变的，各院校对 MBA 考生的期待除了能在特定行业里或岗位上创造价值，还要能够以包容和开放的心态认识世界，以融入和共赢的原则面向未来。

（5）责任

关于"社会责任"的论述出现在复旦大学和浙江大学的 MBA 培养目标之中，"能力越大责任越大"这句话放在选拔青年才俊和商界精英的场景中同样适用。MBA 毕业生对商业和社会均有较大的影响力，因此识别良好的商业领导者和企业公民是 MBA 面试阶段的重要职责。

（6）愿景

考生报考 MBA 项目的动机和愿景是否与院校培养目标一致，也是 MBA 面试需要考查的。无论是清华大学 MBA 的"同龄人中的佼佼者"，还是复旦大学 MBA 的"商业和社会领导者"、浙江大学的"领导型和创业型人才"，都强调 MBA 考生应当有宏大的职业愿景和清晰的实现路径，胸怀家国天下。

二、题目分析

1. 词频统计

词频统计是一种重要的文本挖掘方法，通过统计大量文本中出现的关键词词频，进而分析文本内容的热点及发展趋势。品睿教育基于多年的 MBA 面试辅导经验，从 7 万多字的面试真题还原中提取了 202 个有意义的实词关键词，并对其规律进行了深入分析。

（1）头部词频（见图 2-3）

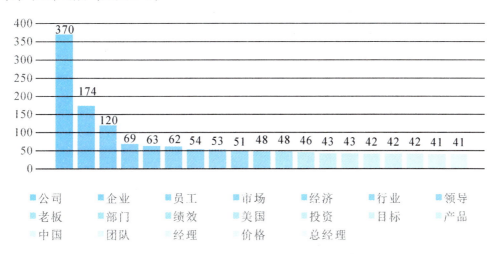

图 2-3　历年正常批次面试和提前面试题目关键词词频统计 Top20

在面试题目关键词词频统计排名前 20 的词汇中，"公司"作为面试话题的主体以 370 次的高频位居首位，紧随其后的"企业"也指向相同的含义。由此可见，在 MBA 面试场景之下，无论是哪个院校，针对市场主体的讨论是当之无愧的王者。市场主体是我国经济活动的主要参与者、就业机会的主要提供者、技术进步的主要推动者，在国家发展中发挥着十分重要的作用。[①] 这种高频探讨与我国工商管理硕士培养未来胜任工商企业和经济管理部门的务实型、复合型和应用型高层次管理人才的宗旨是一脉相承的。

除了"公司"和"企业"之外，"市场""经济"和"行业"等词汇体现了 MBA 面试的宏观视角，院校期待考生在工作平台上做好本职工作的同时，能够关注国际政治经济格局的演变、了解宏观经济和市场趋势的走向、把握行业未来的挑战与机遇。与此同时，"员工""领导"和"部门"等词汇展示了 MBA 面试的微观视角，院校期待考生具备运用管理理论知识分析和解决管理实践问题的能力，真正做到知行合一。

此外，位列词频前 20 的词汇还包括"绩效""投资""目标""产品"和"价格"等，这些词汇分属于不同的管理实践领域，说明面试题目紧密围绕企业经营管理的内容与要求进行设计，旨在全面考查考生对真实商业场景的熟悉程度和驾驭能力。

---

① 人民网. 思想纵横：千方百计把市场主体保护好［EB/OL］.（2020-08-04）［2021-09-30］. https://baijiahao.baidu.com/s? id＝1674052820811539903&wfr＝spider&for＝pc.

（2）长尾词频（见图2-4）

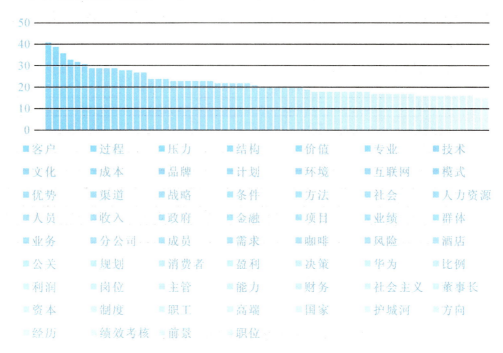

客户	过程	压力	结构	价值	专业	技术
文化	成本	品牌	计划	环境	互联网	模式
优势	渠道	战略	条件	方法	社会	人力资源
人员	收入	政府	金融	项目	业绩	群体
业务	分公司	成员	需求	咖啡	风险	酒店
公关	规划	消费者	盈利	决策	华为	比例
利润	岗位	主管	能力	财务	社会主义	董事长
资本	制度	职工	高端	国家	护城河	方向
经历	绩效考核	前景	职位			

图2-4 历年正常批面试和提前面试题目关键词词频统计 Top20~80

面试题目关键词的词频分布非常接近于长尾理论，既词频分布曲线在高度聚集的"头部"之后有一条频次不高而内容多元的"长尾"。以词频统计位居20~80位的词汇为例，这些词汇中包含了"技术""互联网""社会"和"政府"等外部环境因素，包含了"人力资源""文化""成本"和"品牌"等内部环境因素，有"客户""消费者""政府"和"成员"等利益相关者话题，也有"结构""价值""计划"和"业绩"等经营管理话题，甚至还有"华为""咖啡""护城河"等社会热点话题。内容五花八门的关键词长尾充分体现了MBA面试题目的实践性和多元性，也说明了面试题目设计的个性化和定制化特征。

2. 题目范围

互联网时代的信息爆炸是无可争议的事实，面对几乎无穷大的出题范围，我们是不具备条件也没有必要以穷举法去一一准备的。考生们应当摒弃"猜题押题"的侥幸心理，从正确的自我认知、扎实的知识基础和严密的逻辑思维出发，以不变应万变。

根据面试题目关键词的类型，我们搭建了面试题目范围的沙漏模型（如图2-5所示），将无穷无尽的题目范围划分为"外部环境"和"内在特质"两大模块，并进一步细分为如下六个层次。

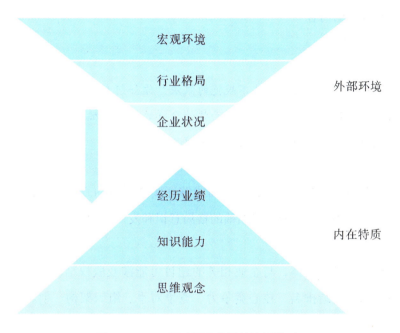

图 2-5 MBA 面试题目范围的沙漏模型

外部环境问题划分为宏观环境、行业格局和企业状况三个层次，按照从宏观到微观的逻辑逐层推进。

（1）宏观环境

借鉴宏观环境分析的 PESTAL 模型，我们可以把与宏观环境有关的面试题目划分为国际政治经济格局和国家方针大计、经济结构特征与发展趋势、社会变迁与价值观念、科学技术创新与应用、环境保护与生态文明以及法律法规和公民法律意识等类型。

【例题】

· 你怎样理解"碳达峰、碳中和"目标？
· 谈谈人工智能对社会发展的影响。
· 你怎样看待国家放开三孩政策？

宏观环境问题虽然并未与考生所处行业/企业或本职工作有直接关联，但可以考查考生对外部环境的关注程度、分析能力以及面对非专业领域问题的思辨能力。

（2）行业格局

作为各院校选拔和培养的商界精英，考生应当对所处行业的过去、现在和未来有全面的认知，理解过去的发展历程、分析当下的现状与问题、预判未来的趋势与特点，都是考生必须驾驭的内容。

【例题】

· 你所在的行业过去有哪些不规范的做法？你如何看待？

· 后疫情时代，你所在的行业会面临什么样的机遇与挑战？

· 传统××行业未来会有哪些创新的模式？

考生对行业格局的深刻理解，一方面能够证实从业者的真实经验，另一方面能够展现未来作为行业领军人物或商界领袖的格局意识和发展潜力。

（3）企业状况

企业是面试题目的主体，与企业相关的题目可能涉及股权结构、战略规划、企业文化、业务布局、业绩排名、核心竞争力、竞争对手、组织架构、创新变革和社会责任等。

【例题】

· 你所在的企业主营业务是什么？区域内业绩排名如何？

· ××企业是否有海外业务，未来是否有国际化运营的计划？

· 你所在的企业在绿色环保和节能减排方面有哪些举措？

考生面对企业话题时，尽量避免将视线聚焦于任职岗位、言必谈本职工作，能够拓宽看待问题的视野，从企业全局出发鸟瞰全貌、深入内核，更加有利于展示自身在视野和思维方面的优势。

内在特质问题划分为经历业绩、知识能力和思维观念三个层次，按照从显性到隐性的逻辑逐层推进。

（4）经历业绩

考生过往的从业经历和业绩成就，记录了考生的成长历程，也是考生个人特质的明证。考官通过对经历业绩的询问，可以得知考生的择业标准、转型原因、职场挑战、代表性业绩、优势特长乃至道德水准。

【例题】
· 为什么毕业后选择××公司作为职业生涯的起点？

· 在××岗位你的专业能力和管理经验有哪些提升？获得什么成就？

· 你在负责的××项目中发挥了什么作用？创造了什么价值？

谈到自己的经历业绩时，考生应当保持客观中立的态度，既避免过于谦虚，又不必自吹自擂，简明扼要地说明背景和事件，更重要的是提炼经历和业绩背后的个人优势。

（5）知识能力

考生在面试中直接展示的是表面的、显性的部分，例如学历、职业、经历和业绩等，但内在的、隐性的部分，例如知识、能力、思维和观念等却难以准确呈现。知识和能力可以得到院校级别、学历水平、职业资格、工作单位和职务等因素的佐证，但全面的考查仍需要面试的间接反映。

【例题】
· 你如何处理团队内部的矛盾冲突？

· 你最失败的一件事是什么？

· 如果你的领导决策失误，你该怎样应对？

（6）思维观念

思维观念虽然并非 MBA 面试的核心内容，却与考生的价值观念、工作态度、敬业精神、内在动机、商业伦理和社会责任等息息相关，而这些特质也是考生达成职业目标、成就事业理想、实现人生价值的根基，同样需要在面试场景之下加以考查。

【例题】
· 你怎样理解企业的社会责任？

· 假如领导安排的工作违背了商业伦理，你该怎么办？

· 你认为"对社会有用"的标准是什么？

1. 报考志愿

全国管理类联考只能填报一个志愿，这种限制意味着考生填报志愿是一门技术活，因此深入了解意向院校特定项目的概况与特点是成功上岸的第一步。意向院校和项目的信息至少应当包括如下方面：

· 报考项目过往的招生规模、偏好、生源结构和申请难度等。

· 报考项目的录取情况、学习方式和学费标准。

· 报考项目的教育理念、办学特点和课程体系。

· 师资团队的来源构成、教学分工、知名教授姓名及研究方向。

· 意向院校和报考项目的特点以及与自身工作和未来规划之间的匹配程度。

· 通过院校特色、过往录取生源情况和院校公布的评价标准等信息，准确把握报考项目的招生倾向。

以北京大学光华管理学院和清华大学经济管理学院的非全日制 MBA 项目为例（见表 2-1），我们共同梳理意向院校和报考项目的相关信息。

表 2-1　北京大学光华管理学院和清华大学经济管理学院非全日制 MBA 项目信息

院校信息	北京大学光华管理学院 MBA 项目	清华大学经济管理学院 MBA 项目
招生规模	约 450 人	约 380 人
录取比例	11%（综合评估）	10%（综合评估）
使命	创造管理知识 培养商界领袖 推动社会进步	创造知识 培育领袖 贡献中国 影响时间
定位	为事业处于上升期的业界骨干和自主创业人士提供的项目	为中高层管理者加速事业升级提供的高端 MBA 项目
学习方式	学习 2 年（模块学习） 中文授课，可选修部分英文课程	30 个月学习（含 6 个月论文） 中文课程为主，可选英文课程
收费标准	42.8 万元	41.8 万元
课程体系	四大模块必修课程 七大方向选修课程 整合实践项目 商业模拟与领导力反思 MBA 行业周课程 中国赛道课程	五大模块核心课程 七大方向选修课组 四大产业选修课和一个其他课程组 经管学院其他专业选修课 清华大学跨学院选修课 海外商学院选修课

表2-1(续)

院校信息	北京大学光华管理学院 MBA 项目	清华大学经济管理学院 MBA 项目
特色课程	医疗与健康行业课 互联网与数据化转型行业课 互联网与数据化转型行业课 AI 的产业应用行业课 文化产业创新行业课等	金融衍生品投资理论与实务 科技企业的创立与成长 朱镕基经济管理理论与实践 企业社会责任管理：挑战与实践 中国房地产行业课程 科技引领创新等
平均年龄	32.0 岁	34.6 岁
平均工龄	10.0 年	10.9 年
专业/学科	专业 TOP3 工学、管理学、经济学	学科 TOP3 工科、商科、文科
单位性质	性质 TOP3 民企、外资/合资企业、国企	性质 TOP3 民企、国企、外资/合资企业
行业分布	行业 TOP3 IT/通信/电子/互联网、金融、医疗健康	行业 TOP3 科技/新媒体/电信、金融、制造
提面方式	两轮面试：一轮职业化综合素质面试（20 分钟，中文），一轮压力抽题面试（20 分钟，中文），三位考官	一轮面试：综合素质面试（25 分钟，中文），五位考官
提面结果	预录取、有条件预录取和未被预录取，预录取资格可保留至第二年	条件录取资格、条件录取资格待定和未获得条件录取资格

资料来源：北京大学光华管理学院 MBA 项目官网. https://www.gsm.pku.edu.cn/mba/index.htm

清华大学经济管理学院 MBA 项目官网. http://mba.sem.tsinghua.edu.cn/index.html

从表 2-1 中的对比可以看到，两所顶尖高校的 MBA 项目在申请难度、培养目标、学习方式、课程体系、生源特征、提面特点等方面各有千秋，并不存在绝对的难与易。因此，在填报志愿时，考生应当在全面分析院校和项目信息的基础上选择。很多考生将实现考入殿堂级院校的梦想作为最强动机，但无论是面试选拔还是就读学习，"适合的才是最好的"原则远比单纯地"追求豪门"更贴切。

2. 提前面试特点

在提前面试环节，各个院校的流程、内容和偏好等都独具特色。这些特色一方面来源于院校的历史渊源、文化底蕴、教学理念和办学风格，另一方面体现了不同 MBA 项目的使命、愿景、价值观及选拔标准。

以提前面试为例，我们仍然选择北京大学光华管理学院和清华大学经济管理学院的非全日制 MBA 项目作为案例，对比分析各环节的特点（见表 2-2）。

表 2-2 北京大学光华管理学院和清华大学经济管理学院非全日制 MBA 项目提前面试特点

提面特点	北京大学光华管理学院 MBA 项目	清华大学经济管理学院 MBA 项目
外语直通车	GMAT 正式成绩 700 分及以上，成绩在有效期内，或者 GRE 正式成绩达到词汇 161 分以上且数学 165 分以上，成绩在有效期内，直接获得面试资格	清华仅有 MIT 全球 MBA 项目有外语直通车，即 GMAT/GRE 成绩不低于 720/328 分且成绩单有效，直接获得面试资格
申请流程	注册→网上提交第一轮申请材料→网上提交第二轮申请材料→获得提面资格→参加提面→参加联考→笔试和其他考核合格后录取	注册→网上提交申请材料→获得提面资格→参加提面→参加联考→笔试和其他考核合格后录取
申请短文	1. 时光在不经意间流转，成长在每时每刻发生。请简单讲述自己的学习与工作经历（例如：特殊经历、转折节点和其他故事）来展示你的亮点与特色，让我们看到一个立体而真实的你（中文不超过 600 字，英文不超过 2 500 字符，20 行以内）。 2. 在过去的三年中，我们都在主动或者被动地改变着。你的职业发展是否受到了影响？与过去告别，你又将如何规划未来 5~10 年的职业发展目标与路径？从个人成长角度而言，你认为光华 MBA 将扮演怎样的角色？你计划从中收获或者为之付出什么？（中文不超过 600 字，英文不超过 2 500 字符，20 行以内）。 3. 每个人都是多面的，同时，也没有人是绝对完美的。那么，你认为自己目前最大的缺点是什么？审视自我，你认为这个缺点形成的根本原因是什么？你认为自己是否需要克服这个缺点？如果是的话，你将如何做到？（中文不超过 600 字，英文不超过 2 500 字符，20 行以内）。 4. 古今中外人类对超能力的想象从未停止，这种想象都通过各种文学艺术乃至更广泛的形式贯穿在人类的文明历史当中。假如你可以拥有某一种超能力，你希望会是什么？为什么？（中文不超过 600 字，英文不超过 2 500 字符，20 行以内）	1. 请描述你对你所在组织的价值与贡献。建议结合个人工作的实际案例加以说明。 2. 请阐述科技进步对你个人职业发展产生的影响，以及你将如何应对。可以选择和你的职业发展相关度最高的一个领域（600 字以内）。 3. 在你的人生经历中所做的最重要的一次决策是什么？为什么要做这个决策？这个决策对你有什么样的影响？（500 字以内）
提面环节	两轮中文面试，各 20 分钟左右	一轮中文面试，25~30 分钟
考官背景	3 名考官 资深教授、高管校友及企业 HR 等	3~5 名考官 资深教授、高管校友及企业 HR 等
自我介绍	3 分钟以内中文自我介绍	大部分考场无自我介绍，直接提问
抽题回答	抽题回答社会热点问题	无
压力面试	其中一轮面试偏重压力面试	压力面试比重较大

资料来源：

清华大学经济管理学院 MBA 项目官网. http://mba.sem.tsinghua.edu.cn/index.html

北京大学光华管理学院 MBA 项目官网. https://www.gsm.pku.edu.cn/mba/index.htm

表2-2简要对比了两所院校MBA项目提前面试的部分特点,可以看到的是北大光华和清华经管的MBA项目各具特色:

·北大光华MBA对持有优异的GMAT或GRE有效成绩的考生给予直接参加提前面试的资格,而清华经管MBA仅对全球MBA项目的考生给予同等优先机会。

·清华经管MBA的申请材料为一次性提交,而北大光华MBA分为第一轮和第二轮。只有第一轮申请材料的基本信息通过了,才能进入第二轮申请短文和视频录制环节。

·北大光华MBA的提前面试分为两轮,而清华经管MBA为一轮。从提前面试内容来看,北大光华MBA的难点体现在抽题回答,考生随机抽取的社会热点问题未必属于自己熟悉的领域,需要依靠强大的逻辑分析能力"以不变应万变"。从提前面试压力来看,清华经管MBA的提前面试没有考生熟悉的自我介绍开场,而是直接进入提问环节,并且压力面试占比较大。

由此可见,无论是第一梯队的清华大学、北京大学、中国人民大学、上海交通大学等院校的MBA项目,还是其他985、211院校的MBA项目,提前面试的目的都是锁定素质超群、经验丰富、思维敏捷的优质考生,所以不管报考志愿是哪个院校哪个项目,都需要考生做好准备,其重要程度不亚于管理类联考。

四、自我分析

1. 自我审视

根据意向院校和报考项目的选拔标准开展自我审视,从面试的角度刷新自我认知,明确自身的优势领域并提取亮点,梳理现有的不足并努力弥补,这样才能在申请材料的撰写和提前面试的考查中扬长避短。

结合历年各院校提前面试选拔和考生应考的经验,我们将顶尖院校六大选拔标准"知识、能力、品行、视野、责任和愿景"细化为更具象的客观因素和主观因素两类。客观因素最具参考价值的指标包括教育背景、从业行业、工作平台、管理经验、职务职责、收入水平、业绩成就、外语能力等,主观因素最具参考价值的指标包括思维表达、人际沟通、学习创新、管理决策、压力管理、规划愿景、商业伦理、社会责任等。表2-3以考生小A同学为例,围绕院校选拔的客观因素与主观因素开展自我审视。

表 2-3　院校选拔客观因素与主观因素的自我审视

客观因素	教育背景	从业行业	工作平台	管理经验	职务职责	收入水平	业绩成就	外语能力
考生信息	211高校	银行金融业	地方性商行	13年	业务部总经理	年薪95万	数字化转型	六级
分值设定	5	5	5	5	5	5	5	5
自我评分	4	4	3	5	4	5	4	4
主观因素	思维表达	人际沟通	学习创新	管理 决策	情绪控制	规划愿景	商业伦理	社会责任
考生信息	思维较清晰	善于沟通	创新意识强	经验较丰富	成熟稳重	成长性偏弱	未考虑此指标	理解较表层
分值设定	5	5	5	5	5	5	5	5
自我评分	4	5	4	4	5	3	2	3

资料来源：根据品睿教育面试辅导资料整理。

从客观因素来看，小 A 同学的自我审视（见图 2-6）有如下特点：

· 毕业于 211 院校，虽然不是最受青睐的 985 院校或海外名校，但是也属于较好的教育背景。

· 从业于在 MBA 学员中占比较高的金融行业，但细分领域是传统银行，并且工作平台为外省地方性商业银行，稍显薄弱。

· 年龄 36 岁，正值年富力强的阶段，具有 13 年的管理经验。职务为银行金融业务部门的总经理，身处银行中高层。

· 95 万元的年收入高于 MBA 学员平均水平，业绩方面除了银行金融业务绩效，还有带领部门推动数字化转型的创新举措。

· 外语能力达到六级，听说读写较为流畅。

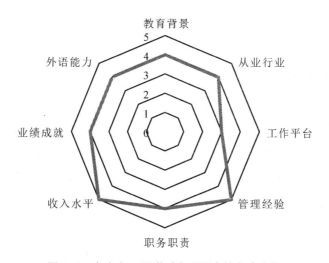

图 2-6 考生小 A 同学对客观因素的自我审视

因此，在小 A 同学的客观因素方面，工作平台的区域性和规模性、职务职责的业务性以及行业平台的传统性尚有提升空间。

从主观因素来看，小 A 同学的自我审视（见图 2-7）有如下特点：

·多年银行业务磨炼使他练就了清晰的思维和流畅的沟通，虽然身处传统银行金融业，但具备智能化、数字化、网络化等创新思维，带领部门进行数字化转型。

·担任部门高管，具备较强的管理决策能力，成熟稳重的性格能够较好地管理压力、舒缓情绪。

·在规划愿景方面，存在短期规划清晰但中长期愿景不明确的情况，在日常工作中较少触及和思考商业伦理的命题。

·此外，小 A 同学对社会责任的理解偏向表层，曾经积极参加过银行组织的公益活动，但对本职工作和事业平台在扶持小微企业成长、助推地方经济发展、改善社会民生等领域创造的社会价值缺乏深度思考。

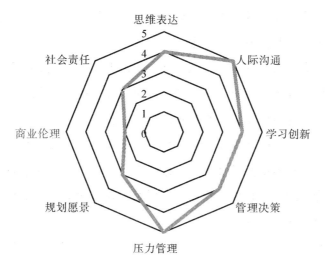

图 2-7 考生小 A 同学对主观因素的自我审视

2. 差距弥合

有了对照院校选拔标准的自我审视，我们可以在提交申请材料和参加提前面试之前努力弥合存在的差距，将最好的形象展示在考官面前。

（1）客观因素

客观因素顾名思义就是已经发生或者存在，不依赖主观努力而改变。但客观因素也分为两种情况。第一种情况属于既成事实，无法改变也没有必要为了面试而改变，例如教育背景、从业行业和工作平台。但是无法改变因素本身，不等于无法重新提炼因素的价值。

·在小A同学的案例中，虽然毕业院校不是985高校，但却是西南区域甚至整个西部地区首屈一指的财经类高校，高考录取分数线在同区域、同类型院校中一骑绝尘，这样的教育背景自然有其独特价值。

·小A同学从业于大金融领域的银行业，虽不如互联网金融、私募投资基金等新锐行业吸引眼球，但从行业规模、影响范围和重要作用来看，银行业仍然承载了国家经济命脉、关乎国计民生，为实体经济发展输送血液。

·小A同学所在的地方性商业银行，在知名度、业务规模、服务范围和盈利能力上无法与国有四大银行和全国性股份制商业银行分庭抗礼，但熟悉区域经济、深入社区发展、决策灵活快捷、聚焦小微企业等优势同样使其成为银行业中小而美的存在。

第二种情况属于因素客观存在，但有主观解读的空间，例如管理经验、职务职责、业绩成就等，可以通过积极主动的展示和恰当的表达体现其价值。

·小A同学具备13年的管理经验，从绝对年限上看并非经验最丰富的考生。但通过了解其岗位变换历程发现，小A同学先后经历了柜台、个人金融、公司金融等业务条线以及合规、办公室等中后台部门的轮岗锻炼，其管理经验覆盖了银行业务全流程，这种全局视野在银行从业者中并不多见。

·小A同学当前职务为业务部门总经理，暂未进入银行最高决策层，但小A同学除了做好本职工作之外，主动学习并推动传统银行业务的数字化转型，具备较强的创新意识与能力，是成为银行高层后备力量的不二人选。

·在业绩成就方面，小A同学带领团队连续数年超额完成业绩目标，且实现了超出预期的利润率，客户满意度显著提升，这些都属于传统银行业务的业绩。而小A同学牵头在本部门推行的顾客画像、数据提取以及可视化决策支持等创新举措，为其传统银行从业者的形象加分不少。

总结小A同学的案例，我们可知，在客观因素方面，应当做到实事求是、诚信坦率。但是在部分客观因素的解读上，我们可以参照意向院校的选拔标准，做出针对性的提炼和展示，帮助考官全面、深入和准确地认识自己。

（2）主观因素

与客观因素相反，主观因素是依赖于考生的主观努力和考官的主观理解而改变的，例如表达、沟通、创新、愿景和伦理等。同一名考生，同样的客观因素基础，有可能在不同考场甚至面对不同考题呈现出不一样的状态，使不同考官做出不同甚至相悖的判断。

· 我们再看小 A 同学的案例。多年从事银行业务管理工作的小 A 同学非常善于清晰地表达思维、顺畅地开展沟通。但是在北大光华 MBA 提前面试的抽题环节，小 A 同学抽到了关于"新基建"的问题，因为"新基建"的范围和内容超出了小 A 同学最熟悉的认知范围而无法圆满回答。

· 小 A 同学偏弱的环节还有规划愿景因素，其短期规划为 3~5 年内晋升为本行高层管理团队成员，但 5~10 年甚至更长期的愿景缺乏展示。小 A 同学的考虑是成为本行高层管理者之后难以进一步实现职级晋升，然而职业愿景除了以职级晋升的方式呈现，还可以体现为"小微企业金融服务能手""地方性商业银行数据化转型领军人物""乡村振兴金融专家"等专业形象的塑造。

· 小 A 同学还有一项主观因素亟须提升，那就是商业伦理和社会责任。其首要的任务就是掌握相关概念的含义和层次，树立商业伦理和社会责任是"MBA 教育第一课"的意识，能够运用理论知识去理解本行业和本职工作中涉及的伦理问题，探讨个人及企业履行社会责任的多样化方式。

综合上述分析，弥合自身在主观因素方面的差距，最重要也最有效的方法归纳为"面试礼仪、个人扫描、知识储备、思维训练"四个方面。这些内容将在准备篇的四章内容中一一为大家介绍。

准 备 篇

吾生也有涯，而知也无涯。

以有涯随无涯，殆已！

已而为知者，殆而已矣！

——《庄子·养生主》

第三章

面试礼仪

礼仪是人们在社会交往活动中，为了相互尊重，在仪容、仪表、仪态、仪式、言谈举止等方面约定俗成的，共同认可的行为规范。礼仪是对礼节、礼貌、仪态和仪式的统称。

面试礼仪源自商务礼仪，商务礼仪是在企业发展过程中逐渐形成的，对职场人员仪容仪表、言谈举止等共同认可的行为规范。

一、第一印象

研究者曾提出过 7 秒理论来定义面试官和面试者会面的第一瞬间，面试者的穿衣打扮、精神面貌、言谈举止等综合素养沉淀出的"气场"会给面试官留下第一印象，这样的印象对于面试结果会有 80% 的影响作用。

外表确实是形成第一印象的重要因素，但我们这里谈到的外表，绝不仅是指颜值，不是肤浅地追求漂亮的脸蛋，我们的外表包含了由内而外散发的气质、面部表情、眼神、自信以及得体着装等细节表现（如图 3-1 所示）。

图 3-1　参与 MBA 面试的良好形象

· 42 ·

二、仪容仪表

我们在参加 MBA 面试的时候，要注意仪容仪表，要端庄大方，要符合职场人士的身份，从面部修饰到穿着打扮都需要特别的讲究与注意。

1. 头部与面容

图 3-2　不恰当仪容

·头发保持清洁、不油腻、无异味，建议面试当天清洁整理头发。

·男士头发不宜过长、避免杂乱无形，女士不宜披头散发。不恰当仪容如图 3-2 所示。

·保持口腔清洁，切忌散发异味，面试前不喝酒，不吃蒜、葱等带有刺激性气味的食物。

·男士注意清洁面部，胡须不宜过长，造型须符合商务场合，避免过于标新立异。

2. 女士妆容

面试时，女士切忌素颜，避免精神面貌不佳。女士妆容应如图 3-3 所示。

·底妆可使用隔离霜、粉底液等产品，使面部色泽饱满、健康、有光泽，并在脸颊适当着一点腮红。

·眉毛注意修饰造型、干净整齐，颜色自然、避免过于夸张。

图 3-3　女士妆容

· 眼影建议打底色即可，切忌选色夸张、色系太多。

· 双唇保持滋润，避免干燥脱皮，口红建议选择自然色系，流行的烈焰红唇并不适合。

· 指甲不宜过长、修剪整齐，切忌小拇指留长指甲，女士如果有指甲油或美甲，建议选择裸色系且颜色饱满、没有缺漏，避免夸张造型。

3. 男士着装

图 3-4　男士着装

MBA 面试场合建议男士着正装出席。男士正装通常为西装，完整搭配包含衬衣、上衣、西裤、领带、腰带、袜子与皮鞋。男士着装如图 3-4 所示。

· 西装宜干净、合身、笔挺，全套装束颜色建议不超过三种。

· 腰带务必选用皮质材料，腰带扣端庄大方、大小适宜、避免夸张的造型和颜色。

· 袜子颜色以深色为佳，建议选择中筒袜，长度以我们坐下后不露出小腿至脚踝皮肤为佳。

· 皮鞋搭配造型简洁大方、鞋面光滑亮泽的式样，过于夸张的鞋型要慎重选择。

· 领带图案以几何图案或纯色为宜。系领带时，领结要饱满，与衬衫领口紧密吻合；长度以系好后大箭头垂至腰带扣处为准。

· 对于不适应正装的同学，或者面试时气温过高、出汗明显的同学也可以选择长袖衬衣搭配西裤或者不系领带。

4. 女士着装

相对于男士，女士商务正装有更多选择的空间（如图 3-5 所示）。我们不对女士的商务正装与休闲装进行严格定义与区分，仅为女同学的面试提出如下建议：

· 商务套装为首选，裙装更显女士风范。

· 商务装对面料有基本要求，注意熨烫平整、挺括。

· 裙子以窄裙为宜，裙长要到膝或者过膝。

· 尽量少使用饰品，全身简洁大方、适当点缀即可。

图 3-5　女士着装

三、肢体语言

1. 眼神交流

俗话说："眼睛是心灵的窗户，目光是心灵的语言"。我们在与人沟通交流的时候，首先要睁大双眼、目视对方、面带微笑、眼神坚定，展现自信的同时，还给人留下富有亲和力、与人为善的感觉，切忌频繁眨眼、眼神飘忽，避免怒目圆睁、目光呆滞。

注视他人时，可以以对方面部中心为圆心，以肩部为半径，这个视线范围就是目光交流的范围。

考生与考官交谈时应始终保持目光接触，表示出对对方的尊敬和对话题的兴趣。随着面试话题与内容的变换，目光应有及时恰当的反应，或喜、或惊，用目光会意，使整个交谈融洽和有趣。如果有几位考官在场，交流的时候要注重兼顾几位考官，除了与交谈者目光交流之外，用目光适当扫视其他人，以示尊重。

图 3-6　适宜的微笑

俗话说："面带三分笑，礼数已先到"。微笑是一种令人愉悦的面部表情，它可以缩短人与人之间的心理距离，为深入沟通与交往创造温馨、和谐的气氛。我们在面试的过程中也要注意面部表情，展露适宜的微笑，做到自然真挚、自信大方、节奏恰当（如图 3-6 所示）。

大家注意观察一些特定行业的从业人员，例如空姐、高档酒店大堂人员、VIP 服务人员等，他们通常接受过专业训练，他们的面部表情很容易让人感受到舒服与亲近而又不失礼节。

2. 标准坐姿

良好的坐姿应该是坐在椅子的前三分之二处，保持身体正直，可略微前倾。男同学在面试的时候，可以采取正位坐姿与重叠式坐姿两种姿势。女同学可以采取标准式、侧腿式、重叠式与前交叉式的坐姿，更显端庄大方（如图 3-7 所示）。

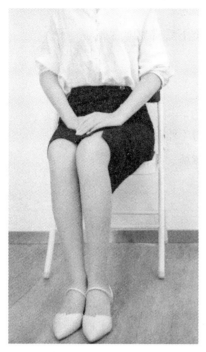

标准式   侧腿式

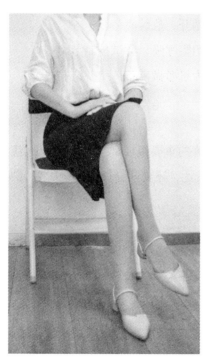

重叠式   前交叉式

图 3-7 女士坐姿

落座后整个面试过程，考生应谨记以下禁忌：

- 落座时不可前倾后仰，或歪歪扭扭，坐下后避免随意挪动椅子。
- 双腿不可过于叉开，或长长地伸出。
- 避免高架"二郎腿"或"4"字形腿。
- 切忌腿脚不停抖动。
- 双手避免放在两腿中间用腿夹住，显得不雅和局促。
- 避免脚跟落地、脚尖离地，避免双手撑椅、肩部耸立。

四、礼仪技巧

1. 克服紧张

面试时我们的紧张情绪是正常的神经反应，适当的紧张还有利于保持谨慎，不需要过于懊恼与自责。俗话说"养兵千日，用兵一时"，考生平时要注意多做面试模拟，让自己适应面试场景。同时，我们还可以练习运用一些小技巧来避免过度紧张，保持张弛有度。

- 进入面试场景前可以深深握拳，慢慢松开，放缓心率。
- 面试初期尽量放缓说话的节奏，慢慢调整呼吸，尝试控制节奏。
- 回答问题前给自己一个短暂的停留，为思考做准备。

2. 学会倾听

面试是一个双向沟通的过程，倾听是交流的重要组成部分，没有倾听就没有交流。我们在面试的过程中，不能一味只顾自己的表达，还要学会做一个倾听者（见图3-8）。倾听是对沟通对象的一种尊重，仔细倾听考官的话，让考官充分感受到尊重，有助于化解可能存在的刁难或对陌生人的排异心理。

我们在倾听的过程中还要注意保持耐心。一些考生在面试中总是表现得过于积极，当考官提出一些简单或考生熟悉的话题时，没等考官说完就打断其提问，抢着回答问题或者断章取义地解读考官的讲话。还有一些考生在面试临近尾声

图 3-8　倾听

时，或者获得考官的积极评价时，开始畅想顺利通过面试，甚至憧憬下一步的打算，一不小心就分了神，考官后续的交谈内容就没注意到了。

体现仔细倾听的最好办法就是积极与考官配合，注视考官以表示专注倾听，还可以通过与考官目光交流、点头赞许等示意。擅长沟通的同学还可以就考官提出的问题进一步提问，从这样的举动中，考官可以清楚地知道你在仔细倾听，没有漏掉重要内容。如果巧妙地插入一两句话对考官讲话做出回应，效果会更好。

3. 面试等候

MBA 面试是所有考生依序进行，难免就有一段等待的时间（见图 3-9）。等待时间较长，可能使人心情烦躁，打乱早已调整好的节奏。这时，可以选择默背、闭目养神等方式度过等待时间。在此期间避免来回走动，这会显出考生的焦躁不安；更不要擅自到考场外张望，与一同候考的考生交谈应尽可能降低音量；避免向完成面试的考生打听题目，这样只会徒增紧张情绪，同时这种举动也涉嫌违规，一旦经考官发现与核实，有可能以作弊处理。

图 3-9　等候

4. 进场入座

进入面试考场前，如果考生在咀嚼口香糖缓解压力，一定要记得吐出并妥善处理；收拾好自己的物品，将手机调至静音或震动等。同时，大家还应注意以下进场入座的礼节：

·切忌贸然闯入面试考场，首先轻轻敲门，得到允许后再进入，等到考官或考场秘书示意入座时再就座，常见考场布置见图 3-10。

·若非考官主动伸手，无须上前热情握手。如果有握手，请保持热情而坚定。

第三章　面试礼仪

·如果有指定的座位，坐在指定座位上即可。如果没有指定的座位，可以选择主考官对面的座位坐下，这样方便与主考官面对面交谈。

图 3-10　常见考场布置

5. 告别离场

面试临近尾声时，我们也需要提高注意力，控制好自己的情绪，从容镇定地给考官留下最后一秒的好印象：

·避免在考官示意结束前表现出焦躁不安、急于离去或另赴约会的样子。

·考官示意面试结束时，微笑、起立、道谢、再见，无须主动伸手握手。

·切勿因为表现较好、得到肯定而得意忘形。

第四章

个人扫描

参加 MBA 面试前，我们最好能参考报考院校的选拔标准对自身进行全面的个人扫描，认真梳理过往的经历、当下的工作状态、未来的职业规划、个人优劣势等特质，收集整理所处的行业及单位情况以及社会热点话题等信息，这样才能提高自我认知，从容应对面试。个人扫描路线图如图 4-1 所示。

图 4-1　个人扫描路线图

一、个人特质

1. 个人优劣势

考生可以提前梳理自己的优势和劣势，每项至少三条。在 MBA 面试过程中，考官经常会问"请谈一件你最成功的事""你最失败的事情是什么"等问题。考生在总结个人优劣势时，要注意哪些劣势能够通过就读 MBA 项目的学习弥补，哪些需要其他途径来解决。

【例题】

　　· 请客观评价您自己的个性特点，包括优点和缺点。

　　· 请谈一下你在营销方面做得好的原因。

　　· 你这么年轻就做到了一个比较高的职务，请讲一下公司领导擢升你的理由。

　　· 请谈谈你在管理方面有什么样的劣势。

2. 职业经历

　　考生扫描自己的职业经历时，需要找出职业发展的主线，例如"虽然跳过几次槽，但是一直在快消品行业的外资企业，从事营销管理工作"，这样能更好、更清晰地展示职业发展脉络。职业经历还需要发掘自己的亮点及特殊事件，例如曾经在世界 500 强公司担任过重要或独特的管理职务，或者有过数年的海外工作经验，对所在国当地的国际贸易、法规政策比较熟悉，或者自己以往负责过投资 20 亿元的大型工程建设项目等。

【例题】

　　· 请谈谈你近 5 年来频繁跳槽的原因。

　　· 你在某集团非洲分公司担任了 2 年的售后支持经理，请谈谈这段时间的工作感悟与收获。

　　· 你分别在美国公司、瑞典公司和日本公司工作过，请比较下这三类公司在企业文化和管理风格方面有什么样的差异？

3. 职业规划

　　制定职业规划需要设计清晰的职业发展路径。考生设定职业发展目标时，需匹配之前的职业经历和自身的能力与资源，突出合理性。此外，考生设立职业发展目标时应当有高度，向考官展示远大的抱负和实现的决心。

【例题】

　　· 请谈谈你近 5 年的职业发展规划。

　　· 在实现 3 年职业发展目标的过程中，你认为你会遇到什么挑战，你会如何应对这些挑战？

　　· 我们学校 MBA 项目对你的职业发展目标的实现，会带来什么帮助？

4. 业绩与成就

介绍业绩与成就的时候应当遵循就近原则，尽量谈自己在当前工作单位的业绩与成就。考生如果在当前单位工作的时间不长，就可以谈之前单位取得的业绩与成就。业绩与成就的展示需要收集相关数据和典型事例提供支撑，整理自身在取得这些业绩与成就的过程中，有哪些与众不同的举措、贡献与价值，展现自己的性格特点、能力经验或优势特长。

【例题】

· 请讲一件你最有成就的事。

· 你在创业初期是如何成功拓展客户，打开局面的？

· 你刚才提到了担任公司人力资源总监后，短期内将公司离职率下降了 5%，请谈谈你采取了什么措施，如何做到的。

5. 职能分析

此部分要求考生提炼自己的工作职责，包含职责内容、直接汇报对象、管理风格、考核下属的方式、与平级同事之间如何配合等。例如某同学担任某公司的运营总监，在面试时老师问："请谈谈公司的运营总监和营销总监在工作职责上的联系与区别。"

【例题】

· 你作为总经理助理，是如何辅助总经理开展工作的？

· 你担任公司的西区经理，是如何跨区域管理七省市业务的？

· 请谈谈你的管理风格。

二、单位概况

1. 重要信息

考生需要整理所在单位的组织结构图，熟知单位的使命、愿景和价值观以及主营业务。如果是在企业工作的考生，其还需要掌握企业的盈利模式、行业地位、战略规划、核心竞争力、管理风格、机遇与挑战等。此外，即使考生并非高层管理者或者财务管理人员，还是应当了解企业相关的核心财务数据，例如销售额、利润、利润率、成本结构等，这样才能展现考生对企业的熟悉、关注以及管理意识。

【例题】

· 请介绍创业公司的商业模式，何时能够盈利？如何做到持续性盈利？

· 你们公司的核心竞争力是什么？还可以在哪些方面做优化？

· 你们公司去年的净利润下降 25% 是什么原因，如何调整？

2. 组织结构图

部分院校要求考生提供所在单位的组织结构图，组织结构图的整理和绘制也需要注意一些要点。以考生小 B 同学所在的外资企业为例，他绘制的组织结构图（见图 4-2）虽然反映了该公司的真实情况，但在 MBA 面试中却并非最佳的展示方案，原因如下：

· 组织结构图层级过多，且 ×× 公司集团董事会与集团总部对小 B 同学所在机构并非直接管辖关系。

· 小 B 同学的职位位于组织结构图最底端，显得他的管理级别和职位重要性较低。

· 小 B 同学的职位之下未能充分展示其直接下属和经销商团队的规模，容易产生考生缺乏管理经验的误解。

· 原版组织结构图选择了蓝底黑字的形式，在打印的纸质资料中可能无法清晰展示。

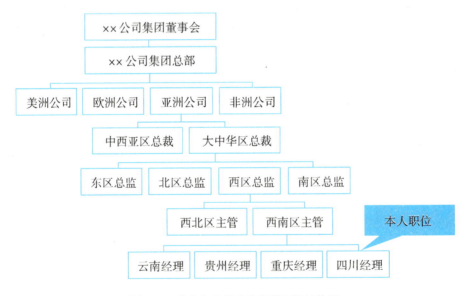

图 4-2 考生小 B 同学的原版组织结构图

基于上述分析，我们给小 B 同学提出了修改建议（如图 4-3 所示）：

· 将大中华区总裁之上的集团总部机构统称为"×× 公司集团总部"，简化组织结构图的层级。

· 增加小 B 同学管辖的四川区域重要城市的经销商和多级分销团队，一来表明该同学的职责范围,二来使其管理层级上升至所在机构的中层。

·修改版组织结构图选择了蓝框、无填充色、黑字的形式,在打印的纸质资料中确保清晰展示。

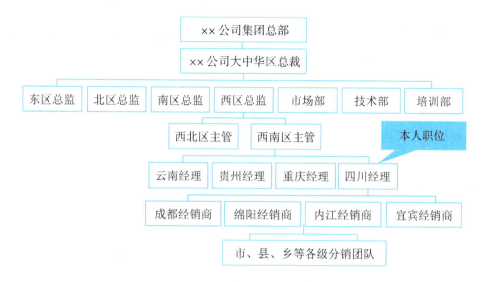

图 4-3　考生小 B 同学的修改版组织结构图

3. 常见局限

(1) 企业分析

对企业战略的理解局限性较大:

·仅有战略方向,没有具体目标和路径,例如植根本土中心、辐射西南、成为西南地区极具知名度和影响力的××企业……

·将企业战略理解为产品或营销策略,例如销售渠道管理……

对本企业的优劣势总结得比较片面:

·过于突出本企业在社会资源方面的优势,忽略了面向市场的竞争力,例如本公司最大的优势在于强势的央企股东……

·注重企业在生产制造、技术研发、运营管理等方面的硬实力,却忽略企业在市场份额、品牌形象、行业声誉、知识产权等方面的软实力,例如本公司的优势集中于生产制造和技术研发方面……

(2) 管理感悟

对"管理"含义的理解过于狭窄:

·从狭义的角度理解管理,例如管理就是抓大放小、管事理人、把自己职责范围内的工作和事情高效完成……

·将管理片面地理解为技术、工具与方法，忽略了管理激发和释放员工的善意和潜能等内涵。

对考生准备管理感悟的建议：

·我们应当对管理有全面、系统和深入的认识，注意思维的高度和深度，并且有亲身经历的案例印证自己的管理心得，例如沟通的方式和内容是什么？是否遇到了困难和冲突？如何解决以使组织整体效益最大化？

·对管理的理解可以视角多样、内容丰富，但须在阐述之前说明你的视角是什么，例如从管理职能视角谈计划、组织、领导、控制，或者从管理形式视角谈管事理人……而不是断然说"管理是什么"，否则容易以偏概全。

（3）经营数据

在 MBA 面试过程中探讨企业的经营数据，我们要注意以下要点：

·不是罗列数据，而是透过数据把握公司的整体运营情况。

·探讨企业经营数据的时候，不仅能够说清是什么，还能分析为什么。

·通过经营数据证明自己贡献的价值和未来的发展潜力。

关于企业经营数据的扫描，我们有如下建议：

·如果谈到业绩和市场份额变化，关注下降或者上升的原因是什么，并且能够从中总结出经验教训。

·如果谈到企业近年来的发展数据，能够从数据变化中分析企业发展的趋势、收入和支出变化的原因，尤其是哪些好的变化与你有关。

·如果谈到与同行业竞争对手的比较，能够分析本企业与同行业平均水平相比的结果及其原因。

·如果谈到成本或费用，需要知道本企业最大的成本和费用项是什么，有没有进一步控制的空间。

·如果企业本年度经营数据为亏损，能够说明与上一年度相比是增加还是减少，是战略投资亏损还是经营不善亏损，自己对于减少亏损是否有建设性的思考。

·如果企业处于初创或者成长期，经营数据和团队规模都比较小，需要突出企业的成长性，例如 3~5 年的战略规划、今年的业绩目标和增长速度、市场上的竞争策略以及团队发展的构想等。

三、行业状况

1. 重要信息

各院校 MBA 项目所青睐的候选人都应该超越所在企业和职位的限制，放眼行业的现状与未来。此部分要求考生梳理所在行业涉及的宏观政策、竞争情况及未来趋势，总结行业领先的商业模式或运营经验，整理国内外相同或相似行业的热点话题及典型案例，尤其是标杆企业的商业模式、发展战略、竞争优势及经典策略等。

【例题】

·针对房地产行业，国家出台了"三道红线"的新规，不少城市也公布了限购、限价、限贷政策，你们企业目前如何应对？

·国家的"一带一路"政策对你们行业有什么影响？

·你们企业最大的竞争对手是哪家企业，你们有什么样的优劣势？

2. 常见局限

同学们在扫描行业状况的时候，常见局限体现在：

·行业视野不够开阔，对竞争格局的分析较为片面。

·标杆企业信息缺失，或者对标杆企业的理解不够准确，过于自负。

·谈及行业状况时，专业性过强、表述难以理解。

·行业分析数据不足，或者说服力不够强，无法体现出从业者的专业水准。

关于行业状况的扫描，我们有如下建议：

·站在行业的全局视角分析问题。

·可以借助成熟的管理分析工具展开分析，确保思维缜密、结构完整。

·标杆企业应该能够体现本行业在国内外的先行者或者领先者地位。

·典型案例应该有代表性，成败均有经验教训。

·专业术语采用深入浅出的表达。

·关键问题采用数据、案例等形式表达。

四、社会热点

1. 重要信息

考生需要关注近期社会经济热点话题、最新的商业模式与思潮、典型的商业事件等，多看知名学者、知名企业家、财经评论人对这些话题、事件的看法与理解，形成自己的观点看法。关于此部分的应对方法，我们在第八章个人面试关的抽题回答部分将详细说明。

【例题】

· 国家推出了三孩政策，请谈谈这些政策对制造业的影响。

· 请谈谈智能制造对传统产业是冲击还是机遇。

· 目前我国正在步入老年社会，分析认为老龄社会对生产性的支出会减少，你是怎么认为的，你从中看到了什么商机？

2. 政府工作报告重点

政府工作报告是每年中国两会的焦点之一，这份报告如同成绩单和计划书，中央政府用这种方式向人民报告并接受监督。政府工作报告通常自上一年年底开始起草，汇集各方智慧，听取各方意见。中共中央政府会提出明确要求和指导意见，人大代表分组审议，政协委员分组讨论并将意见反馈给政府。报告内容和社会诉求高度吻合，力求让百姓听得懂、有感受，最终表决通过的报告是共识的凝聚，反映了国家意志和人民意愿[①]。因此，本节将呈现 2023 年政府工作报告的重点内容，供大家在准备社会热点问题时参考。

2023 年发展主要预期目标

1. 国内生产总值增长 5% 左右；城镇新增就业 1 200 万人左右，城镇调查失业率 5.5% 左右；居民消费价格涨幅 3% 左右；居民收入增长与经济增长基本同步；进出口促稳提质，国际收支基本平衡；粮食产量保持在 1.3 万亿斤以上；单位国内生产总值能耗和主要污染物排放量继续下降，重点控制化石能源消费，生态环境质量稳定改善。

2. 赤字率拟按 3% 安排。

3. 保持广义货币供应量和社会融资规模增速同名义经济增速基本匹配，支持实体

---

① 新华网. 政府工作报告为何如此重要？[EB/OL]. (2020-05-23) [2021-10-10]. http://www.chinanews. com/gn/2020/05-23/9192560.shtml.

经济发展。

4. 落实落细就业优先政策，把促进青年特别是高校毕业生就业工作摆在更加突出的位置，切实保障好基本民生。

2023 年工作重点

1. 八项重点：着力扩大国内需求。加快建设现代化产业体系。切实落实"两个毫不动摇"。更大力度吸引和利用外资。有效防范化解重大经济金融风险。稳定粮食生产和推进乡村振兴。推动发展方式绿色转型。保障基本民生和发展社会事业。

2. 把恢复和扩大消费摆在优先位置。

3. 强化科技创新对产业发展的支撑。

4. 加快传统产业和中小企业数字化转型，着力提升高端化、智能化、绿色化水平。

5. 建设高效顺畅的物流体系。

6. 坚持分类改革方向，处理好国企经济责任和社会责任关系，完善中国特色国有企业现代公司治理。

7. 支持中小微企业和个体工商户发展，构建亲清政商关系，为各类所有制企业创造公平竞争、竞相发展的环境，用真招实策稳定市场预期和提振市场信心。

8. 积极推动加入全面与进步跨太平洋伙伴关系协定（CPTPP）等高标准经贸协议，主动对照相关规则、规制、管理、标准，稳步扩大制度型开放。

全面与进步跨太平洋伙伴关系协定（简称CPTPP），是亚太国家组成的自由贸易区，是美国退出跨太平洋伙伴关系协定（TPP）后该协定的新名字。2021 年 9 月 16日，中国正式提出申请加入《全面与进步跨太平洋伙伴关系协定》。

9. 优化区域开放布局，实施自由贸易试验区提升战略，发挥好海南自由贸易港、各类开发区等开放平台的先行先试作用。

10. 继续发挥进出口对经济的支撑作用。做好外资企业服务工作，推动外资标志性项目落地建设。

11. 深化金融体制改革，完善金融监管，压实各方责任，防止形成区域性、系统性金融风险。

12. 树立大食物观，构建多元化食物供给体系。

13. 国家关于土地承包期再延长 30 年的政策，务必通过细致工作扎实落实到位。

14. 加强住房保障体系建设，支持刚性和改善性住房需求，解决好新市民、青年人等住房问题。

15. 深化医药卫生体制改革，促进医保、医疗、医药协同发展和治理。

16. 进一步加强政府自身建设，持续转变政府职能，搞好机构改革，扎实推进法治政府、创新政府、廉洁政府和服务型政府建设，发扬实干精神，大兴调查研究之风，提高行政效率和公信力。

第五章

知识储备

一、学习目标

曾经有考生提问，由于工作繁忙、备考时间有限，面试环节能否押题呢？其实这个问题大家心中都有答案，我们还是可以全面分析并推导出合情合理的答案。

从面试纪律来说，教育部和各大高校都高度重视研究生入学考试的严肃性和规范性，全流程做好信息保密工作，不会给投机主义者留下任何发挥的空间。

从面试内容来说，MBA 面试范围宽广、形式多变，受到面试场景、随机互动和考官偏好的影响，即使有心押题，押中的概率也是可想而知。

从面试对象来看，参加 MBA 面试的考生，大多数是没有接受过系统的管理理论教育的实践者，考查重心并非管理理论知识而是源自管理实践的思考与总结，考生结合自身的实践经验和知识积累灵活应答，自然也就没必要押题了。

由此可知，我们不能、不会也不必押题，从长期主义的视角来看，以不变应万变才是王道。我们要把握好短暂的面试交流机会，通过回答考官提问展示自己的逻辑思维、知识储备、实践经验和应变能力。

但是，不押题不代表不储备知识，在 MBA 面试中，考生如果能够恰当地运用管理学和经济学的基础知识，搭建答题框架、支撑论证过程、拓展管理思维，从不同的视角和维度分析问题，展现思维的广度、高度和深度，确能实现锦上添花的效果，因此提前进行充分的知识储备是非常必要的。

【例题】你如何管理你的下属？

【解析】回答这个问题，首先需要理解管理的概念，运用管理的定义来延展回答。

管理是通过计划、组织、领导和控制来协调和监管他人的工作活动，从而使他们的工作可以有效率又有成效地完成。

——斯蒂芬·罗宾斯《管理学》（第 13 版）

管理包括五大职能：决策、组织、领导、控制、创新。

——周三多等《管理学原理与方法》（第 7 版）

【例题】一家工厂生产容量分别为 200 升、250 升、300 升的冰箱。某个阶段 250 升的冰箱开始滞销，而其他两种规格的销量保持稳定，请分析可能的原因。

【解析】回答这个问题可以有多个角度，从竞争格局的视角可以运用迈克尔·波特的五力模型作为答题框架。

波特五力模型指出行业的竞争格局与激烈程度受到五种力量的影响，分别是购买者讨价还价的能力、供应商讨价还价的能力、现有竞争者的竞争能力、新进入者的竞争能力以及替代品的替代能力。

【回答】250 升冰箱滞销、而其他规格销量保持稳定，此现象的出现可能与冰箱行业的竞争格局变化有关。下面结合五力模型进行分析：

·购买者讨价还价的能力改变：例如消费者发觉 250 升冰箱的性价比不高，讨价还价未果之后，选择其他性价比更高的冰箱，导致其滞销。

·供应商讨价还价的能力改变：例如 250 升冰箱的关键部件供应商突然大幅涨价，导致冰箱价格随之上涨，影响了销量。

·现有竞争者的竞争能力改变：例如现有竞争者生产的 250 升冰箱，或者是价格大幅降低，或者是产品性能显著提升，造成了本厂 250 升冰箱的销量减少。

·新进入者的竞争能力改变：例如新进入行业的竞争者以 250 升冰箱作为卖点进行大幅度的营销宣传和低价销售，影响本厂同款销量。

·替代品的替代能力改变：例如某冰柜厂商专门推出了 250 升产品的特价优惠活动，从而影响了同等容量冰箱的销售。

从两道例题及解析可知，我们进行知识储备的目标并不是替代 MBA 阶段的学习，而是初步搭建知识框架、系统梳理答题思路以及积累高频知识要点，对照管理学和经济学基础知识框架查缺补漏，提高面试的成功率。

二、学习途径

1. RLPT 学习法

根据美国学者爱德加·戴尔提出的学习内容留存率金字塔（见图 5-1），不同的学习方法会带来不同的学习保持率。考生在时间和精力有限的情况下，运用 RLPT 学习法进行管理学和经济学基础知识的学习与储备，能够实现事半功倍的效果。RLPT 学习法是指看（read）、听（listen）、练（practice）、教（teach）相结合的学习方法。

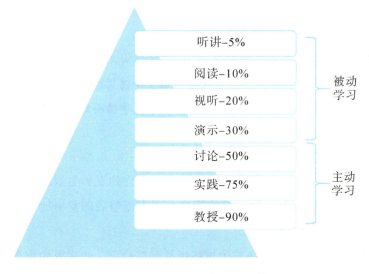

图 5-1　学习内容留存率金字塔

2. 看（Read）

阅读是最基础、最常见的学习方法，在准备面试的过程中，"看"需要科学地划分层次，例如泛读经典教材、阅读商业评论、浏览热点新闻等。

（1）泛读经典教材

泛读经典教材的目的是把握知识框架与核心概念。在面试准备阶段，尤其是忙于兼顾工作、生活与学习的考生，并不需要将大部头的经典教材从头到尾精读，而是通过了解目录、章节名称、逻辑关系和核心概念，初步形成管理学知识的体系，掌握管理学基础知识。国内各院校推荐比例最高的 MBA 面试参考书籍包括斯蒂芬·罗宾斯教授的《管理学》和周三多教授的《管理学——原理与方法》。

图 5-2 《管理学》封面

美国著名管理学专家斯蒂芬·罗宾斯教授的《管理学》（下文中简称《管理学》）（封面见图 5-2）位列全球基础管理学教材榜首。第 15 版以管理的四大职能——计划、组织、领导、控制为主体脉络，环环相扣，逻辑清晰，全面覆盖了管理理论的主要知识点，将管理理论与管理实践紧密结合，帮助读者提升管理技能。第 15 版各章开篇新增"就业技能矩阵"，帮助读者明确五种关键管理工作技能——批判性思考技能、沟通技能、合作技能、知识运用与分析技能、社会责任技能；增加"工作场所的秘密""这是你的职业""不在失败中学习"等专栏，帮助读者认识工作场所中需要面对的问题及其解决方案，提升相关技能，提高职业素养和抗逆力，为职业生涯做好准备。此外，第 15 版还增加了有关管理实践的话题，包括逆全球化、大数据、人工智能、社交媒体等。

我国南京大学知名管理学专家周三多教授的《管理学——原理与方法》被誉为中国管理学教材的常青树，内容涵盖了管理学的思想、概念、理论和方法（封面见图 5-3）。第 7 版总结了前期出版后收集的反馈，强调了我国社会经济发展和改革深化背景下的实践问题，更新了案例、调整了内容。同时，此版本还强调了创新在管理中的重要意义，探讨了管理学在互联网时代的挑战与变革，更符合中国读者的阅读习惯和学习需求。

（2）阅读商业评论

考生通过报纸、杂志、网络和微信公众号等渠道适当阅读国内外优秀的商业、财经和管理类的评论文章，

图 5-3 《管理学——原理与方法》封面

对面试准备有积极的作用。出色的商业评论文章通常就是探讨社会经济热点、针砭时弊的论述文，我们分析文章的主旨、结构、思路、素材和遣词造句，学习提出论点、寻找论据以及分析论证的方法，有利于形成结构化的思维能力。代表性的权威报纸杂志有《哈佛商业评论》《商界》《经济学人》《第一财经周刊》《清华管理评论》《二十一世纪经济报道》等（部分封面见图 5-4）。

图 5-4　部分权威报纸杂志封面

（3）浏览热点新闻

社会热点与商业事件是 MBA 面试中常见的话题，考生利用碎片化的时间关注高品质的商业、财经和管理类网站和微信公众号，浏览其中的评论文章，熟悉当下发生的重大商业事件、商业创新模式以及商业变革思潮等，将会获得很多启发。

3. 听（Listen）

听讲是阅读的补充，也是我们从小到大获取知识的主要途径。在准备面试的过程中，"听"需要兼顾倾听老师串讲和泛听学习 App 等。

（1）倾听老师串讲

MBA 考生大多是在职人士，备考过程还要协调好本职工作和家庭生活，因此学习效率就相当重要。尤其是在面对浩瀚的管理知识时，自己摸索往往事倍功半，而倾听老师串讲恰好是高效的学习方法之一。

称职的老师在授课之前都会做充分的准备，根据管理学教材和 MBA 面试特点进行分析和解读，用深入浅出的语言帮助考生们在短时间内把握更多的高频知识点，更好地理解重点与难点，最重要的是学习如何将管理学知识点应用在面试答题上。我们也有相应的电子资源主页如图 5-5 所示。

图 5-5　电子资源主页

（2）泛听学习 App

充分利用碎片化的时间是我们准备面试期间的要求，因此在通勤途中、饭前饭后等时间里高效利用各种学习 App 进行泛听学习，日积月累之下也会有明显的进步。常用的学习 App 包括得到、混沌大学、樊登读书等知识型 App，还有网易公开课、慕课网、学堂在线等课程型 App，以及学习强国、云听、喜马拉雅等资讯型 App。建议考生们根据自身的优劣势设定泛听积累的目标，然后选择合适的 App 或其他"听"的学习途径，提高学习效率，达到聚沙成塔、集腋成裘的积极效果。

4. 练（Practice）

"练"顾名思义是指练习，练习的内容可以涵盖 MBA 面试的材料准备、视频录制、自我介绍、自由问答、抽题回答、小组面试、英语听说和政治回答等环节。练习的目的是缩短面试准备中"理解"和"做到"的差距，提高面试技能的有效方法就是"刻意练习"。练习的常见方法有自我练习和组队练习。

（1）自我练习

以自我介绍为例，完成书面稿件并不是结束而是一个新的开始，为了达到熟练地运用演讲方式介绍自己的目的，我们需要反复地练习。首先，自我练习需要设定目标，即大方自信地向考官介绍自己，而不是在考官面前机械地背诵稿件。其次，练习期间保持专注，全部注意力都集中在自我介绍的内容与状态之上。然后，为了获得及时的反馈，在无人协助的情况下可以通过录制自我介绍视频或录音的方法，通过回看发现问题进而一一解决。最后，我们反复这个流程，让自我介绍真正得心应手、游刃有余。

（2）组队练习

组队练习是指一同备考的考生或者考生与亲友自发组织学习小组定期进行练习，这种学习方式较为有效的环节包括自我介绍、自由问答、抽题回答和小组面试。同组成员可以轮流扮演考官与考生的角色，相互演练自我介绍和个人问答并提出反馈和建议，达到每个人快速适应、查漏补缺的学习效果。同组成员还可以使用本书后附的真题进行无领导小组和团队对抗的练习，但小组面试环节最好能安排组员担任考官或观察者角色，待组队练习结束后给予反馈。

5. 教（Teach）

与看、听、练的学习方法相比，"教"这种方法容易被同学们忽略。学习内容留存率金字塔理论告诉我们，一旦进入主动学习的状态，学习内容平均留存率将大幅度上升，而"以教为学、教学相长"的学习方式将使留存率高达 90%。以学习管理学知识为例，我们通过阅读、听讲和练习获得了管理知识的输入，如果能够通过教授他人进一步学习，不仅加深了自身对知识的理解和掌握，而且通过教授使输入和输出形成闭环，更好地促进了深度学习，使知识碎片之间产生链接，逐渐形成系统的知识体系，促进自我提升。

以教为学的方法可以通过三个步骤进行，首先熟练掌握书中的管理知识，能够用自己的语言进行深入浅出的解释，其次将理论知识与自身管理实践中遇到或者听闻的实际问题产生关联，最后根据理论知识和实践经验分析管理问题并提出切实可行的方案。这个过程是以教为学的步骤，也是获取知识、深度融合和教授输出的深度学习过程。

三、学习策略

1. 学习原则

庄子曰："吾生也有涯，而知也无涯"，我们从小对这句名言耳熟能详，于是很多人将其理解为人生短暂，必须抓紧时间勤学苦练。然而，这并非庄子本意，因为这句话之后还有一句"以有涯随无涯，殆已"，意思是人生是有限的，但知识是无限的，用有限的人生追求无限的知识，是必然失败的。

这句话应用在准备面试的过程中是非常恰当的，我们备考时间紧、任务重还要兼顾工作和生活，这种情况下没有能力也没有必要抱着大部头的管理学经典从头到尾的精读。我们把知识储备的原则总结为八个字"全面撒网，重点捕鱼"。

（1）全面撒网

"全面撒网"是指全面了解 MBA 面试中可能涉及的管理学与经济学基础知识，拓宽知识的广度，初步建立自己的知识框架。MBA 面试的自由提问和抽题回答环节涉及专业知识的概率相对较高，在面试材料和自我介绍的撰写方面也需要经济管理知识作为底层逻辑提供支持。但是，对于并未接受过系统工商管理教育的考生们来说，面试环节考核的重点必然不是纯粹的理论知识，更多是源自管理实践和社会阅历的知识沉淀。

对于从事管理工作的考生来说，知识体系是一张由丰富的知识点相互连接和验证的大网，彼此之间并非割裂的，例如担任市场营销职务的同学必须知道经济学中的供求法则，位居企业决策层的同学必须懂得计算成本与收益。因此，MBA 面试的知识储备，首要的是高效和快速地学习必要的管理学与经济学知识，以自身的知识存量为基础搭建知识框架，查漏补缺、完善体系。

（2）重点捕鱼

"重点捕鱼"可以从提升长处的专业性和补充短处的完整性两方面着手。每个人的教育背景和从业经历不同，导致了我们的知识结构存在差异。举例来说，长期从事市场营销的同学，在长期的实战经历中积累了丰富的经验，但是如果未经准备阶段的提炼和总结，就难以将实战经验与理论知识产生关联。市场营销中的产品创新、价格制定、渠道拓展与促销策划是 4P 理论的应用，从以企业为中心到以客户为中心、再到以关系为中心的趋势变化，反映了 4P、4C 到 4R 理论的演进，如果在面试中能做到理论与实践相结合，更能凸显自身的专业程度。

另外，"重点捕鱼"也可以理解为"重点补鱼"，意思是主动补充知识结构的缺失或短板，减少在 MBA 面试中遭遇知识空白点的风险。还是以从事市场营销的同学为例，虽然工作中不一定涉及，但在抽题回答的环节可能公平地面对"在香港 IPO 的利弊""资金的现值与终值"等问题。此类题目对考生回答的精度与深度不会有过高要求，但是对"IPO""现值与终值"等基本概念的理解是顺利得分的保证。

2. 学习策略

除了"全面撒网，重点捕鱼"的学习原则，我们还需要切实可行的学习策略，这里将其总结为"关键词+大白话+结构化"。

（1）关键词

对于准备面试的考生来说，耗时费力地死记硬背管理学等知识点必要性不大，但在抽题回答、小组面试等环节又有可能涉及部分核心词汇，此时把握关键词就是最有效的方法。举例来说，管理是什么？斯蒂芬·罗宾斯在《管理学》中这样定义："通过计划、组织、领导和控制来协调和监管他人的工作活动，从而使他们的工作可以有效率又有成效地完成。"从关键词的角度来看，整个定义中关键词有三层含义：

- 管理的职能：计划，组织，领导，控制
- 管理的特征：协调和监管他人的工作
- 管理的目标：工作有效率又有成效

（2）大白话

理解了上述关键词的三层含义之后，我们只需要用自己的语言按照逻辑关系将关键词串联，即可相对准确地概括定义，也就是通常所说的深入浅出的"大白话"。管理定义的逻辑关系是"通过管理的职能，践行管理的特征，达成管理的目标"，那么大白话的串联就是：

> 管理就是通过计划、组织、领导和控制，协调和监管他人的工作，使他人的工作有效率又有成效。

（3）结构化

结构化是学习策略的第三步，在把握关键词、运用大白话的基础上，还需要通过结构化的表达使复杂的理论知识和术语变得思路清晰、表达有力。例如"为什么说管理既是科学又是艺术？"要回答这个看起来简单、答起来复杂的问题，我们可以根据这样的结构、运用"关键词+大白话"的方法来表达：

> · 结论：管理具有两面性，既是科学又是艺术。
> · 科学性的论证：管理的科学特征体现为规律性，经过长时间的探索和总结，逐渐形成了系统的理论知识体系，为指导实践提供了原理、工具和方法。
> · 艺术性的论证：管理的艺术特征体现为实践性，仅凭理论进行管理，无视实践的变化与经验的积累，无法灵活运用理论，就不能实现有效管理。
> · 总结：综合上述分析，为管理的两面性提出方向性的简要建议。

四、管理学导读

1. 导读框架

经过一个多世纪的研究和积累，管理学形成了庞大、丰富又复杂的知识体系，任何一本书、一门课都无法完整展示管理学知识的全貌。在准备 MBA 面试的阶段，我们参考管理学经典教材和历年面试辅导经验，将相对高频的知识点以管理学导读的形式呈现。

管理学导读框架中包括理论基础、战略管理和职能管理三个部分，每个部分又分为数个板块，如图 5-6 所示。从管理学理论体系的角度来看，此框架并非严谨的学术架构，而是简要的知识归类，希望能够帮助同学们对高频的管理学知识考点以及考点之间的关系形成初步认识。

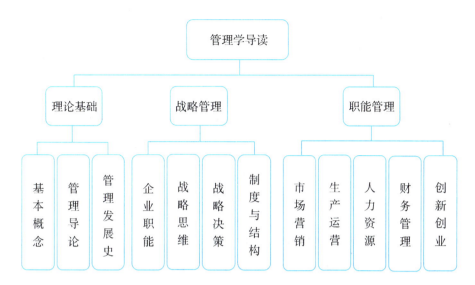

图 5-6　管理学导读框架

2. 理论基础

（1）基本概念

管理学最基本的概念就是"管理"，我们在面试辅导中经常听到同学们做出"管理就是管事理人"等回答。如果将"管事理人"作为管理实践的概括总结，这样的表述并没有什么问题。但是如果从概念的角度，"管事理人"并没有体现出严谨的科学精神，未能直指事物的本质特征。

前面介绍过，斯蒂芬·罗宾斯在《管理学》中这样定义："管理是通过计划、组织、领导和控制来协调和监管他人的工作活动，从而使他们的工作可以有效率又有成效地完成。"① 整个管理学就是围绕着如何做对的事情（成效）和如何把事情做对（效率）来展开的。

关于管理的成效和效率，我们通过一个生活场景来解读：

·有效率没成效：妈妈在半小时内烧好了一桌菜，小睿吃得索然无味。

·没效率有成效：妈妈花五个小时烧好了一桌菜，小睿吃得赞不绝口。

·有效率有成效：妈妈在半小时内烧好了一桌菜，小睿吃得赞不绝口。

谢谢妈妈，妈妈真好。

---

① 斯蒂芬·罗宾斯，玛丽·库尔特. 管理学［M］. 13 版. 刘刚，程熙璐，梁晗，等译. 北京：中国人民大学出版社，2017.

彼得·德鲁克曾经说过，"在超级竞争的环境里，正确地做事很容易，始终如一地做正确的事情很困难，组织不怕效率低，组织最怕高效率地做错误的事情。"

（2）管理导论

管理者为什么重要？

《管理学》中将管理者的重要性总结为三方面，"组织需要管理者的管理本领和能力；管理者对于完成任务非常重要；管理者对于组织至关重要。"在不确定、复杂和混乱的时期，组织比以往更需要管理者的管理本领和能力。

【案例】

最近两年，华为走得非常艰难。面对美国的持续打压，华为以"宁可向前一步死，绝不后退半步生"的巨大决心和毅力，勇敢地抗争着。但是，随着主要营收来源——手机业务的萎缩，华为承受的压力越来越大。

在这个关键时刻，任正非以一篇《星光不问赶路人》的文章，为华为指明了战略方向。在这篇文章中，任正非从全球化、组织建设、研发、市场、后备力量培养等方面，全方位地阐述了华为未来战略前进的方向。

·建议同学们在准备面试的过程中，深入思考在世界格局彻底改变、市场经济瞬息万变的时代背景下，各层级管理者在国家、行业、企业和团队中应当如何发挥作用。

管理者做什么？

加拿大学者亨利·明茨伯格是全球管理界享有盛誉的管理学大师，他的研究发现管理者扮演着十种角色，十种角色被归为三类：人际关系角色、信息传递角色和决策制定角色。

管理者完成职责还需要技术技能、人际技能和概念技能。技术技能是指熟练完成工作任务所需要的特定领域的知识与技术。人际技能是指与他人及团队良好合作的能力。概念技能是对抽象、复杂的情况进行思考和概念化的能力。各层级管理者需要的技能比例是不同的，管理层级越高，概念技能越重要。但是对所有管理者而言，人际技能同等重要（如图5-7所示）。

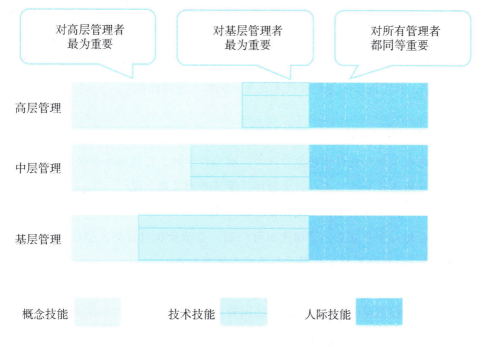

图 5-7　各层次管理者的技能比例①

（3）管理发展史

中国传统管理思想

学习管理就必须了解管理思想发展的历史，这样我们才能站在巨人肩上看清管理学发展方向。提起管理理论，人们往往联想到彼得·德鲁克等西方知名管理大师，但中国的传统管理思想与民族文明史和社会文化背景息息相关，各种思想百家争鸣。我国历史上不乏修建长城、汉唐盛世等成就，没有管理是一定不可能实现的。周三多老师将中国传统管理思想提炼为"顺道、重人、求和、守信、利器、求实、对策、节俭、法治"九大要点②。我们对待中国传统管理思想的原则是取其精华、去其糟粕，既不生搬硬套，又不妄自菲薄。

古典管理理论

对西方古典管理理论的学习有助于我们理解管理科学诞生和变迁的历史背景。从18世纪60年代开始，受益于蒸汽机的发明，机器逐渐取代人力，生产力大幅度提升。工厂的生产、物资的分配和人员的调动都需要独立于工人之外的专业角色。于是生产力推动生产关系的变革，也推动了管理理论的萌芽。1776年，亚当·斯密的经典巨著《国富论》指出，组织和社会可以从劳动分工或工作专门化中获得经济优势，这部著作奠定了资本主义自由经济的理论基础，对管理学界也是一件划时代的大事件。

① 周三多，陈传明，刘子馨，等. 管理学：原理与方法［M］. 7版. 上海：复旦大学出版社，2020.
② 周三多，陈传明，刘子馨，等. 管理学：原理与方法［M］. 7版. 上海：复旦大学出版社，2020.

被称为"科学管理之父"的美国管理学家弗雷德里克·W. 泰罗于 1911 年出版了《科学管理原理》，书中提出的科学管理理论强调用科学研究取代经验方法，选拔和培训合适的工人，实施计件工资和按劳分配，主张管理与劳动分离。科学管理的根本目的是提高效率，其中许多的原理和技术在今天仍然在发挥作用①。

【泰罗的科学管理原理】

1. 为每项工作开发科学的操作方法，制定科学的工艺规程和劳动时间定额。

2. 科学地选择和培训工人，废除师傅带徒弟的落后制度。

3. 采用计件工资制度，实现按劳分配。

4. 把管理与劳动分离，管理者制订计划，劳动者执行计划，管理者与劳动者要密切合作，以保证按规定的科学程序完成所有工作。

1916 年，一般管理理论代表人物、法国管理学家亨利·法约尔在著作《一般管理与工业管理》中首次提出了管理的五项职能，即计划、组织、指挥、协调、控制。他倡导的 14 条管理原则为今天的管理权威、集中决策、统一指挥和统一领导等奠定了理论基础②。

【法约尔的管理原则（节选）】

1. 劳动分工。企业通过专业化提高效率、降低成本。

2. 权力与责任。管理者必须有职有权，职权相当。

3. 纪律。员工必须遵守组织纪律和规章制度。

4. 统一命令。每位员工应该只接受一位上级的命令，不能多头领导。

行为管理理论

20 世纪中期第二次世界大战之后，全球发生了翻天覆地的变化，生产力和生产关系的演变持续推动着管理的发展。随着科技的飞速进步，需要通过管理解决的问题日益复杂，科学管理理论和一般管理理论不再适用，更先进的管理理论和手段登上历史舞台。

1924 年进行的霍桑实验表明，生产不仅受物理、生理因素的影响，而且受社会环境和社会心理因素的影响。美国行为科学家梅奥根据霍桑实验提出了全新的人际关系理论，包括工人是"社会人"而不是纯粹的"经济人"；企业中存在非正式组织；工

---

① 周三多，陈传明，刘子馨，等. 管理学：原理与方法 [M]. 7 版. 上海：复旦大学出版社，2020.
② 周三多，陈传明，刘子馨，等. 管理学：原理与方法 [M]. 7 版. 上海：复旦大学出版社，2020.

人的满意度是提高生产率的关键，新型的领导力则能够实现这个关键点。

美国心理学家亚伯拉罕·马斯洛 1943 年在《人类动机理论》中所提出的广为人知的需求层次理论，将人的需求分为生理需求、安全需求、感情和归属需求、受人尊重需求、自我实现需求五个层次，如图 5-8 所示。马斯洛指出人的需求是由低级向高级不断发展的，这一观点基本符合人类需求发展的一般规律，对管理者如何有效调动人的积极性很有启发。

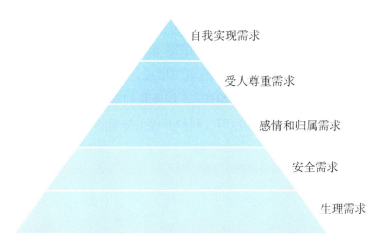

图 5-8　马斯洛的需求层次理论

美国心理学家赫茨伯格于 1959 年提出了双因素理论，又称为激励保健理论。该理论认为引起人们工作动机的因素分为激励因素和保健因素。只有激励因素才能给人们带来满意感，而保健因素只能消除人们的不满。双因素理论较好地解释了为什么工作环境和薪酬等并不能使人对工作产生满意感，而工作中的成就、挑战和使命等才能达到此效果。在现代管理理论发展的过程中，还出现了管理观点相对的 X 理论和 Y 理论，代表日本式管理的 Z 理论等。

对照管理理论发展的三个阶段，陈春花老师指出，科学管理阶段通过分工提高了生产效率，组织管理阶段通过专业化和分权制度释放了组织效率，而行为管理阶段通过创造机会、完善组织环境、满足需求和挖掘潜力等释放个人效率。

西方现代管理思想

继古典管理理论和行为管理理论后，西方出现的现代管理理论可以分为社会系统、决策理论、系统管理、经验主义、权变理论和管理科学六个学派。

当我们进入到 20 世纪末的信息时代，管理理论也经历了持续更迭，出现了学派林立、百花齐放的局面。在应用西方管理理论解决中国管理问题时，我们既不应亦步亦趋，又不应全盘否定。将适合的管理理论和方法应用在恰当的管理场景，利用好管理工具，这才是理性的态度。

【例题】什么是非正式组织？

【解析】假如我们在考场上抽到这样的题目，我们可以尝试运用已有的知识化解未知的问题。从《管理学》中得知，组织的定义是安排和设计员工的工作以实现组织的目标，组织结构则是指组织内正式的工作安排。

根据"关键词+大白话+结构化"的策略，我们把握住"非正式"这个关键词。非正式与正式相对，是指未经组织正式安排、自发形成的，其存在的原因可能是情感、兴趣或特殊需要。接下来，我们运用大白话把非正式组织的本质和特征阐述清楚，"非正式组织是企业内部与正式组织相对应的组织形式，是以情感、兴趣或特殊需要为基础，未经组织正式安排、自发形成的组织"。如果我们对非正式组织有更深刻的理解，还可以简要补充非正式组织存在的原因、利弊并提出简明的管理建议。

3. 战略管理

（1）企业职能

企业概念

率先探讨企业的概念与职能是为战略管理部分所做的铺垫。教材上通常将企业定义为"以营利为目的，运用各种生产要素（土地、劳动力、资本、技术和企业家才能等），向市场提供商品或服务，实行自主经营、自负盈亏、独立核算的法人或其他社会经济组织。"

企业的概念中包含诸多信息，对准备面试的同学来说记忆难度是非常大的，此时我们运用结构化的思维能够帮助大家提高效率（见图5-9）。我们将企业的定义解构为回答"为什么、是什么、怎么办"三个小问题：

· "为什么"阐明了企业存在的原因，即以法律为底线、以营利为目的。

· "是什么"说明了企业的投入与产出，投入的是土地、劳动力、资本、技术和企业家才能，产出的是商品或服务。

· "怎么办"回答企业正常运转的原则，即自主经营、自负盈亏、独立核算。

最后，企业以法人等形式参与市场竞争。基于理解的结构化思维不仅能够降低记忆知识点的难度，而且可以帮助我们真正理解一个概念的含义。

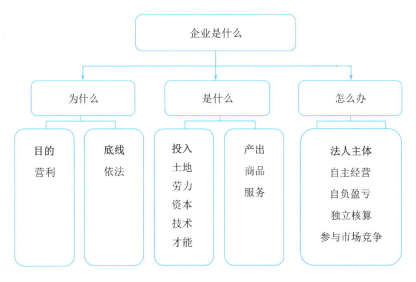

图 5-9　运用结构化思维理解企业的概念

企业目标

作为市场经济活动的主要参与者，企业同时具有经济属性和社会属性，因此企业的目标也不是单一的。企业的经济目标是通过生产经营活动获取利润，争取利润最大化。追求利润最大化也并非简单地谋取利润，而是追求经济效益，以尽量少的投入获取尽量多的利润，追求资源的利用效率，正确地做事。企业的社会目标还包含满足社会需要、提供产品或服务、向国家纳税、共同解决社会问题以及承担社会责任和具有公德意识等。企业的经济目标和社会目标并非相互排斥，而是互为条件、相互补充。

企业社会责任

从广义的视角，阿奇·卡罗尔提出的企业社会责任金字塔（Pyramid of Corporate Social Responsibility），将企业社会责任视为分层结构，将其定义为"在特定时期内，社会对经济组织经济上的、法律上的、伦理上的和慈善上的期望"，如图 5-10 所示。

图 5-10　卡罗尔的企业社会责任金字塔

【例题】企业依法纳税之后，就完成了所有的社会责任吗？

【解析】这道题的关键在于对企业社会责任的解读，从依法纳税和其他责任的关系来看，适用于企业社会责任的广义定义。因此考生可以根据卡罗尔的企业社会责任金字塔理论回答，首先简要定义企业社会责任的层次和内容，其次阐明经营生产、依法纳税属于企业的经济责任和法律责任，最后解释企业的伦理责任和慈善责任，将答案升华至企业经济目标和社会目标的统一。

当然，上述解析并非回答这道题的唯一思路，同学们还可以从利益相关者的切入点尝试回答。

企业管理的职能（见表 5-1）

表 5-1　企业管理四大职能

职能	内容	管理目标	管理对象	管理手段
计划	管理者设定目标，确定实现目标的战略并制定方案以整合和协调各种活动		各种活动	战略与方案
组织	为实现组织的目标，管理者负责安排和设计员工的工作，即根据目标决定如何做以及谁来做		员工的工作	决定如何做、谁来做
领导	管理者与别人一起工作，通过别人来实现目标，包括激励下属、帮助解决工作冲突、影响个体或组织的工作、选择最有效的沟通渠道，或以任何方式处理与员工行为有关的问题	实现组织目标	员工	激励、帮助、影响、沟通、处理
控制	监管、比较和纠正工作的过程，以确保工作按照计划进行，即监管和评估绩效，将实际绩效与设置的目标进行比较后再调整		工作绩效	按照计划监管、对比目标纠正

计划、组织、领导、控制是企业管理的四大职能[1]，它们的定义文字繁多、内容丰富，我们可以运用结构化的思维梳理四大职能的目标、对象和手段，找到异同点和相互关系，高效记忆。四大职能拥有共同的管理目标即"实现组织目标"，还有统一的逻辑关系，即"为了实现管理目标，将管理手段作用于管理对象"，而管理对象和管理手段是职能之间的具体差异。

·计划：通过制定战略和方案，整合和协调各种活动。

·组织：通过决定谁来做、如何做，安排和设计员工的工作。

·领导：通过激励、帮助、影响、沟通、处理，带领员工实现目标。

---

[1]　斯蒂芬·罗宾斯，玛丽·库尔特. 管理学［M］. 13 版. 刘刚，程熙瑢，梁晗，等译. 北京：中国人民大学出版社，2017.

·控制：通过监管、比较和纠正，确保工作照计划进行。

受篇幅所制，我们列举了上述知识点，期待大家掌握学习管理学知识点的方法，达到举一反三的效果。此部分还可以关注的知识点有：

·企业概念：各行业管理者的道德困境。

·计划：计划的刚性与弹性，目标管理的概念、特征与步骤，SMART 原则。

·组织：工作专门化、管理幅度与层次、集权与分权等概念。

·领导：建设性冲突与破坏性冲突，冲突管理技巧，沟通障碍，互联网时代的管理沟通，组织变革等。

·控制：控制的意义与方法等。

（2）战略思维

战略的概念

战略在古代与谋略的意思相似，是指对战争的指导。教材上通常将其定义为"关于组织将如何经营、如何在竞争中获得成功以及如何吸引和满足顾客以实现组织目标的各种方案。"

战略思维

很多同学在 MBA 面试中提到培养战略思维是自己的学习目标之一，那么什么是战略思维呢？

·从企业的视角来看，战略思维是决策者关于企业战略的决策思维，源自对企业所处的外部环境和拥有的内部资源的系统认知。

·从个人的视角来看，战略思维是个人对组织及其环境的全面了解、对认识和解决管理问题的创造性以及对组织未来的远见卓识。

·无论基于哪种视角，系统性、超前性和创造性是战略思维的本质特征。

·系统性是指多方面、多角度地认知事物和分析问题。

·超前性是指在分析和解决问题时，在时间和空间上，乃至认知和理念上都能超越当前。

·创造性是指突破传统思维和行为的限制，追求创新。

企业愿景和使命(见表5-2)

表5-2　企业愿景和使命

名称	定义	两者关系	示例
企业愿景	对未来的憧憬和期望,是企业努力经营想要达到的长期目标,是企业发展的蓝图	·使命包括企业的广泛目标,愿景是企业渴望的未来状态 ·使命是企业的根本性质和存在理由,愿景是实现使命的规划 ·使命是抽象和长期性的,愿景是具体和阶段性的	迪士尼:成为全球超级娱乐公司 阿里巴巴:成为一家存活102年的好公司;到2036年,服务20亿消费者,创造1亿就业机会,帮助1000万家中小企业盈利
企业使命	描述组织为顾客提供产品和服务的基本功能,是其存在的原因,是企业经营管理的全部意义所在		迪士尼:使人们过得快活 阿里巴巴:让天下没有难做的生意

资料来源:徐君.企业战略管理〔M〕.北京:清华大学出版社,2008.

战略体系(见图5-11)

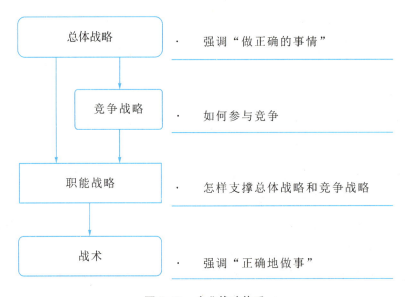

图5-11　企业战略体系

企业战略体系通常分为总体发展战略、竞争战略、职能战略和战术四个层次。

·总体战略谋求企业的生存,获得全面的增长和利润,强调"做正确的事情"。

·竞争战略谋求在特定产品和细分市场上的增长和利润,重在如何参与竞争。

·职能战略从各个职能角度谋求市场占有率和技术领先,重在支撑总体发展战略和竞争战略。

·战术则是各项战略实施的方法,强调"正确地做事"。

【例题】你所在公司现阶段的战略是什么？

【解析】这道题本身并没有难度，但难点在于同学们对"战略"是否有准确的理解。最常见的误解就是将企业战略与业务目标、部门任务或企业文化相混淆。战略也是一种计划，可以参考 SMART 原则"具体、可衡量、可达成、相关性和时间限制"来完善对所在公司战略的解读。

【示例】

·2016 年，马云提出阿里巴巴未来 3~5 年的"五新"战略，即新零售、新金融、新制造、新技术、新能源，并实现科技从发展到应用的"关键中的关键"。

·华为的愿景和使命是"把数字世界带入每个人、每个家庭、每个组织，构建万物互联的智能世界。"我们对标联合国可持续发展目标（UN SDGs），持续推进落实公司可持续发展（CSD）四大战略：数字包容、安全可信、绿色环保、和谐生态。

企业总体战略

企业总体战略是企业战略的总纲，是企业最高管理层指导和控制整个企业的一切行为的最高行动纲领[①]。企业总体战略通常分为稳定型战略、增长型战略、紧缩型战略等。

稳定型战略：在企业内外部环境约束下，企业基本保持目前的资源分配和经营业绩水平的战略。

采用稳定型战略的原因通常有以下五种：

·高层对经营业绩满意，希望维持或略有增加，巩固地位。

·企业不愿意冒险改变现行战略。

·企业内外部环境相对稳定。

·根据企业内部实力状况决定。

·寡头垄断行业内竞争格局已经形成，例如美国的钢铁、汽车、石油等行业。

增长型战略：增长型战略包含密集增长战略、一体化战略、多元化战略、企业并购战略和战略联盟几种类型。

密集增长战略是指企业在原有生产范围内充分利用在产品和市场方面的潜力，以快于过去的增长速度来求得成长与发展的战略。例如美国的沃尔玛、麦当劳和可口可乐等企业普遍采用此类型的战略。

---

① 徐君. 企业战略管理［M］. 北京：清华大学出版社，2008.

密集增长战略的基本特征为：

·成功实施密集增长战略的企业的增长速度，一般比企业所在的产品市场需求增长率要快。

·实施密集增长战略的企业往往能够取得超过社会平均利润率的利润水平。

·实施密集增长战略的企业一般倾向于采用非价格手段与竞争对手竞争。

·实施密集增长战略的企业并不是简单地、被动地适应环境，而是倾向于通过创造以前并不存在的事物来影响或改变环境条件，使环境的发展变化趋势有利于自身。

一体化战略是指企业充分利用自己在产品技术市场上的优势，根据物质流动的方向，使企业不断地向其所经营业务的深度和广度发展的一种战略，如图5-12所示。一体化战略主要有两种类型，即纵向一体化战略和横向一体化战略。

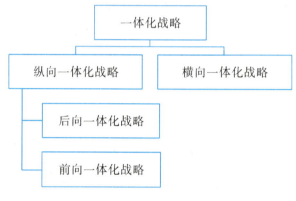

图 5-12　一体化战略类型

·纵向一体化战略也称为垂直一体化战略，是指在生产或经营过程中相互衔接紧密联系的企业之间实现一体化。该战略实现的方式主要是企业发展壮大，与其他企业实现契约式联合或购并其他企业。例如牛奶厂建立奶牛养殖基地、葡萄酒厂建立葡萄种植庄园等称为后向一体化战略，纺织企业兴办服装厂、木材加工企业投资家具制造业等称为前向一体化战略。

·横向一体化战略也称为水平一体化战略，是指处于相同行业生产同类产品或工艺相近的企业实现联合，其本质是资本在同一产业或部门内的集中，目的是实现扩大规模，降低成本，巩固市场地位等。例如国美电器并购永乐电器，就属于这种战略形式。

多元化战略是指企业的发展、扩张是在现有产品或业务的基础上增加新的产品或业务的战略。多元化战略又分为相关多元化战略和不相关多元化战略。企业实行这种战略是为了长期稳定的经营和追求最大的经济利益，如图5-13所示。

·相关多元化战略是指企业新发展的业务与原有业务相互间具有战略上的适应性，又分为同心多元化战略和水平多元化战略。

·同心多元化战略是指虽然与现有的产品市场领域有些关系，但是企业通过开发完全异质的产品或市场来使业务领域多元化，例如玻璃生产商向照相机镜头业务发展，冰箱企业向空调、冰柜业务发展。

·水平多元化战略是指企业以现有的产品市场为中心，向水平方向扩展业务领域，如零售行业的百货商店、超市、便利店等大多采用这种战略。

·不相关多元化战略是指企业从与现在的业务领域没有明显关系的产品市场中，寻找成长机会的策略，例如酒业公司同时兼营房地产、建筑、化工等业务。

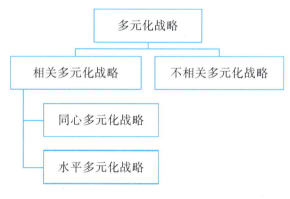

图 5-13　多元化战略类型

企业并购战略是指企业通过购买另一个企业全部或部分的资产或产权，从而控制、影响被并购的企业，以增强竞争优势、实现经营目标的战略。例如吉利收购沃尔沃等，此类战略在各行各业都很常见。

战略联盟是指由两个或两个以上有着共同战略利益和对等经营实力的企业，为达到共同拥有市场、共同使用资源等目标，通过协议、契约而结成的优势互补、风险共担、生产要素流动的松散型合作。战略联盟的形式包括合资企业、研究和开发合作、特许经营、贴牌生产和相互持股等。

紧缩型战略：是指从企业目前经营领域收缩或撤退的战略。通常来说，企业实行紧缩型战略是短期的，其根本目的是从某一经营领域撤出后，再进入到其他发展更为有利的领域之中，是以退为进的战略。

企业竞争战略

美国管理学家迈克尔波特提出企业的竞争战略分为成本领先战略、产品差异化战略及集中化战略，如图 5-14 所示。企业竞争战略是针对企业内业务单元来说的，是业务单元的战略，而不是企业战略。

在价值链各环节，使产品成本长期保持同行业领先水平并获得高于行业平均水平的利润	在价值链某些环节，企业产品与服务独具特色，使竞争对手和替代品无法抗衡	满足特定消费者群体的特殊需要或几种服务于有限的区域市场
适合大批量生产、市场占有率高、生产设备先进、成本可控的企业	适合研发能力强、在产品或服务上有领先声望、营销能力强的企业	适合行业中有特殊需求存在、细分市场没有同类型竞争对手、产品在不同细分市场差别较大的企业
成本领先战略	产品差差异化战略	集中化战略

图 5-14　企业竞争战略类型

战略思维部分可以关注的知识点还有：

·企业总体发展战略各类型的优缺点以及代表性企业。

·企业竞争战略各类型的优缺点以及代表性企业。

·战略管理过程：明确企业使命与愿景、外部环境分析、内部环境分析、战略的选择或制定、战略实施、战略调整与变革。

·常见的战略分析工具例如 PEST 模型、SWOT 模型、五力模型等。

（3）战略决策

决策的概念

决策在部分管理学教材中被列入管理导论或管理职能栏目，我们为了突出战略决策的重要性，将其纳入战略管理部分。决策是通过对内部条件和外部环境的调查与分析，运用科学方法选择合理方案，实现企业目标的过程。决策是管理的本质，组织各层级管理者都需要决策，而决策的本质是在两个及以上备选方案中做出选择。

决策的原则

·可行：结合企业内外部环境、经营领域和战略目标，考虑企业人力、物力、财力的现状，决策目标和方案合理且符合实际。

·效益：决策实现企业的经济效益、社会效益、生态效益。

·系统：从系统整体出发，对企业经营问题进行全面的调查分析并做出决策，防止片面性。

·满意：对方案进行充分比较和权衡，选择最满意方案。在复杂的决策环境和资源限定情况下，企业很难实现最优目标。

·科学：科学的决策方法与程序。

·民主：合理规划决策权限和决策人员范围，全方位听取员工、专家和管理者的意见和建议。

常见的决策错误（见表5-3）

表5-3　常见的决策错误

决策错误	内容
过度自信	决策者倾向于高估自己对情况的了解程度，或者对自身的表现持有不切实际的乐观态度
即时满足	决策追求即时的回报，避免即时的损失，能够快速盈利的决策比未来获得收益更具吸引力
锚定效应	决策者专注于最初的信息并以其得出第一观点，很难根据后续信息进行调整
选择性知觉	决策者出现认知偏见，有选择地组织和理解事件，影响他们关注相应信息、识别问题和构想方案
沉没成本	决策者忽略了现在的选择无法纠正过去的规律，在评估选择时错误地关注了过去的时间、金钱和精力成本，而不是未来可能的结果

【例题】民营企业朝阳牙膏在缺少资金、缺少创新的局面下支撑经营。竞争对手国有日化企业上市融资后，在渠道和设备方面给该公司造成了巨大压力。企业要生存与发展，有三条路可选：

1. 与国企上市公司全面合作，解决融资问题；

2. 与外企合作，外企持51%控股权，不参与经营；

3. 继续单干，独立面对困境与竞争。

民营企业老板除了解决资金、创新和竞争对手的问题，还想保护民族产业，留下好名声。如果你是该民营企业老板，你会如何抉择？

【解析】这道题是典型的战略决策问题，设置了具体的决策环境和条件，请考生分析和对比多个备选方案，然后做出满意选择。

图 5-15 展示了企业战略决策的流程以及朝阳牙膏的决策步骤。

首先，企业面临的问题是朝阳牙膏的生存与发展，其中需要达到企业生存、产品创新、参与竞争和赢得声誉四个决策目标，但四个目标的权重并非完全一致，按照先生存后发展的思路，分别赋予四个目标相应的权重。

其次，战略决策的关键是开发备选方案。本题之中已经提供了三个备选方案，我们需要做的就是分析三个方案的可行性与优劣势。

·方案 1：与国企上市公司全面合作，解决融资问题。优势：融入资金解决生存问题，依托国企上市公司平台加大研发创新，将强势竞争对手转化为合作伙伴，通过商谈保住民族品牌、赢得企业声誉。劣势：可能失去企业主导权，通过商谈明确合作与融资方式，按照股权保持部分决策权。

·方案 2：与外企合作，外企持 51% 控股权，不参与经营。优势：融入资金解决生存问题。劣势：缺少研发创新支持，强势竞争对手依然存在，民族品牌易主。

·方案 3：继续单干，独立面对困境与竞争。优势：拥有企业主导权，保住民族品牌。劣势：生存、创新和竞争对手的问题均未解决。

最后，通过上述的分析与对比，我们基于当下的环境、条件与目标做出决策，方案 1 为当前的满意选择。决策之后还需要在实施过程中不断评估决策效果、修正方案。

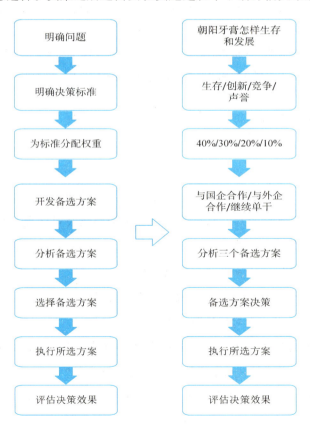

图 5-15　战略决策流程

战略决策部分可以关注的知识点还有：

·决策的方法：理性决策、有限理性决策、直觉决策、循证决策。

·决策的类型：结构化决策、非结构化决策。

·决策的条件：确定性、风险、不确定性。

（4）制度与结构

现代企业制度

在战略管理部分我们还应当关注与企业战略密切相关的现代企业制度与组织结构。现代企业制度定义为以市场经济为基础，以企业法人制度为主体，以公司制度为核心，以产权清晰、权责明确、政企分开、管理科学为条件的新型企业制度。现代企业制度使企业能建立健全科学的组织管理体系、领导体制和经营管理制度，根据各行各业的特点开展持续经营。现代企业制度的特征见图5-16。

图5-16　现代企业制度的特征

·独立法人：从法律上赋予公司独立地位，独立于出资者与管理者。

·有限责任：企业财产与出资者财产相互独立，企业以其拥有的全部财产对外承担有限责任。

·存续时间长：克服了业主制、合伙制等受限于出资者生命期限的缺陷。

·投资人撤资难：从产权角度，出资者将个人财产投入企业后就不再对其有控制权。

·所有权经营权分离：由于企业的经营环境复杂化和管理技能专业化，两权分离能够使并未拥有企业的管理者成为经营决策者，提高企业经营管理水平。

·股权自由流动：所有权人享有完整物权，可占有、使用、收益与处分，可以市场交易。

组织架构

组织架构是组织内正式的工作安排。彼得·德鲁克认为设计组织架构需要思考、分析和研究。从战略管理的角度来看，设计组织架构并不是第一步，而是最后一步。组织结构的设计与运行都必须从战略和目标出发。日常经营管理、创新和高层管理这三种不同的工作必须组合在同一组织结构之中。

企业常见的组织架构（见表5-4、图5-17）

类型	优势	劣势	适用对象
直线制	权责明确、命令统一、决策迅速、反应灵敏和管理机构简单	随着组织发展，所有管理职能集中于一个人，管理难度大，风险较高	适用于劳动密集、机械化程度比较高、规模较小、管理比较简单的企业
职能制	工作专门化带来成本节约，各级直线管理者有职能部门提供参谋和支持，各部门由直线管理者统一指挥	不利于适应变化，职能部门间协调性差，难以理解彼此目标和需求，可能忽视整体最优目标	适用于中小型、产品品种单一、生产技术变化较慢、外部环境稳定的企业
直线职能制	综合直线制和职能制的优势，兼具统一指挥和职能专业管理的长处，提高管理效率	权力集中于高层，下级缺乏自主权，职能部门横向联系较差，职能部门和指挥部门目标可能不一致，沟通路径较长，反馈较慢	适用于环境较稳定、目标明确而持久、技术相对统一、决策能够程序化的企业
事业部制	提高了管理层的灵活性和适应性，专业化生产提高效率，聚焦于结果	增加了管理层次，可能造成机构冗余，管理费用增加，各事业部间相互支援较弱	适用于产业多元化、产品多样化、市场独立且外部环境变化较快的企业
矩阵制	将组织的横向联系和纵向联系很好结合，具有较强的适应性和机动性	在资源管理上存在复杂性，稳定性差，权责不清	适用于复杂性高和协作性强的大型企业，其因效率高而降低成本，也因创新和顾客反应使经营差异化

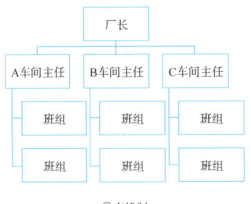

①直线制

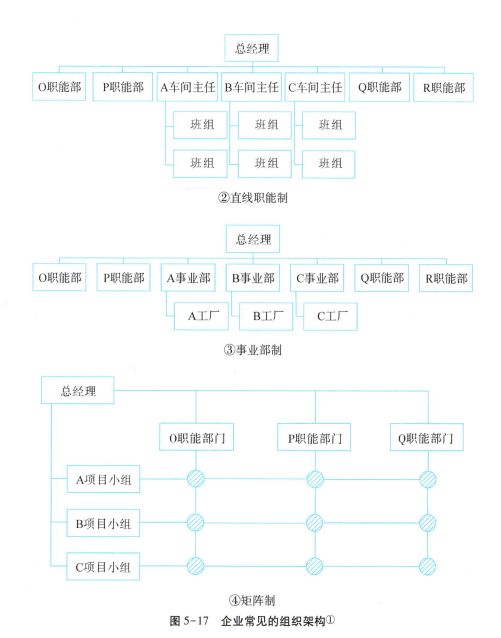

②直线职能制

③事业部制

④矩阵制

图 5-17　企业常见的组织架构①

【例题】某企业员工因工作需要被分配至一临时项目组全职工作，与所属部门领导原先安排的工作有冲突。这种情况应该如何避免？

【解析】属于职能部门的员工因项目管理的特殊需要加入临时项目组，是典型的矩阵制管理问题。题目中的问题为职能部门和项目部门的工作冲突如何避免。我们可以通过结构化的思维解答这道题。

① 周三多，陈传明，刘子馨，等. 管理学：原理与方法［M］. 7 版. 上海：复旦大学出版社，2020.

提出问题：题目中的问题是矩阵制组织架构中职能部门和项目部门之间出现工作冲突的现象，解决问题的关键是职能线和项目线的管理者建立常规和有效的沟通机制……

分析和解决问题：

·为了解决矩阵制组织架构可能存在的工作冲突，首先需要在组织架构层面明确职能和项目双重领导的工作职能及决策权限，明确事件的首要负责人。

·建立有效的授权体系并合理授权，项目经理与职能经理给员工分配任务的同时，也给予员工完成工作任务的权限。

·当项目与职能部门的工作出现冲突时，通过双向沟通了解各自诉求，在以完成项目任务为目标的共识之下，按照轻重缓急解决。当冲突难以解决时，可以申请上级领导出面协调。

·建立有效的会议沟通制度，例如定期总经理工作例会，职能部门和项目部门共同参会，分析问题、解决冲突。

·应用 ERP 系统、线上办公、即时通信等方式提高决策效率。

总结升华：

矩阵制组织架构虽然结合了职能部门与项目部门的优势，但也有权责交叉的不足，因此管理者应当在设计组织架构的同时建立有效的沟通机制，发挥矩阵制组织架构的优势、规避不足，达到提高管理效率、实现组织目标的目的。

彼得·德鲁克指出，"战略决定结构"。随着外部环境的快速改变，企业的发展战略和组织架构也跟随变化。这组图由 Web 设计师 Manu Cornet 所绘制[①]（见图 5-18），简明生动地展示了当代企业创新的组织架构，在他笔下，亚马逊等级森严且有序；谷歌结构清晰，产品和部门之间却相互交错且混乱；Facebook 架构分散，就像一张散开的网络；微软内部各自占山为王，军阀作风深入骨髓；苹果一个人说了算，而那个人路人皆知；庞大的甲骨文，臃肿的法务部显然要比工程部门更加重要。亚马逊的金字塔、谷歌的鸟巢、Facebook 的蜘蛛网、微软的军阀混战、苹果的一个人帮会，形象地描述了美国科技公司的组织架构。

---

① Chenlm2bcto. 从组织结构图看 Google、Facebook、微软等大公司的企业文化［EB/OL］.（2011-07-07）［2021-10-15］. https://blog.51cto.com/chenlm/605244.

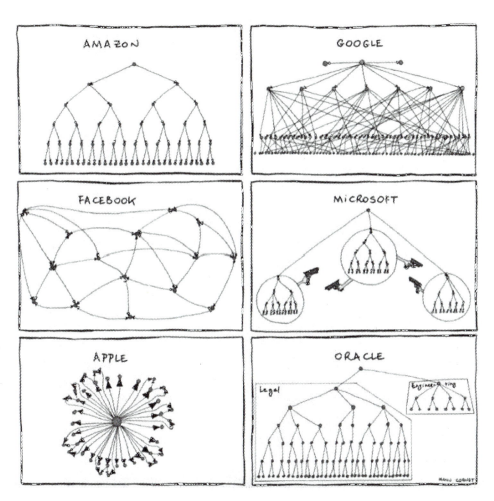

图 5-18　当代企业创新的组织架构

制度与结构部分可以关注的知识点还有：

· 企业所有者和经理人的委托代理问题。

· 当代企业组织架构的创新。

· 互联网时代的无边界组织和学习型组织。

4. 职能管理

市场营销、生产运营、人力资源、财务管理和创新创业等都是企业管理最常见的职能。考生在准备 MBA 面试的阶段，了解各个职能板块的高频知识点，符合我们"全面撒网，重点捕鱼"的原则。此部分的重点不在于理论知识本身，而在于将理论知识应用于真实的商业场景来解决具体的管理问题。

（1）市场营销

营销组合策略

营销组合是企业为了实现营销目标，对各种可控的营销因素进行组合与应用，使各种营销策略相互配合、扬长避短。常见的营销组合策略见表5-5。

表5-5　常见的营销组合策略

策略	4P	4C	4R	4I
来源	杰罗姆·麦卡锡 20世纪60年代	罗伯特·劳朋特 1990年	唐·舒尔茨 2001年	奥美广告 21世纪初
内容	产品 Product 价格 Price 渠道 Place 促销 Promotion	消费者 Consumer 成本 Cost 便利 Convenience 沟通 Communica-tion	关联 Relevancy 反应 Reaction 关系 Relationship 报酬 Reward	趣味 Interesting 利益 Interests 互动 Interaction 个性 Individuality
特征	以企业为导向	以顾客为导向	以关系为导向	以网络整合为导向
启示	企业应从细分市场和目标客户的需求出发，运用各种营销手段形成统一的营销策略，发挥整体效果	企业各部门为服务顾客开展合作的结果就是整合营销，强调各种营销手段的关联与统一，形成合力	企业需要从更高层次、以更有效的方式在企业与顾客之间建立互动，从而获得双赢，形成独特的竞争优势	互联网时代，传统的营销策略已经难以适用，企业应从目标客户需求出发，整合各方面网络资源进行低投入、精准化的整合营销

品牌战略

品牌是用来识别卖方的产品或服务的名称、术语、记号、象征、设计或其组合，由品牌名称、品牌标志和商标组成。品牌战略是企业将品牌作为核心竞争力，以获取差别利润与价值的企业经营战略。

单一品牌战略：企业集中资源打造一个品牌，使旗下所有产品共享品牌优势。这种品牌战略具有营销成本低、有利于开拓新市场和促进品牌成长的优势，也有产品发生风险后"一损俱损"的劣势。采用单一品牌战略的代表性企业有日立、菲利普、TCL等。

副品牌战略：生产多种产品的企业为所有产品冠以统一主品牌的同时，再根据每种产品的特征添加副品牌。这种品牌策略具有发挥主品牌特色、突出产品特性、产生品牌联想、营销成本较低等优势，也有副品牌适用面窄、可能影响或淡化主品牌等劣势。采用副品牌战略的代表性企业有海尔，海尔旗下推出了海尔小超人、海尔小神童、海尔双王子等不同品类的副品牌。

多品牌战略：企业同时打造两个以上相互独立又有一定关联的品牌。这种品牌战略具有占有不同细分市场、充分体现品牌差异、降低市场风险等优势，也有营销成本较高、品牌管理难度大等劣势。

【案例】 采用多品牌战略的代表性企业是宝洁。宝洁作为全球最大的日用化学消费品公司，它的成功离不开多品牌战略。宝洁旗下品牌包括：

织物护理：碧浪、汰渍、当妮等。

秀发护理：海飞丝、飘柔、潘婷、沙宣等。

口腔护理：佳洁士、欧乐-B 等。

皮肤护理：Olay、SK-II、玉兰油等。

品牌决策

自主品牌（Self-owned Brand）：由企业自主开发，拥有自主知识产权的品牌。

原厂委托制造代工（Original Equipment Manufacturer，简称 OEM）：企业按照品牌厂商的需求与授权，按照特定条件进行生产。承接生产制造业务的企业被称为 OEM 厂商。

原厂委托设计代工（Original Design Manufacturer，简称 ODM）：企业设计出产品后，被品牌厂商看中并要求配上自主品牌进行生产。承接设计制造业务的企业被称为 ODM 厂商。

授权品牌：其他公司授权使用的品牌。

【例题】 李总是一家运动服企业的总经理，该企业具备一定的自主设计能力。最近，企业的客户频繁撤销订单，经调查发现有人仿冒本企业的产品设计且价格更为低廉。李总通过紧急降价 10 元/件保住了客户。但如此并非长久之计，为了主动谋求改变，李总考虑了三个方案：

方案 1：产品外销。

方案 2：OEM 生产。

方案 3：扩大生产线。

李总还想到创建自主品牌，但是看到一家本土运动服企业的困难处境后又开始打退堂鼓。如果你是李总，你会怎么做？

【解析】 这道题是典型的品牌战略决策问题，需要我们在案例场景之下分析和对比四个备选方案，然后做出满意选择。这道题的答题思路与战略决策部分民营企业朝阳牙膏的例题相似，此处为大家补充品牌决策需要考虑的影响因素。

产品外销、OEM 生产、扩大生产线和打造自主品牌是李总应对当前的恶性竞争和市场困境的备选方案，方案没有最优只有最满意。因此，我们需要考虑内外部因素对这项决策的影响。

外部因素：政治经济环境、国际贸易格局、产业生命周期、产品差异性、国际市场分工与合作……

内部因素：李总所在企业的资源能力、成本优势、设计能力、研发创新、企业家精神、价值观、风险偏好……

受到上述多种因素的影响，李总企业在品牌决策时会出现多种可能性。我们在答题的时候可以根据自身对内外部因素重要性的判断，根据几项最重要的因素做出适当假设，以此支撑自己的观点。例如在产品差异性不大，设计能力不强，自有渠道尚未建立等情况下，打造自主品牌就不是最佳的选择。

市场营销部分可以关注的知识点还有：

· 细分市场与目标客户。

· 产品生命周期。

· 差异化战略。

· 互联网时代的媒体传播。

· 社会责任营销等。

（2）生产运营

优化生产流程、完善运营管理是企业管理的重要职能之一。运营管理是指将各种资源转化为产品和服务的过程。图 5-19 简要地展示了这一过程。

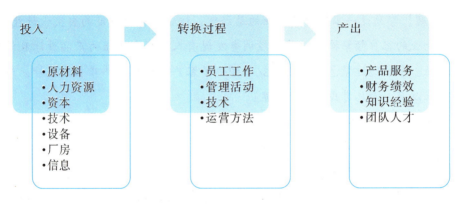

图 5-19　企业的生产运营系统

企业运营需要投入各种生产必需的要素，包括原材料、人力资源、资本、技术、设备、厂房乃至信息。产出主要是产品与服务，同时企业还会提升财务绩效、积累知识经验和培养团队人才。中间的转换过程依靠员工的工作、管理者的专业活动、必备的技术以及运营方法完成，最终有效率又有成效地实现组织目标。

技术在运营管理中的作用

运营管理最重要的三个问题就是运用先进技术、保证生产质量和改进运营管理过程。当今激烈的市场竞争给企业带来了巨大的压力，有远见的企业都会想方设法提升技术优势。运营管理已经不是传统意义上的生产制造，而是借助互联网时代的技术与信息优势，使企业各部门间密切协作，解决企业面临的商业问题，满足市场和顾客的需求。

质量管理

运营管理的重头戏是质量管理，无法生产出高质量产品的企业，赢得市场竞争就无从谈起。全面质量管理（Total Quality Management，TQM）就是一个组织以质量为中心，以全员参与为基础，目的在于通过让顾客满意和本组织所有成员及社会受益而达到长期成功的管理途径。

全面质量管理的理念被形象地概括为"三全一多"（见图5-20）。全企业是指企业各部门的高层、中层和基层共同参与质量管理。全过程是指企业从设计、制造到使用的生产制造全过程都需要质量管理。全员是指质量管理对企业来说是全员参与、人人有责。多方法是指运用多样化的方法进行质量管理，例如传统的因果图法、排列图、直方图、系统图、矩阵图以及创新的六西格玛方法等。

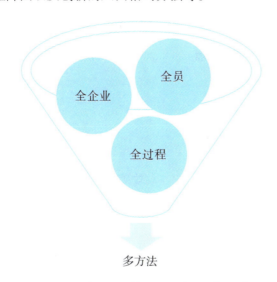

图5-20　全面质量管理"三全一多"理念

生产运营管理部分可以关注的知识点还有：

· 结合本行业和企业解读运营管理的内涵。

· 理解技术在本行业和企业的运营管理中扮演的角色。

· 价值链管理。

· 精益管理。

（3）人力资源

人力资源管理是竞争优势的重要来源，是组织战略的重要组成部分，对组织绩效造成显著的影响。在MBA面试中，我们作为企业管理者，经常被问及与人力资源、团队管理等相关的实践问题。

人力资源管理职能

人力资源管理六大模块分别指人力资源规划、招聘与配置、培训开发、绩效管理、薪酬管理以及劳动关系管理（见图 5-21）。传统说法就是人才的选育留用。

人力资源规划：组织机构设置、分析与调整，人才供给需求分析，人力资源制度制定，人力资源预算编制与执行。

招聘与配置：招聘需求分析，工作和胜任能力分析，招聘程序、策略和渠道分析与选择，招聘实施，特殊政策与应变方案，降低员工流失的措施。

培训开发：知识与技能学习，培训体系的设计与实施，人力资源开发。

绩效管理：绩效管理制度的设计、准备与实施，绩效管理培训与面谈，绩效改进的方法。

薪酬管理：构建全面薪酬体系，完善和实施福利制度，评估绩效和提供反馈。

劳动关系管理：维护企业劳动关系，行业关系和社会关系，工会和劳资谈判。

图 5-21　人力资源管理六大职能

人力资源三支柱理论[①]

人力资源三支柱理论是戴维·尤里奇在 1997 年提出的，该理论将人力资源从职能导向重新定位于业务导向。在传统的人力资源管理六大模块模式下，人力资源在企业发展壮大的过程中距离业务越来越远，人力资源部门（HR）难以为业务部门提供支持，工作的针对性和灵活性不足，不能提供业务需要的客户化、集成的解决方案。因此，人力资源三支柱理论提出 HR 要提升效率和效能，就要像业务单元一样运作。人力资源转型为三大支柱，即 COE（专家中心）、HRBP（人力资源业务伙伴）和 SSC（共享服务中心）（见图 5-22）。

---

① Sharon Li. 一篇文章读懂人力资源三支柱体系（COE·BP·SSC）［EB/OL］.（2015-02-15）［2021-10-21］. http://www.chochina.com/show-459-19596-1.html.

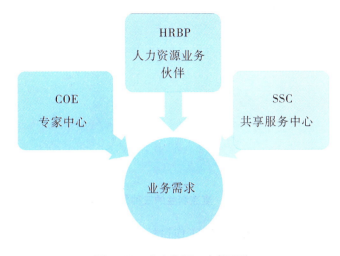

图 5-22　人力资源三支柱理论

·COE：定位于 HR 的领域专家，运用领域知识设计"以业务为导向的创新型人力资源政策、流程和方案"并持续提高其有效性；管控政策、流程的合规性，控制风险；同时还需要对 HRBP、SSC 以及业务管理人员提供本领域的技术支持。

·HRBP：定位于业务的合作伙伴，确保 HR 业务导向，在组织人才战略、传承核心价值观方面推动战略的执行；集成 COE 的设计，形成业务导向的解决方案；推行 HR 流程，支持人员管理决策；扮演变革的催化剂角色；有效管理员工队伍。

·SSC：定位于 HR 的标准服务提供者，支持员工和管理者发起的服务需求；支持由 COE 发起的主流程的行政事务部分（如发薪、招聘）；提供质量、内控、数据、技术（包括自助服务）和供应商管理支持。

员工激励

员工激励部分的高频知识点为各种激励理论的理解与应用。除了前面小节介绍过的马斯洛需求层次理论、赫茨伯格双因素理论以及麦格雷戈的 X 理论和 Y 理论之外，常见的激励理论还有：

麦克利兰的三种需求理论：美国哈佛大学教授戴维·麦克利兰把人的高层次需求归纳为对成就、权力和亲和的需求。成就需求是指争取成功、希望做得最好的需求（见图 5-23）。权力需求是指影响或控制他人且不受他人控制的需求。亲和需求是指建立友好亲密的人际关系的需求。该理论启发我们，在员工选拔和安排上测量和评价其动机有重要的意义，了解员工的需求与动机有利于合理建立激励机制，可以通过训练和提高员工的成就动机来提高生产率。

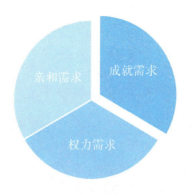

图 5-23　麦克利兰的三种需求理论

目标设置理论：该理论认为具体的工作目标会提高工作绩效，与容易的目标相比，困难的目标一旦被员工接受，将会产生更高的工作绩效。困难目标的激励作用，适用于持有积极的人性观点，以及成就需求比较高的人。

强化理论：由美国心理学家和行为科学家斯金纳等提出，该理论认为人们是否从事某种行为只取决于行为后果。当行为后果有利时，这种行为就会重复出现；当行为后果不利时，这种行为就减弱或消失（见图5-24）。其中：

·正强化是给予其"所想要"。

·负强化是取消其"所不想要"。

·忽视是无视其"所想要"。

·惩罚是给予其"不想要"。

·管理者可以运用这些办法来影响员工的行为后果，从而修正其行为。

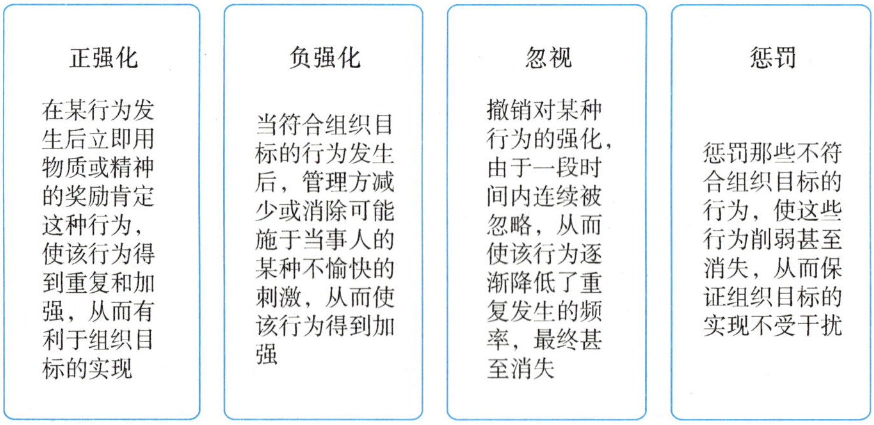

正强化	负强化	忽视	惩罚
在某行为发生后立即用物质或精神的奖励肯定这种行为，使该行为得到重复和加强，从而有利于组织目标的实现	当符合组织目标的行为发生后，管理方减少或消除可能施于当事人的某种不愉快的刺激，从而使该行为得到加强	撤销对某种行为的强化，由于一段时间内连续被忽略，从而使该行为逐渐降低了重复发生的频率，最终甚至消失	惩罚那些不符合组织目标的行为，使这些行为削弱甚至消失，从而保证组织目标的实现不受干扰

图 5-24　斯金纳的强化理论

期望理论：由美国心理学家和行为科学家维克托·弗鲁姆提出，又称作"效价-手段-期望理论"，该理论将人的需求与目标之间的关系用公式表示：

$$激励力=期望值×效价$$

· 激励力指调动员工积极性、激发其内在潜力的强度。

· 效价是指达到目标对于满足员工需求的价值。

· 期望值是员工根据经验判断达到某种目标或满足需求的可能性，即能够达到目标的主观概率。

· 效价受个人价值取向、主观态度、优势需要及个性特征的影响。

公平理论：该理论认为员工首先将自己从工作中所得的和付出的进行比较，然后将自己的所得付出比与其他相关人员的所得付出比进行比较。

· 当员工认为自身的所得付出比与他人相当，或现在的所得付出比与过去相当，就会认为公平、合理，从而产生工作积极性。

· 当员工认为自身的所得付出比与他人相比不公平，或者现在的所得付出比与过去相比不公平，就会产生不公平感，工作积极性随之降低。

绩效考核

彼得·德鲁克曾经说过，绩效考核是管理者最不愿意面对的事情之一。在开展绩效考核之前，我们首先要理解绩效考核的目标不是"惩罚"或"扣钱"，而是将其作为评定业绩和奖惩、职务任用与调配、制定工作目标的依据，绩效考核还能帮助管理者总结工作、改进绩效、完成员工的培训与发展、实现员工职业生涯规划。

绩效考核是 HR 经理和直线经理的共同职责。

· HR 经理负责制定规则、培训、监督、支持、结果汇总与分析应用。

· 直线经理负责制定与实施计划、考评与反馈，改善指导。

常见的绩效考核方法：

表现性考核：是指企业通过员工完成工作任务的情况来进行工作绩效的考核，其对员工的考查是多方面的，包括知识与技能、理解工作问题的能力、在完成工作时的策略、工作中的态度与信心以及灵活运用知识和经验解决问题的能力等。

360 全方位考核：是指由员工的上级、同事、下级、客户以及本人担任绩效考核者，从多个视角进行 360 度的全方位评价，再通过反馈程序，达到改变行为、提高绩效目的的考核方法。

关键绩效指标考核（KPI）：是指通过对企业生产经营有重要影响的关键指标进行设置、取样、计算、分析，衡量绩效的一种目标式量化管理指标，其是把企业的战略目标分解为可操作的工作目标的工具。

平衡计分卡考核（BSC）：是一种超越传统以财务量度为主的绩效评价模式，从财务、客户、内部运营、学习与成长四个角度（见图 5-25），将组织的战略落实为可操作的衡量指标和目标值的一种新型绩效管理体系。设计平衡计分卡的目的就是要建立"实现战略制导"的绩效管理系统，从而保证企业战略得到有效的执行。因此，此方法

· 95 ·

在企业中得到广泛的应用。

图 5-25　平衡积分卡考核

关键成功因子考核（KSF）：此绩效考核方法与 KPI 具有较大的相似性，主要区别在于此方法会设置一个绩效的平衡点，超过平衡点则给予员工奖励，低于平衡点则会产生处罚，此方法将企业绩效与员工薪酬紧密结合，最终实现企业与员工利益的驱动。KSF 方法的核心理念是"结果导向、数据说话、效果付费"，对于业务比较单一的小规模企业有较好的适用性。

目标与关键成果考核（OKR）：此绩效考核方法是一套定义和跟踪重点目标及其完成情况的管理工具和方法，要求企业、部门、团队和员工不但要设置目标，而且要明确完成目标的具体行动，是企业进行目标管理的有效方法，广泛应用于高科技、金融投资、创新创意等以项目为业务单元的企业。

人力资源管理部分可以关注的知识点还有：

·专业技术人员的工作特征与激励问题。

·本行业和企业常见的绩效考核方法。

·职业规划：对职业生涯乃至人生进行持续的系统计划的过程。一个完整的职业规划由职业定位、目标设定和通道设计三个要素构成。

·企业常见的发展路径：专业技术序列、技能序列、组织管理序列。

·自身的职业生涯规划。

（4）财务管理

财务管理目标

企业财务管理的总体目标是企业的长期稳定发展，企业总价值的不断提高，从而使各方获利。但财务管理的具体目标有所不同且各有优缺点（见表 5-6）。

表 5-6　企业财务管理目标的优缺点

财务管理目标	优点	缺点
利润最大化	1. 资源合理配置 2. 提高经济效益	1. 忽略资金时间价值 2. 没有考虑风险问题 3. 没有考虑投入产出
股东财富最大化	1. 考虑资金时间价值 2. 部分避免短期行为 3. 考虑风险因素 4. 上市公司股价可量化	1. 适用范围窄 2. 只强调股东利益 3. 各主体利益不平衡 4. 股票价格不可控
企业价值最大化	1. 考虑报酬实现的时间 2. 考虑时间与报酬关系 3. 避免逐利短期行为 4. 兼顾各方利益	—

资金的终值与现值

终值是指某一时点上的一定量现金折合到未来的价值，通常分为单利终值和复利终值两种，在投资当中有广泛的用途。现值是未来某一金额的现在价值，在投资中也有重要用途。

如果你今天把 100 元钱存入银行，假设银行存款利率为 10%，按照复利终值计算这 100 元钱十年后的终值是多少？

· 复利终值计算公式：$S = P(1+i)^n$

· 十年后终值：$100 \times (1+10\%)^{10} = 259.37$

假设银行存款利率为 10%，按照复利现值计算十年后的 200 元钱现值是多少？

· 复利现值计算公式：$P = S/(1+i)^n$

· 十年后现值：$200/(1+10\%)^{10} = 77.1$ 元。

对于管理者而言，即使我们不从事财务管理工作，但是在广泛的管理决策之中我们必须考虑资金的时间价值，也就是说需要把产生于不同时间的资金统一放在同一时间进行比较，基于这种比较得出的结论更加科学合理，才能尽可能避免决策失误。

财务管理部分可以关注的知识点还有：

· 财务指标分析是根据同一时期财务报表中两个或多个项目之间的关系，计算其比率，以评价企业的财务状况和经营成果，通常称之为"比率分析"。

· 通常来说用三方面的能力来衡量企业风险和收益的关系：偿债能力反映企业偿还到期债务的能力，营运能力反映企业利用资金的效率，盈利能力反映企业获取利润的能力。

· 从事财务工作的同学需要熟练掌握常见的财务指标分析，能够应用财务指标分析解读企业财务状况并为管理决策提供依据。

（5）创新创业

创新的概念

·制造是用人工使原材料成为可供使用的物品。

·创造是前所未有的制造，指想出新方法、建立新理论、做出新的成绩或东西。

·创新是对现有事物进行改进或者更新。

创新、制造、创造的关系见图 5-26。

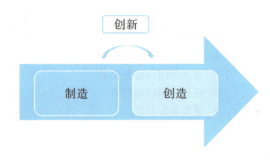

图 5-26　制造、创造与创新

当今世界，创新对任何组织而言都具有极其重要的意义。但是创新从何而来？德鲁克在《创新与企业家精神》一书中根据成功的创新案例归纳了创新的七个来源。

·第一是意外事件。这是最容易利用、成本最低的创新机会。刘强东曾经说过，"2003 年的非典启发了京东的成立"，非典疫情下中关村电脑卖场集体关门，京东开始涉足电商，最终走上了全面线上化的道路。

·第二是不协调事件。意思是逻辑、道理上可行的事情，但实际结果不行，此时就出现创新。20 世纪 50 年代，航运全行业的成本居高不下，后来发现影响效率的最大因素是轮船在港口等待卸货再装货太耽误时间，于是集装箱的发明使航运总成本迅速下降 60%。

·第三是程序需求。意思是寻找现有流程中的薄弱环节，例如开通了免费的机场大巴之后，航空公司的业绩迅速增长。

·第四是行业和市场的变化。

·第五是人口结构的变化。

·第六是认知的变化。

·第七是新知识。

经济学家熊彼特认为，创新就是建立一种新的生产函数，把一种从来没有过的关于生产要素和生产条件的新组合引入生产体系。以汽车行业为例：

·开发新的产品或产品的一种新特性——发明新能源汽车。

·引入新的生产方法或工艺过程——引入汽车自动流水线。

- 开辟新的市场或营销模式——将汽车市场从国内拓展到国外。
- 开拓原材料的新来源——汽车车身材料从钢板升级为碳纤维。
- 采用新的企业组织——汽车制造主体从个人、家族企业到股份制企业。

【例题】如何激发团队的创新能力？

【解析】这道题并不难，但需要注意的是经常有同学将"创新"与"技术创新"画等号，答题思路局限于如何开展技术研发。管理者培养团队的创新能力，可以从组织结构、企业文化和人力资源三方面着手[1]。

组织结构：

- 建立有机式的结构。
- 提供丰富的创新资源。
- 建立密切的内部沟通渠道。
- 将时间的压力最小化。
- 给予充分的工作和非工作支持。

企业文化：

- 接受模糊性，激发创造力。
- 包容奇思妙想，鼓励员工思维活跃。
- 宽松的外部控制。
- 容忍风险。
- 包容冲突。
- 结果导向。
- 提供积极反馈。

人力资源：

- 对培训和发展的高度认同。
- 提供高水平的工作保障。
- 物色和培养富有创造力的人员。

商业模式

奥斯特瓦尔德、皮格内尔和塔厅对商业模式的定义是众多商业模式定义中最为严谨与科学的。他们在《厘清商业模式：这个概念的起源、现状和未来》一文中指出："商业模式是一种包含了一系列要素及其关系的概念性工具，用以阐明某个特定实体的商业逻辑。"

---

① 斯蒂芬·罗宾斯，玛丽·库尔特. 管理学［M］. 13 版. 刘刚，程熙璐，梁晗，等译. 北京：中国人民大学出版社，2017.

世界著名的咨询公司埃森哲则认为，任何成功的商业模式都必须具备三个特征：满足顾客利益最大化要求的能力，难以复制的特性以及与企业实际资源与能力、财务状况相匹配。

商业模式的要素

要将一份创业事业的商业模式解释清楚，需要阐明以下问题：

·价值主张：企业通过产品和服务向消费者提供什么样的价值和实用意义。

·目标客群：企业瞄准的目标客群具有哪些特征和需求。

·分销渠道：企业如何接触客户，如何开拓市场。

·客户关系：企业与客户群体之间如何建立联系。

·价值配置：企业如何配置资源和活动。

·核心能力：企业按照商业模式进行经营管理所需的关键能力。

·价值链：为客户提供产品和服务、创造价值而开展的相互关联的支持性活动。

·成本结构：企业为客户提供产品和服务、创造价值所使用的工具和方法的货币描述。

·收入模型：企业如何获得收入、实现盈利、创造财富。

【例题】阿里巴巴和京东的商业模式有什么区别？

【解析】阿里巴巴和京东都是综合电商的成功代表，但两者的商业模式有本质的区别。京东的价值链整合模式体现为在线零售业的产品流管理和对自有物流体系的建设，京东以自营商品为主，主要赚取的是商品买卖价差。阿里巴巴的开放平台模式体现为向交易双方提供在线实现和完成业务的机会和条件，阿里巴巴以平台运营为主，赚取的是商家服务费。

【补充资料】

2022年，阿里巴巴营业收入为 8 530.62 亿元（人民币，下同），同比增长19%；按照非美国通用会计准则（Non-GAAP），归属于普通股东的净利润为619.59 亿元。

2022年，京东营业收入为 10 462 亿元，同比增长 9.9%；按照非美国通用会计准则（Non-GAAP），归属于普通股股东的净利润为 282 亿元。

2022年，京东营业收入比阿里巴巴高 1 931.38 亿元，但净利润比阿里巴巴低337.59 亿元。两家企业在营业收入与净利润方面的巨大反差，是由其商业模式的差异决定的。

注：资料来源为阿里巴巴与京东上市公司年报公开资料。

1. 导读框架（见图 5-27）

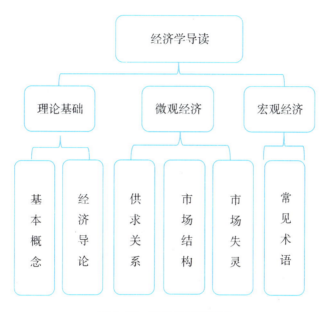

图 5-27　经济学导读框架

经济学理论知识并非 MBA 面试考查的重点，但是在准备阶段，我们根据历年面试经验，将与企业管理相关的经济基础知识点以经济学导读的形式呈现。经济学导读框架中包括理论基础、微观经济和宏观经济三个部分，每个部分又分为数个板块。此框架同样不是严谨的学术架构，而是简要的知识归类，希望能够帮助同学们对高频的经济学知识考点以及考点之间的关系形成初步认识。

2. 理论基础

（1）基本概念

什么是经济？

"经世济民"是我国古代圣贤对"经济"一词的理解，就是使社会繁荣、百姓安居，这是古代贤士的立世准则。"经邦济世，强国富民"是历代中国知识分子的崇高思想境界，经济学正是"经世济民"之学，充分体现经济学厚生、惠民的人文主义思想。

·美国经济学家萨缪尔森认为，经济学研究的是社会如何利用稀缺的资源以生产有价值的商品，并将它们分配给不同的人。

·美国经济学家曼昆将经济学定义为研究如何将稀缺的资源有效地配置给相互竞

争的用途，以使人类的欲望得到最大限度满足的科学。

·资源稀缺性和人类无限欲望的矛盾决定社会必须有效地利用资源。"稀缺与效率"称为经济学的双重主题。

经济学的基本分类

现代经济学通常分为微观经济学和宏观经济学两大分支。

·微观经济学是研究市场经济中消费者、厂商和资源所有者的经济行为的学问。

·微观经济学的研究对象是抽象企业，研究目标是利润最大化，研究内容是企业行为的一般规律，而不是具体企业的具体行为。

·宏观经济学主要研究经济的总体运行，是对总产量、总就业、消费者价格指数、失业率和进出口等变化进行分析的技术。

·宏观经济学的研究目标是社会福利最大化，阐述了国家干预经济的必要性、方法和手段。但近年来两大分支出现了融合趋势，经济学家们也会运用微观经济学工具分析失业、通货膨胀等宏观经济问题。

《管理经济学》是 MBA 课程体系中的必修课，是微观经济学某些原理和方法在管理方面的应用。

·管理经济学的研究对象是现实企业，注重企业的决策行为。

·管理经济学假定企业的目标是在各种法律、道德、契约、财务和技术条件的约束下，谋求未来所有利润的现值最大化[①]。

·企业价值最大化是指充分考虑资金的时间价值以及风险与报酬的关系，在保证企业长期稳定发展的基础上，使企业总价值达到最大。

---

① 克雷格·彼得森，克里斯·列易斯. 管理经济学 [M]. 4 版修订版. 吴德庆，译校. 北京：中国人民大学出版社，2009.

经济学决策

与管理学的决策相比，经济学的决策重心有所不同。管理学注重备选方案的开发、利弊分析与对比并选择最满意方案，而经济学强调寻找决策时机、确定备选方案、评价方案的收入与成本并从中选择企业价值最大化的方案。经济学的决策流程见图5-28。

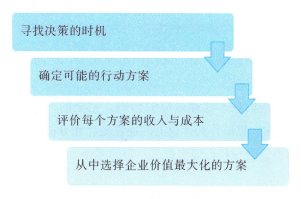

图5-28　经济学的决策流程

机会成本

提到经济学视角的决策，机会成本是必须理解的概念。机会成本是将一种资源用于某种用途，而未用于其他用途所放弃的最大预期收益。机会成本也可以理解为在面临多方案决策时，被舍弃的备选方案中的最高价值。

【例题】一个个体老板利用自己的临街商铺开饭店，干了一年赚了10万元，经营成本为6万元，从会计的视角来看，全年盈利4万元。如果不开饭馆，老板在所有可选工作中最高可赚得2万元，如果店面用于出租可以获得1.5万元租金，饭店的财务情况如下：

总营收	10万
-经营成本	6万
会计利润	4万
-店面机会成本（租金）	1.5万
-人工机会成本（工资）	2万
经济利润	0.5万

【解析】从上述分析来看，会计利润是财务报表上的利润，而经济利润是包含所有内含和外显成本的利润。当内含成本变成外显成本的时候两者相等。经济决策要求我们在确定任何项目的收益时，不能只考虑采用方案所带来的会计利润，还要考虑扣除机会成本后的经济利润。这道题中，在计算了机会成本之后，会计利润消失了3.5万元。当前方案比次优方案的利润多5 000元。

（2）经济导论

经济学基本假定

理性人假定：以利己为动机，力图以最小的经济代价去追逐和获取自身最大的经济利益。

完全信息假定：市场上每一个从事经济活动的买者和卖者都对有关的经济情况具有完全的信息。

市场出清假定：价格随供求关系的变动而迅速变动，产品市场经常处于供求平衡的出清状态。

实际上由于受到市场信息不对称效应的影响，完全的"理性人""完全信息"和"市场出清"不可能存在，只能作为理论上的抽象概念和分析基础。在此条件下通过模型推演出来的实验结果，会与社会现实产生一定的差距。

市场机制

市场：买者和卖者相互作用并共同决定商品或劳务的价格和交易数量的机制。

市场机制：通过市场竞争配置资源的方式，即资源在市场上通过自由竞争与自由交换来实现配置的机制，也是价值规律的实现形式。市场机制包括价格机制、供求机制、竞争机制和风险机制（见图 5-29）。

·价格机制：市场上某种商品市场价格的变动与该商品供求关系变动之间有机联系的机制。

·供求机制：通过商品、劳务和各种社会资源的供给和需求的矛盾运动影响生产要素组合的机制。

·竞争机制：经济行为主体为自身利益开展价格或非价格竞争，按优胜劣汰法则调节市场运行的机制。

·风险机制：市场活动同企业盈利、亏损和破产之间相互联系和作用的机制。

图 5-29　市场机制

劳动价值论

劳动价值论是关于价值是一种凝结在商品中的无差别的人类劳动，即价值由抽象劳动所创造的理论。劳动决定价值这一思想最初由英国经济学家配第提出。亚当·斯密和大卫·李嘉图也对劳动价值论做出了巨大贡献。马克思主义的劳动价值论由马克思创立并完成。劳动价值论是整个马克思主义经济理论体系的基石。

· 商品具有二重性，即价值和使用价值，使用价值是商品的自然属性。

· 价值是凝结在商品中的无差别人类劳动，是商品的社会属性，构成商品交换的基础。

· 马克思主义的劳动价值论指出，剩余价值是指剥削劳动者所生产的新价值中的利润（劳动创造的价值和工资之间的差异），即"劳动者创造的被资产阶级无偿占有的劳动"。

· 剩余价值是劳动力商品新创造的超过自身价值的价值。通俗地说，一个工人每天创造 300 元的价值，获得工资 100 元，这 100 元就是劳动力商品的自身价值，而 200 元就是剩余价值。

3. 微观经济

（1）供求关系

需求

需要：有机体感到某种"缺乏"而力求获得满足的心理倾向，是内外环境的客观要求在头脑中的反应，表现为物质需要和精神需要。

需求：人们在欲望驱动下的一种有条件的、可行的，又是最优的选择，人们总是选择能负担的最佳物品。

· 需求不等于需要。

· 形成需求有三个要素：对物品的偏好，物品的价格和手中的收入。

· 需要是对物品的偏好，并没有考虑支付能力等因素。

需求理论

需求：消费者在一定时期内在各种价格水平上愿意且能够购买的商品数量。

需求定理：其他条件相同时，商品的需求量与其价格呈反向变动的关系，即价格下降，需求量增加；价格上升，需求量减少。

影响需求的因素：收入、替代品和互补品价格、偏好、预期、买者数量……

需求和需求量的变化：老王吃馒头的故事

在图 5-30 中，横轴是馒头的需求量，纵轴是馒头的价格，假设老王 1 个月吃 30 个馒头，图中为老王的馒头需求曲线。A 点馒头的价格为 1 元 1 个，当价格沿着需求曲线下降至 0.5 元时，老王对馒头的需求量变为 60 个。老王对馒头的偏好和购买能力不变，需求不变，价格变动导致了需求量变动，需求量从 A 到 B 是沿着需求曲线移动。

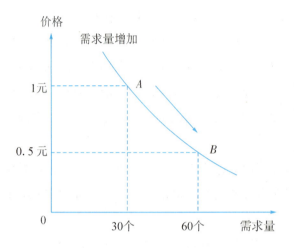

图 5-30　需求不变，价格变动导致需求量变动

在图 5-31 中，横轴和纵轴与图 5-30 一样，同样假设老王 1 个月吃 30 个馒头。有一天，科学家研究发现吃馒头有利于身体健康，于是在馒头价格还是 1 元的情况下，老王每个月对馒头的需求量从 C 点的 30 个增加至 D 点的 40 个。老王对馒头的偏好和购买能力增加，是需求本身的增加，从而导致需求曲线向右移动。

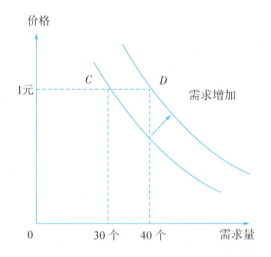

图 5-31　需求变化，价格不变，需求量也会变动

供给理论

供给：生产者在一定时期内在各种价格水平上愿意且能够生产或销售的商品数量。

供给定理：其他条件相同时，商品的供给量与其价格呈正向变动关系，即价格下降，供给量减少；价格上升，供给量增加。

影响供给的因素：投入品价格、技术、预期、卖者数量……

供给和供给量的变化：老张做馒头的故事

在图 5-32 中，横轴是馒头的供给量，纵轴是馒头的价格。假设老张 1 小时做 60 个馒头，图中为老张的馒头供给曲线。A 点馒头的价格为 1 元 1 个，当价格沿着供给曲线下降至 0.5 元时，老张的馒头供给量变为每小时 30 个。老张的馒头供给能力不变，价格变动导致供给量变化，供给意愿从 A 到 B 沿着供给曲线移动。

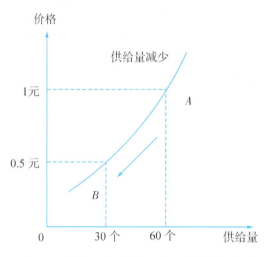

图 5-32　供给不变，价格变动导致供给量变动

在图 5-33 中，横轴和纵轴与图 5-32 一样，同样假设老张 1 小时做 60 个馒头。有一天，馒头店突然停电了，自动和面机不能使用改为手工和面，于是在馒头价格还是 1 元的情况下，老张每小时的馒头供给能力下降，从 C 点的 60 个减少至 D 点的 40 个。老张馒头供给能力的降低，是供给本身的减少，从而导致供给曲线向左移动。

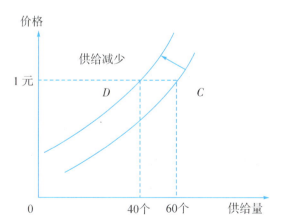

图 5-33　供给变化，价格不变，供给量也会变动

供求法则

根据完全信息和市场出清假设，需求和供给决定市场价格，需求曲线和供给曲线的交点处，需求量等于供给量，按此价格成交使供求双方都满意，此价格即为均衡价格 O。

·如果价格上升到 A，价格高于均衡价格 O，则供给量从 X 上升到 Z，需求量从 X 下降到 Y，供过于求。

此时，选择权在买方，买方压价，价格下降后供给量从 Z 向 X 靠拢，需求量从 Y 向 X 靠拢，再次回归到 E 点的均衡。

·如果价格下降到 B，价格低于均衡价格 O，则供给量从 X 下降到 Y，需求量从 X 上升到 Z，供不应求，需求者抬价，供给者增加供给，再次回归 E 点的均衡。

·价格向均衡价格回归的动力来自企业和消费者理性的自利行为。在市场经济中，自利行为无可非议。

供求法则示意图如图 5-34 所示。

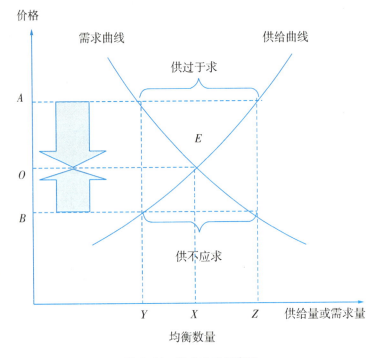

图 5-34　供求法则示意图

亚当·斯密"看不见的手"

亚当·斯密指出，当个体自私地追求个人利益时，他好像为一只看不见的手所引导而去实现公众的最佳福利……通过追逐个人利益，他经常增进社会利益，其效果比他真的想促进社会利益时所能够得到的那一种要更好[①]。

（2）市场结构

产业与行业

在 MBA 面试中经常会提到产业与行业，但同学们对这两个词是否有准确的理解呢？首先，我们需要明确产业和行业的定义：

---

① 保罗·萨缪尔森，威廉·诺德豪斯. 经济学［M］. 16 版. 萧琛，等译. 北京：华夏出版社，1999.

- 产业是具有某种同类属性的经济活动的集合体。
- 行业是具有高度相似性和竞争性的企业群体。

其次需要明确两者之间的关系：

- 产业和行业的不同之处在于，从着眼点的层次上是由高到低、在概念上涉及的范围是由大到小。
- 产业的着眼点是生产力布局的宏观领域，体现的是以产业为单位的生产力布局上的社会分工，产业由行业组成。
- 行业的着眼点是企业或组织生产产品的微观领域，体现的是以行业为单位的产品生产上的社会分工，行业由企业或组织组成①。

例如信息产业包含商业、文化产业、科教产业、互联网产业等，互联网产业包含软件行业、移动互联网行业、物联网行业以及大数据行业等。

企业存在的意义

在管理学导读的制度与结构部分，我们从管理学视角探讨了企业的内涵与特征，从经济学视角，企业的存在也有特殊的意义（见图5-35），即大规模生产的经济性。

- 有效率的生产需要专业化的厂房、设备、劳动分工和管理体系，无法通过工人自发组织完成，因而需要以企业为主体进行协调。
- 企业规模不会无休止地扩大，随着企业规模的逐渐扩大，其内部交易成本逐渐向市场交易成本靠拢，当两者相等时企业继续扩张就失去了经济性。

企业存在的意义还体现于为大规模生产筹集资金、提高生产效率、降低交易成本。

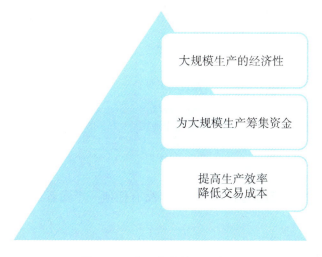

图5-35　企业存在的特殊意义

---

① 佚名. 行人米修［EB/OL］.（2016-11-23）［2021-01-11］. https://www.zhihu.com/question/19605361.

市场结构的概念与类型

市场结构是指某一市场中各种要素之间的内在联系及其特征，主要包括：卖者的数目和规模分布、买者的数目和规模分布、产品差异以及市场的进入和退出条件。根据上述特征，市场结构可以划分为完全竞争和不完全竞争两大类，不完全竞争可进一步细分为垄断竞争、寡头垄断和垄断三类。如图 5-36 所示。

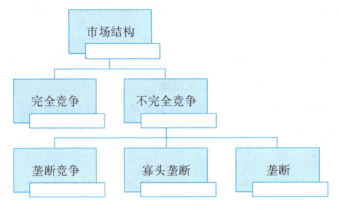

图 5-36　市场结构示意图

不同市场结构的特征（见表 5-7）

表 5-7　不同市场结构的主要特征

市场结构	卖者数量产品差异	行业	价格控制力	营销手段
完全竞争	许多卖者 产品相同	农产品、期货	无	市场交换或拍卖
垄断竞争	许多卖者 产品有差异	零售、服装、纺织、电影院	部分	广告和质量竞争 操纵价格
寡头垄断	少数卖者 产品少/无差异	钢铁、烟草、汽车、谷物加工等		
垄断	单个卖者 无相近替代品	电力煤气 公用事业	可控制 但常被管制	广告和服务宣传

完全竞争：

· 市场上有许多小规模的卖者和买者，没有任何一个卖者或买者能对价格施加大的影响。

· 产品无差异，购买决策根据价格做出。

· 市场容易进入和退出；资源在行业之间容易转移。

· 农产品和期货市场比较接近完全竞争，但现实生活中完全竞争的实例不存在。

垄断竞争：

· 市场上卖者的数量很多但产品有差异。

·垄断竞争具有垄断和竞争两种要素。与完全竞争相似是因为每一个卖者的行为对市场上其他卖者都不会产生很大影响，有很多买者，资源容易在行业间转移。

·与垄断相似是因为每个卖者的产品都存在差异，无法彼此取代，单个卖者对价格有一定的控制能力，提高价格会减少销量，但独特性使顾客愿意出更高的价格购买，例如零售、服装、纺织、电影院等市场。

寡头垄断：

·市场上卖者的数量较少，每个卖者必须考虑其行为对其他卖者的影响。

·买者没有特别之处。

·产品可以同质化，也可以差异化。

·寡头垄断市场上，竞争者的反应对管理决策有很大影响，例如钢铁、烟草、汽车、谷物加工等。

垄断：

·市场里只有一个卖者。

·买者没有特别之处。

·产品差异很大，无相近替代品。

·市场进入是被禁止或者非常困难的。例如电力煤气业和公用事业等。

现代产业经济学的"结构—行为—绩效"分析范式（Structure – Conduct – Performance，SCP）认为市场结构决定了产业内的竞争状态以及企业的行为和战略，并最终决定了企业的绩效。

市场结构可以关注的知识点还有：

·垄断企业耗费巨资做形象宣传和品牌打造的原因。

·市场集中度：是决定市场结构最基本、最重要的因素，集中体现了市场的竞争和垄断程度，常用 CR_n 指数等指标计量。市场集中率 CR_n 指数是指行业市场内前 N 家最大的企业所占市场份额的总和。

·国内外钢铁行业的市场集中度现状与变化趋势。

·我国钢铁行业在"十四五"规划期间的集中度提升目标。

（3）市场失灵

市场失灵的概念与成因

市场失灵是指通过市场配置资源不能实现资源的最优配置。市场失灵最常见的原因为市场势力、信息不对称、外部性和公共品（见图5-37）。

图5-37 市场失灵的原因

市场势力：一个或少数企业凭借其对行业的价格和生产的控制能力操纵市场。

信息不对称：当关于商品或服务质量的信息不对称时，容易产生市场失灵。

外部性：一个经济主体的行为对其他人产生了影响，但并不为此承担相应成本或获得相应收益。

公共品：指消费过程中具有非排他性和非竞争性的产品，例如国防、公安、市政设施等。生产公共品与市场机制的作用是矛盾的，公共品是全社会成员所必须消费的产品，它的满足状况也反映了国家的福利水平。

· 112 ·

> **【案例】**"奔驰女车主哭诉维权事件"掀开了4S店购车"潜规则"的一角。部分4S店并不靠销售汽车挣钱，而主要靠汽车销售后的市场服务盈利，尤其以保养、维修、保险及贷款为主。一些有实力全款买车的用户会被销售人员"忽悠"贷款买车，4S店则借此收取金融服务费以及提成返点。4S店自行收取金融服务费并无任何法律依据。行业内多个企业利用信息不对称合谋的做法，形成了市场势力，影响了市场机制在汽车行业中的作用。

市场失灵的表现

市场失灵最重要的两个表现是：道德风险和逆向选择。

道德风险：一个没有受到完全监督的人从事不忠诚或不合意行为的倾向。

逆向选择：市场的某一方如果能够利用多于另一方的信息使自己受益而使另一方受损，则倾向于与对方签订协议进行交易。

道德风险和逆向选择是制度安排不合理所造成的。邓小平曾经指出，制度好可以使坏人无法任意横行，制度不好可以使好人无法充分做好事，甚至会走向反面。

> **【例题】**在环境污染治理问题上，我国不少地方政府的不作为和缺位导致了经济发展沿着高污染、高能耗的路径前行。解决问题的关键在于厘清责任关系，实现"谁污染、谁治理"，将环境污染的"外部性"通过制度和机制的设计实现内部化。请根据经济学原理为政府部门治理环境污染提出建议。
>
> **【解析】**环境污染是典型的负外部性效应，即企业在经营的过程中不用负担污染成本又可以获得经营带来的利润，将污染治理的成本转嫁给社会。政府曾经出台了一些政策法规却收效甚微，其根源在于没有将环境污染的外部性内化到企业成本之中，使企业缺乏防范和治理污染的内部驱动力。政府解决环境污染外部性可以从政府直接管制、矫正性税收、产权界定等几方面着手。

解决环境污染负外部性的方法

个体方法：道德规范和社会约束、慈善行为、相关各方私利、相关各方签订合约等。

政府方法：征收矫正税、污染许可证制度、排污权交易等。

1997年12月《京都议定书》第十七主题规定，碳排放交易是一个可交易的配额制度，以议定书附件B所列承诺的减排和限排承诺计算的配额为基础。例如，全球限定100单位的碳排放量，A国获得15单位的指标，B国获得10单位的指标，其他国家则获得其余75单位的指标。如果A国只排放了10个单位，而B国排放了12个单位，那么B国就可以从A国购买2个单位的碳排放量。

在多年亏损之后，特斯拉终于在2020年首次实现了全年盈利，但该公司所获利润并非来自汽车销售这一核心业务，而是得益于它向其他汽车制造商出售碳排放积分。2020年，特斯拉通过出售碳排放积分获得了15.8亿美元的营业收入。远远超过其7.21亿美元的净利润。更有数据统计，从2010年开始，特斯拉靠卖碳排放积分累计的收入已经超过42亿美元。

市场失灵部分可以关注的知识点还有：

· 公地悲剧和劣币驱逐良币的典故。

· 科斯定理的基本原理：交易费用为零或者很小时，产权初始界定清晰，并允许经济当事人进行谈判交易，能使资源有效配置。

· 政府的经济职能。

4. 宏观经济

国民生产总值（GNP）和国内生产总值（GDP）

国民生产总值（GNP）：以国籍划分的、在特定时间内的中国人的生产总和，包括中国在外投资。外国人在中国境内的生产值不计入。

国内生产总值（GDP）：以地域划分的、在特定时间内中国境内的生产总和，包括国外个人和机构的在华投资。中国人在中国境外的生产值不计入。中国2018—2022年GDP见表5-8。

表5-8　中国2018—2022年GDP数据

年份	GDP/万亿人民币	增速/%
2022	121.02	3.0
2021	114.37	8.1

表5-8(续)

年份	GDP/万亿人民币	增速/%
2020	101.60	2.3
2019	99.09	6.1
2018	90.03	6.6

注：资料来源为国家统计局官方网站，https://data.stats.gov.cn/index.htm.

表5-8中的数据表明，从2018年至2022年，我国GDP逐年上涨但增速呈现缓慢下降的趋势。2020年至2022年，世界各国受到新型冠状病毒感染疫情的巨大冲击，GDP出现不同程度的波动。2022年，全球GDP排名前五的国家为美国（25.46万亿美元，增速2.1%）、中国（18.10万亿美元，增速3.0%）、日本（4.23万亿美元，增速1.1%）、德国（4.08万亿美元，增速1.8%）和印度（3.39万亿美元，增速6.8%）。

供给侧结构性改革和需求侧改革（见表5-9）

表5-9 供给侧结构性改革和需求侧改革

特征	供给侧结构性改革	需求侧改革
提出时间	2015年11月	2020年12月
改革重心	供给侧+结构性+改革	需求牵引供给、供给创造需求
改革措施	去产能、环保、金融适配、产业链高级化	扩大内需、促进消费、拓展投资

供给侧结构性改革

2015年11月10日，习近平总书记在中央财经领导小组第十一次会议上首次提出加强"供给侧结构性改革"，会议提出，在适度扩大总需求的同时，着力加强供给侧结构性改革，着力提高供给体系质量和效率，增强经济持续增长动力①。供给侧结构性改革要点见图5-38。

图5-38 供给侧结构性改革要点

---

① 刘琼. 习近平主持召开中央财经领导小组第十一次会议［EB/OL］.（2015-11-10）［2021-10-15］. http://www.xinhuanet.com/politics/2015-11/10/c_1117099915.htm.

习近平总书记指出，推进经济结构性改革，要针对突出问题、抓住关键点；要促进过剩产能有效化解，促进产业优化重组；要降低成本，帮助企业保持竞争优势；要化解房地产库存，促进房地产业持续发展；要防范化解金融风险，加快形成融资功能完备、基础制度扎实、市场监管有效、投资者权益得到充分保护的股票市场。

习近平总书记强调，推进经济结构性改革，要坚持解放和发展社会生产力，坚持以经济建设为中心不动摇，坚持"五位一体"总体布局；要坚持社会主义市场经济改革方向，使市场在资源配置中起决定性作用，调动各方面积极性，发挥企业家在推动经济发展中的重要作用，充分发挥创新人才和各级干部的积极性、主动性、创造性。

随着我国人民群众生活水平的提高，消费者的消费动力也大了许多，而我国中低端产品过剩、高端产品供给不足的供给体系，已经无法满足人民群众的需求①。

"供给侧结构性改革"正是国家为产能过剩、经济结构不合理等问题开出的药方。

需求侧改革

2020 年 12 月 11 日召开的中央政治局会议，首次提出了"需求侧改革"。会议提出，要扭住供给侧结构性改革，同时注重需求侧改革，打通堵点，补齐短板，贯通生产、分配、流通、消费各环节，形成需求牵引供给、供给创造需求的更高水平动态平衡，提升国民经济体系整体效能②。需求侧改革要点见图 5-39。

图 5-39　需求侧改革要点

从经济的整体运行来看，"双循环"新发展格局关系着经济运行的各个方面；经济运行要形成"需求牵引供给、供给创造需求"更高水平的动态平衡。

时任国务院副总理刘鹤于 2020 年 11 月 25 日在《人民日报》撰文指出，在坚持以供给侧结构性改革为主线的过程中，要高度重视需求侧管理，坚持扩大内需这个战略

①　四川发布. 1分钟看懂什么是"供给侧改革"（图解）［EB/OL］.（2014-08-11）［2016-04-07］. http://www.sc.gov.cn/10462/12771/2016/4/7/ 10375344.shtml.
②　第一财经. 政治局会议首提"需求侧改革"，扩大内需的核心堵点是消费能力［EB/OL］.（2020-12-16）［2021-10-15］. https://baijiahao. baidu.com /s? id=1686247754346486482&wfr=spider&for=pc.

基点，始终把实施扩大内需战略同深化供给侧结构性改革有机结合起来。

财政政策与货币政策

财政政策：指国家根据一定时期政治、经济、社会发展的任务而规定的财政工作的指导原则，通过财政支出与税收政策来调节总需求。

·量入为出的财政政策：减少财政开支，抑制需求，扩大社会总供给等。

·积极的财政政策：扩大财政支出，刺激需求、增加国债、扩大财政赤字等。

·稳健的财政政策：控制赤字、调整结构、推进改革、增收节支等。

货币政策：指政府或中央银行为影响经济活动所采取的措施，尤指控制货币供给以及调控利率的各项措施。

·适度从紧的货币政策：提高利率、增加储蓄、提高存款准备金率、减少货币供应量等。

·扩张性货币政策：降低利率、减少储蓄、降低存款准备金率、增加货币供应量等。

·稳健的货币政策：介于扩张性政策和紧缩性政策中间的货币政策等。

2023年政府工作报告指出：

·积极的财政政策要加力提效，稳健的货币政策要精准有力。2023年我国的财政政策与货币政策见图5-40。

图5-40　2023年我国的财政政策与货币政策

·要坚持稳字当头、稳中求进，面对战略机遇和风险挑战并存、不确定难预料因素增多，保持政策连续性稳定性针对性，加强各类政策协调配合，形成共促高质量发展合力。

·积极的财政政策要加力提效。赤字率拟按3%安排。完善税费优惠政策，对现行减税降费、退税缓税等措施，该延续的延续，该优化的优化。做好基层"三保"工作。

·稳健的货币政策要精准有力。保持广义货币供应量和社会融资规模增速同名义经济增速基本匹配，支持实体经济发展。保持人民币汇率在合理均衡水平上的基本稳定。产业政策要发展和安全并举。

·促进传统产业改造升级，培育壮大战略性新兴产业，着力补强产业链薄弱环节。

·科技政策要聚焦自立自强，也要坚持国际合作。完善新型举国体制，发挥好政府在关键核心技术攻关中的组织作用，支持和突出企业科技创新主体地位，加大科技人才及团队培养支持力度。

·社会政策要兜牢民生底线。落实落细就业优先政策，把促进青年特别是高校毕业生就业工作摆在更加突出的位置，切实保障好基本民生。

通货膨胀

通货膨胀：是指一般价格水平的持续的和显著的上涨，通常用通货膨胀率来衡量。通货膨胀的成因有需求拉动、成本推动以及结构性通货膨胀。

·需求拉动通货膨胀：总需求超过总供给，过多的货币追求过少的商品，造成物价上涨。

·成本推动通货膨胀：由供给方面成本的提高所引起的一般价格水平持续和显著的上涨。

·结构性通货膨胀：在总需求并不过多的情况下，对某些部门的产品需求过多，造成部分产品的价格上涨的现象。

消费者价格指数与生产者价格指数

·消费者价格指数（CPI）：是反映与居民生活有关的产品及劳务价格统计出来的物价变动指标，通常作为观察通货膨胀水平的重要指标。2022年中国全年CPI同比涨幅2%[1]。

·生产者价格指数（PPI）：是衡量工业企业产品出厂价格变动趋势和变动程度的指数，是反映某一时期生产领域价格变动情况的重要经济指标，也是制定有关经济政策和国民经济核算的重要依据。2022年中国全年PPI同比上涨4.1%。

三驾马车

三驾马车：经济学上常把投资、消费、出口比喻为拉动GDP增长的"三驾马车"[2]，这是对经济增长原理最生动形象的表述[3]。

---

[1] 国家统计局官方网站［EB/OL］.（2023-02-28）［2023-02-28］. http://www.stats.gov.cn/ sj/zxfb/202302/ t20230228_1919011.html.

[2] 四川发布.1分钟看懂什么是"供给侧改革"（图解）［EB/OL］.（2016-04-07）［2021-10-21］. http:// www.sc.gov.cn/10462/12771/2016/4/7/ 10375344.shtml.

[3] 国家统计局官方网站［EB/OL］.（2023-02-28）［2023-02-28］. http://www.stats.gov.cn/ sj/zxfb/202302/ t20230228_1919011.html.

· 投资：2022 年全社会固定资产投资 579 556 亿元，比上年增长 4.9%。固定资产投资（不含农户）572 138 亿元，增长 5.1%。在固定资产投资（不含农户）中，分区域看，东部地区投资增长 3.6%，中部地区投资增长 8.9%，西部地区投资增长 4.7%，东北地区投资增长 1.2%。分产业看，第一产业投资 14 293 亿元，比上年增长 0.2%；第二产业投资 184 004 亿元，增长 10.3%；第三产业投资 373 842 亿元，增长 3.0%。

· 消费：2022 年全年社会消费品零售总额 439 733 亿元，比上年下降 0.2%。按经营地统计，城镇消费品零售额 380 448 亿元，下降 0.3%；乡村消费品零售额 59 285 亿元，与上年基本持平。按消费类型统计，商品零售额 395 792 亿元，增长 0.5%；餐饮收入额 43 941 亿元，下降 6.3%。2022 年全年实物商品网上零售额 119 642 亿元，按可比口径计算，比上年增长 6.2%，占社会消费品零售总额的比重为 27.2%。

· 出口：2022 年全年货物进出口总额 420 678 亿元，比上年增长 7.7%。其中，出口 239 654 亿元，增长 10.5%；进口 181 024 亿元，增长 4.3%。货物进出口顺差 58 630 亿元，比上年增加 15 330 亿元。全年服务进出口总额 59 802 亿元，比上年增长 12.9%。其中，服务出口 28 522 亿元，增长 12.1%；服务进口 31 279 亿元，增长 13.5%。服务进出口逆差 2 757 亿元。

贸易顺差与贸易逆差

· 贸易顺差：在特定年度内一国出口贸易总额大于进口贸易总额。

· 贸易逆差：在特定年度内一国进口贸易总额大于出口贸易总额。

碳达峰和碳中和

2021年，碳达峰和碳中和被首次写入政府工作报告，成为社会讨论的"热词"。2020年我国首次提出：中国将提高国家自主贡献力度，采取更加有力的政策和措施，二氧化碳排放力争于2030年前达到峰值，努力争取2060年前实现碳中和。

我国提出碳达峰、碳中和的目标和愿景，意味着我国更加坚定不移贯彻新发展理念，构建新发展格局，推进产业转型和升级，走上绿色、低碳、循环的发展路径，实现高质量发展。这也将引领全球实现绿色、低碳复苏，引领全球经济技术变革的方向；对保护地球生态、推进应对气候变化的合作行动，具有非常现实和重要的意义①。

碳达峰：是指我国承诺2030年前，二氧化碳的排放不再增长，达到峰值之后逐步降低。

· 2030年前实现碳达峰，是在长期碳中和愿景导向下的阶段性目标。

· 碳排放达峰时间越早，峰值排放量越低，越有利于实现长期碳中和愿景，否则会付出更大成本和代价。

· 实现达峰，核心是降低碳强度，以"强度"下降抵消GDP增长带来的二氧化碳排放增加。

· 实现碳强度持续大幅下降，一方面要大力节能，降低能耗强度。我国要通过加强产业结构调整和优化，大力发展数字经济、高新科技产业和现代服务业，抑制煤电、钢铁、石化等高耗能重化工业的产能扩张，实现结构节能；同时通过产业技术升级，推广先进节能技术，提高能效，实现技术节能。

· 另一方面，要加快发展新能源，优化能源结构。我国提出，到2030年非化石能源占一次能源消费比重达25%左右。也就是说，经济发展对新增能源的需求将基本由新增非化石能源供应量满足。

碳中和：是指企业、团体或个人测算在一定时间内直接或间接产生的温室气体排放总量，然后通过造树造林、节能减排等形式，抵消自身产生的二氧化碳排放量，实现二氧化碳"零排放"。

· 全球长期碳中和目标导向将加剧世界经济技术革命性变革，重塑大国竞争格局，

① 孙秀艳，寇江泽. 瞄准碳中和 推动碳达峰［EB/OL］.（2021-02-01）［2021-10-22］. https://m.gmw.cn/baijia/2021-02/01/1302084230.html.

也将改变国际经济贸易规则和企业发展业态。

· 比如，在低碳化导向下，企业产品和原材料的碳含量指标将成为与成本、质量和服务同等重要的竞争要素。全球低碳金融的投资导向，将使高碳排放行业和企业面临融资困难。

· 同时，先进深度脱碳技术和发展能力将成为一个国家核心竞争力的体现，走上深度脱碳发展路径也是现代化国家的重要标志。

· 实现长期碳中和目标需要技术创新的支撑，先进能源和低碳技术将成为大国竞争的高科技前沿和重点领域[1]。

碳中和"路线图"

2020 年 12 月 21 日，国务院新闻办公室发布《新时代的中国能源发展》白皮书。白皮书介绍了新时代中国能源发展成就，全面阐述了中国推进能源革命的主要政策和重大举措，清晰描绘了中国 2060 年前实现碳中和的"路线图"[2]（见图 5-41）。

图 5-41　我国碳中和路线图

高质量发展

高质量发展是 2017 年中国共产党第十九次全国代表大会首次提出的新表述，表明中国经济由高速增长阶段转向高质量发展阶段。党的十九大报告中提出的"建立健全绿色低碳循环发展的经济体系"为新时代下高质量发展指明了方向，同时也提出了一个极为重要的时代课题[3]。

推动高质量发展的必要性和紧迫性

· 习近平总书记指出，推动高质量发展，是保持经济持续健康发展的必然要求，是适应我国社会主要矛盾变化和全面建成小康社会、全面建设社会主义现代化国家的必然要求，是遵循经济规律发展的必然要求。

---

① 孙秀艳，寇江泽. 瞄准碳中和 推动碳达峰 [EB/OL]. （2021-02-01）[2021-10-22]. https://m.gmw.cn/baijia/2021/02/01/1302084230.html.

② 潇湘晨报. 一图读懂："碳中和"与"碳达峰"究竟是个啥？[EB/OL]. （2021-05-12）[2021-10-22]. https://baijiahao.baidu.com/s？id＝1699541520400108095&wfr＝spider&for＝pc.

③ 王克. 牢记绿色发展使命 推动经济高质量发展 [EB/OL]. （2019-09-20）[2021-10-22]. http://www.rmlt.com.cn/2019/0920/557345.shtml.

·进入高质量发展阶段，我国需求条件、要素条件和潜在增长率发生重要变化，如果不顾客观实际追求高速增长，势必带来较大风险隐患。

·进入新时代，我国社会主要矛盾发生转化，发展中的矛盾和问题集中体现在发展质量上。只有大力提高发展质量，才能解决好我国社会主要矛盾，以更加平衡更加充分的发展满足人民美好生活需要，实现"两个一百年"奋斗目标。

·经济发展规律表明，一个国家进入工业化中后期，只有实现发展方式从规模速度型转向质量效益型，推动高质量发展，才能顺利完成工业化、实现现代化。

·当前，世界百年未有之大变局加速演进，我国发展的外部环境日趋复杂。防范化解各类风险隐患，积极应对外部环境变化带来的冲击挑战，关键在于办好自己的事，提高发展质量，提高国际竞争力，增强国家综合实力和抵御风险能力，有效维护国家安全，实现经济行稳致远、社会和谐安定①。

在新发展阶段扎实推动高质量发展

加快建设科技强国。

·坚持创新在我国现代化建设全局中的核心地位，把科技自立自强作为国家发展的战略支撑，强化国家战略科技力量，提升企业技术创新能力，激发人才创新活力，完善科技创新体制机制。

·以创新为第一动力推进产业结构升级、重塑经济发展新优势，不断创造新的需求、拓展新的就业空间，明显提高劳动生产率、增加人民收入，着力破解资源环境约束、实现绿色发展，有效保障国家安全。

加快发展现代产业体系。

·把经济发展着力点放到实体经济上，提升产业链供应链现代化水平，发展战略性新兴产业，加快发展现代服务业，统筹推进基础设施建设，加快建设交通强国，推进能源革命，加快数字化发展，提高经济质量效益和核心竞争力。

优先发展农业农村。

·我国作为人口大国和农业大国，农业、农村、农民问题始终是关系国计民生的根本性问题，解决好"三农"问题始终是全党工作重中之重。

·必须优先发展农业农村，坚持走中国特色社会主义乡村振兴道路，全面实施乡村振兴战略，强化以工补农、以城带乡，推动形成工农互促、城乡互补、协调发展、共同繁荣的新型工农城乡关系，加快农业农村现代化。

推进区域协调发展和新型城镇化。

·以构建彰显优势、协调联动的现代化城乡区域发展体系为目标，优化国土空间

①　王昌林. 以推动高质量发展为主题 [EB/OL]. (2020-11-07) [2021-10-21]. http://www.xinhuanet.com/politics/2020-11/17/c_1126749474. tm.

结构，推进区域协调发展和新型城镇化。

·坚持实施区域重大战略、区域协调发展战略、主体功能区战略，健全区域协调发展体制机制，完善新型城镇化战略，构建高质量发展的国土空间布局和支撑体系。

着力推动绿色发展。

·必须保持加强生态文明建设的战略定力，探索以生态优先、绿色发展为导向的高质量发展新路子。深入实施可持续发展战略，完善生态文明领域统筹协调机制，构建生态文明体系，促进经济社会发展全面绿色转型。

推进全面深化改革和高水平开放。

·适应新发展阶段要求，切实推进政府职能转变、国资国企、科技、教育、金融、财税、收入分配等重大改革攻坚部署落地实施。

·建立健全推动高质量发展的指标体系、政策体系、标准体系、统计体系、绩效评价、政绩考核办法等。

·实施更大范围、更宽领域、更深层次对外开放，建设更高水平开放型经济新体制，推动共建"一带一路"高质量发展，积极参与全球经济治理体系改革，促进国际合作，实现互利共赢。

改善人民生活品质。

·以满足人民日益增长的美好生活需要为根本目的，着力提高人民收入水平，强化就业优先政策，建设高质量教育体系，健全多层次社会保障体系，全面推进健康中国建设，实施积极应对人口老龄化国家战略，加强和创新社会治理，不断增强人民群众获得感、幸福感、安全感，促进人的全面发展和社会全面进步。

第六章

思维训练

一、思维结构

1. 三大困境

　　MBA 面试准备除了学习面试礼仪、梳理面试资料、储备必要知识之外，还有一项重要的任务就是训练思维。当面对较为复杂或宏大的问题时，我们经常会面临着表达的困境，心中嘹亮但口头不听使唤，最终出现词不达意或隔靴搔痒的尴尬。表达三大困境见图 6-1。其中，用词不够准确、语句不够简洁属于写作和风格问题，通过写作和表达训练可以解决。而结构不够清晰是指在表达思想时采用的顺序与听众的理解力发生了矛盾，此类困境就需要通过结构化的思维来解决。

　　我们在第五章知识储备中多次运用了结构化思维帮助大家理解复杂结构和核心概念，本章将详细介绍结构化思维的原理和方法。

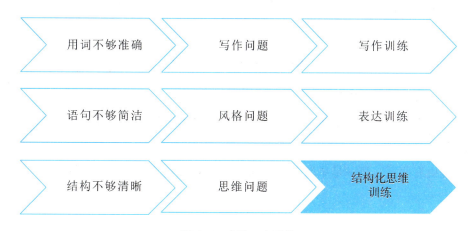

用词不够准确	写作问题	写作训练
语句不够简洁	风格问题	表达训练
结构不够清晰	思维问题	结构化思维训练

图 6-1　表达三大困境

2. 结构化思维

（1）结构化思维的概念

> 李忠秋老师的《结构思考力》一书曾经举过一个生动的案例，分享结构思考力的基本特点①。我们也模拟了一个相似的场景，一名秘书向董事长汇报工作时说了一段话："董事长您好！小林来电话说他3点钟不能参加会议。老王说他不介意晚一点开会，把会议放在星期四开也可以，但10:30以前不行。唐总的秘书说，唐总明天较晚时间才能从广州回来。会议室明天已经有人预订了，但星期四还没有人预订。会议时间定在星期四11点似乎比较合适。您看行吗？"

对照这位秘书的表达方式，我们在 MBA 面试中的回答又何曾不是如此？关于问题和思路心中嘹亮，但一旦开口，千言万语奔涌而出，人物、时间与事件等大量信息交织，让听者不得要领、满头雾水。让我们认真分析这段话并用结构化思维来表达（见图 6-2）：

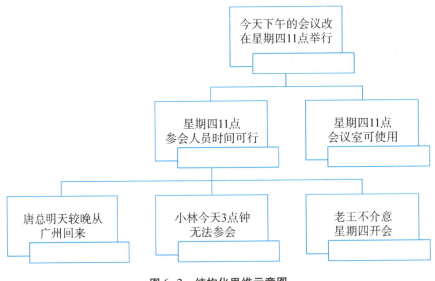

图 6-2　结构化思维示意图

从秘书表达的内容来看：

·这段话的中心思想是向董事长申请"将今天下午的会议改在星期四 11 点举行"并陈述理由。

·理由有两点，第一是星期四 11 点参会人员时间可行，第二是星期四 11 点会议室可使用。

---

① 李忠秋. 结构思考力［M］. 北京：电子工业出版社，2014.

·参会人员方面，唐总和小林今天下午 3 点无法参会但星期四 11 点可以，老王不介意星期四开会。

·会议室方面，星期四 11 点会议室可使用。

·从这个案例可知，结构化思维是指以结构的视角从多个侧面全面而清晰的、强调"先总后分"的分析方法。

（2）结构化思维的作用

在 MBA 面试中，考官一般是在进行三项互动：识别和解读所接收的信息、找出各种信息之间的关系以及理解信息的内在思想（见图 6-3）。如果我们传达的信息事先经过归类和概括，并按既定的顺序表达，那么考官就能够很容易理解。否则考官将按照自己的归类概括来理解，这不仅增加了负担，而且容易使我们的表达与考官的理解之间产生歧义。考生通过结构化的思维和表达可以减少考官花费在前两项活动上的时间，使其集中精力专注于理解信息的内在思想。

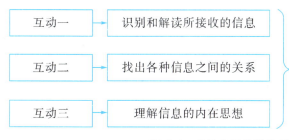

图 6-3　结构化思维的作用

3. 金字塔原理

（1）金字塔原理的来源

一个人想要拥有结构化思维并不容易，其可能需要通过长期甚至一生的学习与训练来培养。不过结构化思维是可以借助科学的方法和后天的训练来达成的，金字塔原理正是提升结构化思维的有效工具。"金字塔原理"是在 1973 年由麦肯锡国际管理咨询公司的咨询顾问巴巴拉·明托（Barbara Minto）提出，旨在阐述写作过程的组织原理，提倡按照读者的阅读习惯改善写作效果[①]。

　　巴巴拉·明托 1961 年进入哈佛商学院，是学院第一批女学员之一，1963 年被麦肯锡咨询公司（McKinsey & Company）聘为该公司有史以来第一位女性顾问。她在写作方面的特长很快得到赏识，并于 1966 年被派往伦敦，负责提高麦肯锡公司日益增多的欧洲员工的写作能力，而这项能力是所有咨询顾问的核心能力。

① 芭芭拉·明托. 金字塔原理：思考、表达和解决问题的逻辑［M］. 汪洱，高愉，译. 海南：南海出版公司，2013.

金字塔原理成为麦肯锡咨询公司理念和规范的重要组成部分，并进一步发展成为咨询业的实际行业标准，在包括哈佛商学院在内的世界著名商学院传授。

（2）金字塔原理示例

"我要更有钱"是一个有趣的话题，我们就以此为例，示范金字塔原理如何应用于分析和解决问题（见图6-4）。

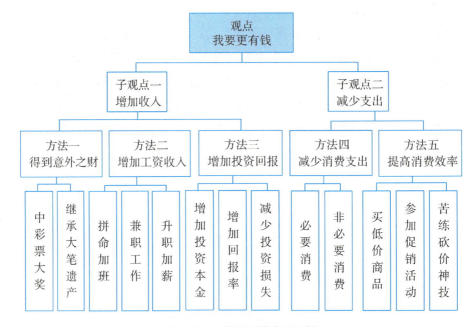

图6-4　结构化思维应用示例

·首先，总观点"我要更有钱"位于金字塔的顶端，开门见山提出中心思想。

·其次，根据"有钱=开源+节流"的思维模型，我们提出通过"增加收入"和"减少支出"的子观点，支撑"我要更有钱"的总观点。

·然后，把所有可能"使我更有钱"的方法归类分组，例如"增加收入"这一途径至少有"得到意外之财""增加工资收入""增加投资回报"等方法，"减少支出"可以分为"减少消费支出"和"提高消费效率"等方法。

·最后，我们将各种路径中的所有方法按照重要性或可能性排序，最终呈现出金字塔的全貌，进而由五大类十三项策略共同解答怎么样"更有钱"的问题。

二、思维方法

1. 结构化思维方法

运用金字塔原理解答"我要更有钱"问题的案例，让我们了解了结构化思维的应用方法，在此我们参考李忠秋老师的《结构思考力》，教给大家结构化思维的四个基本方法，即"结论先行、以上统下、归类分组、逻辑递进"①（见图6-5）。

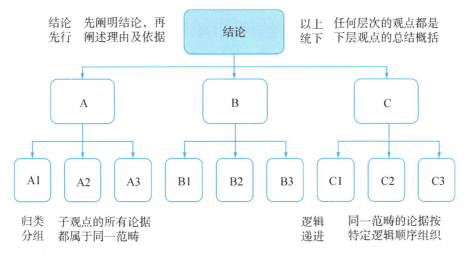

图6-5　结构化思维方法

2. 结论先行

【例题】请谈谈关于交通拥堵和限号限购的看法。

【回答】说到交通拥堵，我是深有体会。我找了个离家30千米远的写字楼上班，每天穿过繁华热闹的北京城，往返于家与公司之间，耗费在通勤途中的时间有4个小时，基本上都可以睡上一觉，每天有六分之一的时光在公共汽车和地铁上度过……

这位同学在回答"谈谈关于交通拥堵和限号限购的看法"这个问题的时候，选择了自己的亲身经历作为开头是很好的，能够营造出一个真实又生动的场景，容易让考官代入其中。但是这样回答的问题出在未能遵从"结论先行"的原则，破题和铺垫过于冗长，考官很有可能从开始的饶有兴致变成后续的失去耐心。

MBA面试中需要做到"结论先行"，按照"总—分—总"的思路，首先阐明结论，其次分别阐述理由及依据，最后总结。在MBA面试考场上，每位考生的时间为15~30分钟，流程包括考生入场、自我介绍、抽题回答、自由问答、英语听说和政治面试等全部或部分环节，分配给每个问题的时间可想而知极其有限。我们假如按照习惯的表达方式，推导出结论之前先进行冗长而迂回的铺垫，就直接违反了面试表达清晰流畅、用词准确、精简不啰嗦的原则。"结论先行"的沟通方式能够第一时间满足考官对结论的诉求，提高面试沟通效率。

① 李忠秋. 结构思考力［M］. 北京：电子工业出版社，2014.

3. 以上统下

"以上统下"是指在回答问题的过程中，任何层次的观点都是下一层次观点的总结概括。例如"我要更有钱"概括了"增加收入"和"减少支出"的观点，而"增加收入"概括了"得到意外之财""增加工资收入""增加投资回报"的观点（见图6-6）。以上统下的方法确保所有论述都围绕结论展开，确保了回答问题的有效性和说服力。

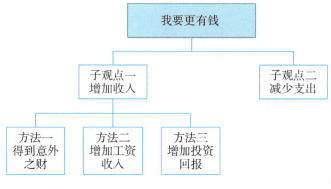

图6-6 以上统下案例

4. 归类分组

"归类分组"是指回答问题时每一个子观点的论据都属于同一个范畴。例如"增加工资收入"可以通过"拼命加班""兼职工作"和"升职加薪"实现，但"增加投资回报率"不属于"增加工资收入"而属于"增加投资回报"（见图6-7）。我们曾经说过，考生如果把面试答题的信息经过概括和归类并按既定的顺序表达，就可以帮助考官轻松解读信息并找出信息之间的关系，进而更好地理解考生的内在思想。

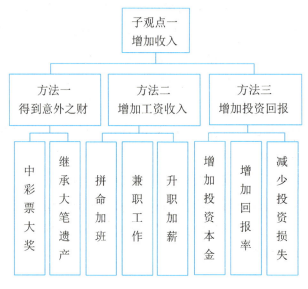

图6-7 归类分组案例

5. 逻辑递进

"逻辑递进"是指回答问题时同一范畴内的论据需要按照特定的逻辑顺序加以组织，使其符合人们观察事物、思考问题的习惯。例如"减少消费支出"是按照必要与非必要排序，因为必要消费的优先度高于非必要消费。"提高消费效率"是按照方法的可行性排序，购买低价商品的可行性显然高于苦练砍价神技。

三、思维模型

1. 思维模型概念

美国投资家查理·芒格说过：思维模型会给你提供一种视角或思维框架，从而决定你观察事物和看待世界的视角。思维模型是现实世界复杂系统的某个侧面或者某个局部的规律，也可以理解为帮助人们理解事物、解决问题的最佳框架，例如运用完全竞争和垄断的市场结构模型理解航空公司与互联网公司竞争格局的差异性，或者运用"PDCA"（Plan 计划，Do 执行，Check 检查，Act 处理）模型解决质量管理的复杂问题[①]。

2. 思维模型作用

我们在第五章曾经讲解过一道例题："一家工厂生产容量分别为 200 升、250 升、300 升的冰箱。某个阶段 250 升的冰箱开始滞销，而其他两种规格的销量保持稳定，请分析可能的原因。"

> 【例题】"一家工厂生产容量分别为 200 升、250 升、300 升的冰箱。某个阶段 250 升的冰箱开始滞销，而其他两种规格的销量保持稳定，请分析可能的原因。"
>
> 【回答】曾经有同学对 250 升冰箱滞销的原因总结为：
> · 竞争品牌针对 250 升冰箱开展降价促销活动。
> · 客户对 250 升冰箱的偏好改变，需求量下降。
> · 工厂 250 升冰箱的供应链出现问题，产品质量下降。

这位同学分别分析了竞争品牌、客户和工厂产能导致 250 升冰箱滞销的原因，独立来看每项分析都有合理性，但三个子观点之间缺乏特定的逻辑关系：

---

① Bossmen. 芒格学院［EB/OL］.（2020-01-31）［2021-10-23］. https://www.madewill.com/thinking-model/top-thinking-model.html.

·第一个子观点从竞争格局的视角出发探讨竞争品牌的影响，但分析缺少了购买者讨价还价的能力、供应商讨价还价的能力、新进入者的竞争能力以及替代品的替代能力。

·第二个子观点从供求关系的视角分析客户需求的影响，但分析缺少了工厂供应的部分。

·第三个子观点从产品的视角分析质量下降的影响，但分析缺少了定价、渠道和促销的因素。同时，竞争品牌促销和客户偏好在客户需求上还出现重叠。

究其原因，这位同学的三个子观点并不属于同一个理论框架，就像 A、甲与 α，而不是 ABCD、甲乙丙丁或 αβγδ。

通过这道例题的分析，我们可知思维模型的应用体现了结构化思维的 MECE 原则，即 Mutually Exclusive，Collectively Exhaustive（相互独立，完全穷尽）[①]。这项原则能帮助我们在分析和解决复杂问题的时候做到不重叠、不遗漏，完整把握问题的核心并提出系统的解决方案。因此，这道例题具体运用思维模型，遵循 MECE 原则进行分析的情况，如图 6-8 所示。

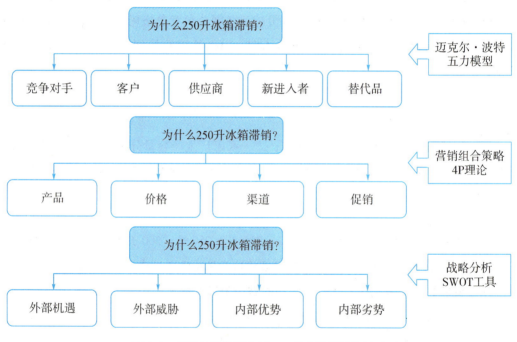

图 6-8　运用思维模型分析 250 升冰箱滞销的问题

第五章运用了迈克尔·波特的五力模型作为解答问题的思维模型，从竞争格局的视角系统分析了五种市场力量对 250 升冰箱滞销的作用。除此以外，我们还可以借助营销组合策略 4P 理论、战略分析 SWOT 工具等对此问题进行剖析。

---

① 李忠秋. 结构思考力［M］. 北京：电子工业出版社，2014.

3. 常用思维模型

考生要想在 MBA 面试中熟练地应用思维模型，首要的就是了解企业管理场景之下常用的思维模型，再尝试用这些思维工具来分析和解决问题。除了已经介绍过的五力模型之外，我们还建议考生熟悉以下思维模型的内容与应用。

（1）纵横结合的思维模型

结构化思维拥有横向和纵向两种思维结构①。我们在 MBA 面试中，既要运用横向思维分析问题的全貌、展示思维的广度，又要运用纵向思维在某些方面深入阐述、展示思维的深度。运用何种思维结构因人而异，有些同学的思维习惯是横向结构，当面临问题时可以迅速找到很多解决问题的方向，但每个方向都不会非常深入。有些同学的思维习惯是纵向结构，遇到问题找准切入点深入钻研，但容易忽略问题涉及的其他方面。因此，结构化思维可以将两种思维结构有机结合，先在横向上对问题形成全面认识，再选择横向结构中最擅长或最能驾驭的因素深入阐述，形成横向与纵向相结合的思维模型。

以 250 升冰箱滞销的问题为例，我们选择迈克尔·波特的五力模型作为解答问题的思维模型（如图 6-9 所示）：

·回答问题的时候首先提出结论："250 升冰箱滞销与细分市场的竞争格局变化有关"。

·其次我们根据五力模型简要分析五种市场力量对 250 升冰箱滞销的可能影响，通过横向结构展示思维的全面性。

·最后我们选择信息量最大、最熟悉的竞争对手因素深入分析。250 升冰箱滞销受到竞争对手的影响最大，例如竞争对手开展价格战促销、产品定位变化、同款产品成本下降乃至技术创新带来品质提升等，通过纵向结构展示思维的深入性。

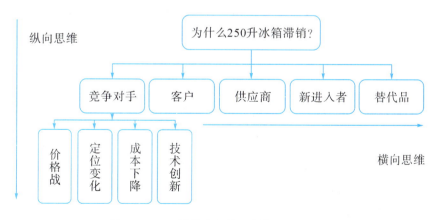

图 6-9　运用纵横结合的思维模型进行分析

---

① 李忠秋. 结构思考力 [M]. 北京：电子工业出版社，2014.

第六章　思维训练

（2）SWOT 模型

SWOT 模型将企业的外部环境与内部能力构建矩阵，将企业外部的威胁（Threats）和机遇（Opportunities）以及内部的优势（Strengths）和劣势（Weaknesses）分类列举，运用系统分析的思想将四类因素相互匹配加以分析。SWOT 模型能够对研究对象进行全面分析，为决策提供系统依据，适用于企业战略决策的场景。

我们以一家互联网新媒体教育公司为例进行 SWOT 分析（如图 6-10 所示）：

SWOT 分析矩阵	机会-O 1. 互联网新媒体运营人才需求量大、企业缺少专业人才 2. 市场上专门从事新媒体运营教育的企业较少	威胁-T 1. 教学模式与方案易被复制 2. 知名学习平台信誉更高
优势-S 1. 课程研发创新能力强 2. 课程内容干货多、接地气 3. 创业公司市场敏锐度高、决策灵活	SO 策略 1. 持续开发和迭代优质课程 2. 提供免费公开课讲座引流 3. 运用网络新媒体推广	ST 策略 1. 提升定制化课程研发服务 2. 优化客户服务，及时响应客户反馈、持续优化课程
劣势-W 1. 公司品牌知名度不高 2. 资金能力有限	WO 策略 1. 运用网络新媒体推广 2. 借助优质内容激发分享	WT 策略 1. 聚焦于新媒体运营课程 2. 做好垂直市场、避免盲目扩张

图 6-10　互联网新媒体教育公司 SWOT 分析

·SWOT 模型以列出机会、威胁、优势和劣势为基础，将四个因素相互匹配，基于商业实践提出具有可行性的策略组合，例如优势-机会策略（SO）、劣势-机会策略（ST）等。

·矩阵各个象限的策略按照重要性和可行性排序，各种策略的组合是企业当下扬长避短的策略集合，并非全部同时实施，企业应当根据实际情况从中选择并制定行动计划。

（3）PEST 模型

PEST 模型通常用于宏观环境分析，包括政治（Political）、经济（Economic）、社会（Social）和技术（Technological）四类给企业带来机会或威胁的主要外部因素。

政治因素：包括国家的社会制度，执政党的性质，政府的方针、政策、法令以及法律体系、法规及法律环境。

经济因素：宏观经济环境包括社会经济结构、经济增长率、财政与货币政策、能源和运输成本、通货膨胀与紧缩、利率、汇率等，微观经济环境包括社会收入水平、储蓄习惯、消费倾向与可支配收入、就业程度等。

社会因素：包括社会价值观与习俗、居民教育程度和文化水平、生活方式、审美观点等，还有人口、土地、资源、气候、生态、交通、基础设施、环境保护等。

技术因素：包括创新机制、科技投入、技术总体水平、技术开发应用速度及寿命周期、企业竞争对手的研发投入，社会技术人才的素质水平和待遇成本等。

随着理论工具的应用与发展，PEST模型进一步演化为PESTEL模型，即在政治、经济、社会和技术因素的基础上增加环境（environmental）和法律（legal）因素。

环境因素：企业的活动、产品或服务中与环境发生相互作用的因素。

法律因素：国际国内的法律、法规、司法状况和公民法律意识等因素。

（4）2W1H模型

2W1H模型是最常见、应用最频繁的思维模型，是运用5W2H原则将问题全面覆盖，又以"WHAT、WHY、HOW"三个问题为核心进行结构化思考的方法。

·WHAT：用最简要、最精炼的语言介绍概念或提出观点，"解释问题是什么？做什么？目的是什么"？

·WHY：深入挖掘问题的成因或行动的理由，"为什么？为什么这样做？理由是什么？原因是什么"？

·HOW：基于对WHAT和WHY的回答，围绕目标、针对成因提出解决方案，"如何做？怎么做？从哪里入手"？

以"你怎样看待阶梯式退休"为例，我们尝试运用2W1H模型绘制答题的金字塔结构（如图6-11所示）：

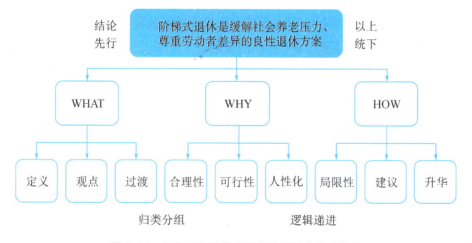

图6-11　运用2W1H模型绘制答题的金字塔结构

·WHAT 部分：首先，清晰界定"阶梯式退休"的概念，即"阶梯式退休是指根据劳动者所从事的职业、工作性质和个人对工作的意愿不同，设定不同的退休年龄标准。"① 其次，开门见山提出观点"阶梯式退休是缓解社会养老压力、尊重劳动者差异的良性退休方案"。然后，简要引出下方论述，即"我将从合理性、可行性和人性化三个方面阐述我的观点"……

·WHY 部分：在分析原因、阐述观点部分，分别从合理性、可行性和人性化三个角度（也可以是其他视角的结构化分析），将"阶梯式退休"的优势或利益全部罗列，再按照重要性进行排序和论述。

·HOW 部分：在肯定阶梯式退休优势和利益的基础上，看到阶梯式退休存在的不足和弊端，进而提出积极建议，如解决养老金缴费与领取的公平性问题，劳动者同工不同酬、薪资差距过大等劳动权益问题，进而为良性退休政策的推行扫清障碍。最终，实现从回答问题到深入思考，再到落地实施的升华。

2W1H 模型拓展为 5W2H 模型，新增的因素分别是：

·WHO：谁来做？谁负责？谁来承担责任？

·WHEN：何时？什么时间做？什么时机最适宜？

·WHERE：何处？在哪里做？

·HOW MUCH：做到什么程度？完成的数量是多少？完成的质量是怎样？费用是多少？

运用 5W2H 模型能够使我们的思考更加全面，不会遗漏重要因素。善于提出问题和发现问题，才能更好地分析问题和解决问题。综合上述分析，我们要学习高品质的思维模型并内置到自己的认知模式中，遇到问题时，让认知模式自动发挥作用。这种结构化的思维不仅能帮助大家在 MBA 面试中化繁为简、脱颖而出，在日常工作乃至生活之中同样能够起到如虎添翼、事半功倍的作用。

---

① 人民网. 人社部称 65 岁退休是误读 正重点研究阶梯式退休［EB/OL］.（2012-07-08）［2021-10-23］. http://finance.people.com.cn/stock/ n/2012/0708/c67815-18467245.html.

闯关篇

青海长云暗雪山，孤城遥望玉门关。

黄沙百战穿金甲，不破楼兰终不还。

——王昌龄《从军行七首·其四》

第七章

申请材料关

一、亮点提取

1. 亮点识别

在 MBA 面试中，各行各业精英云集，因此选拔的过程必然是存在比较的。向考官展示自身的优秀还远远不够，优秀是比较出来的，我们还需要让自己精彩，让亮点闪耀得足以淡化弱点，给考官留下良好而深刻的印象。

"亮点"一词用来比喻有光彩而引人注目的人或事物，最生动的解读就是当我们走进漆黑的房间什么也看不见，突然有人点亮一根火柴，那就是我们需要寻找的亮点。在 MBA 面试中就是与其他考生相比，突出自身所具有的独特、卓越的特质，这种特质体现在多个层面，例如言谈举止温文尔雅、思维清晰表达有力，当然，最重要的是与众不同、独一无二的优势。我们把亮点形象地概括为"人无我有，人有我精，人精我新"。

（1）人无我有

"人无我有"顾名思义是指自己拥有他人并不具备的知识、技能、经验、特长乃至经历等优势，让我们看看以下同学的亮点：

·甲同学，高考时以高分考入 985 高校顶尖医学院，毕业后任职于百年知名外企，从事体外诊断和生命科学领域的销售管理工作。

·乙同学，毕业于 985 高校医学与信息化交叉学科，毕业后在国内唯一自主研发智慧诊断产品的创业企业担任市场总监。

我们可以看到，甲同学拥有国内 985 高校顶尖医学院的教育背景，专业能力在百年知名外企平台上发扬光大，是一名在生命科学领域从事销售工作的复合型人才。乙同学的专业属于医学与信息技术的交叉领域，工作背景是国内自主研发智慧诊断系统的领军企业。两位同学都能凭借独特的教育背景和工作平台给考官留下深刻的印象。

（2）人有我精

也许同学们会问，并非人人都拥有甲同学和乙同学得天独厚的优势，在"人人都有"的情况下如何使自己脱颖而出？"人有我精"是指在常规领域做出超越众人的成绩、达到顶尖的水平或境界。我们再看两位同学的案例：

·丙同学，任职于考生众多的房地产行业知名房企，拥有房地产全流程轮岗经历，在运营管理岗位上搭建了供应链管理体系，带领公司业绩飞速上升，拿奖拿到手软。

·丁同学，岩土工程领域的铿锵玫瑰，带领团队从技术创新、业务扩张、管理升级等多方面为企业上市之路谋划蓄力，数年之内成长为市场部总经理和事业合伙人。

丙同学和丁同学的经历告诉我们，在房地产、工程建设等传统行业中，考生同样可以凭借卓越的市场业绩和独特的管理能力站到金字塔的顶端，获得考官的青睐。

（3）人精我新

各大院校的 MBA 面试考官，通常由大学教授、企业高管或 HR 专家组成，征服阅人无数的考官并非易事。在人才济济的 MBA 面试考场上，如果我们能够展示自身独一无二的特点或创新，就有可能获得考官的额外关注，这就是"人精我新"的意义。我们同样看看真实的案例：

·戊同学，职位为安防、大数据、AI智能和机器视觉等领域的高新技术企业的市场部副总裁，鲜明的个性为创业开疆拓土增色不少。

·己同学，在泰国工程建设领域奋斗的跨国创业者，与泰国、日本、韩国等强劲对手同台竞技，极富挑战精神。

5G和AI行业是当今世界关注度最高的热点领域之一，戊同学作为市场部副总裁带领公司迈入全球前五的行列，非常令人瞩目。己同学不仅是一位独特的跨国创业者，还在疫情之下将业务继续向东南亚国家拓展，特别的经历自然容易引起考官的特别关注。

2. 提取方法

把握了识别亮点的原则之后，我们将从教育背景、所属行业、工作平台、核心职能、成长速度、转型机遇以及其他优势等方面为大家详细介绍亮点提取的方法。

（1）教育背景

我的大学

·虽然说英雄不问出处，但各大院校尤其是知名院校选拔MBA考生的时候还是更加倾向于"985工程高校""211工程高校""双一流建设高校"等院校毕业的学生，所以本科院校自然是我们的亮点之一。

·还有一些高校以某个专业领域的领先地位见长，例如重庆大学的土木工程专业，山西大学的科学技术哲学专业，西北工业大学的空间飞行器设计专业以及北京师范大学的心理学专业等，如果你的本科院校或院系具有专业领先优势，也值得引以为豪。

·如果你在国外知名高校接受本科教育，这段经历能为教育背景锦上添花，但是在目前留学非常普遍的社会背景下也并非万能，学有所成和专业匹配反而更重要。

·如果你是专科和非全日制本科背景，在强手如林的情况下存在一定的劣势，只有依靠其他方面的亮点来淡化弱点。

专业特色

·如果你本科就读于基地班、双语班等，或者取得双学位，这无疑是教育背景的亮点之一。

·部分同学在本科期间就有目的地就读双学位、培养复合型的知识体系，如果学习的是技术+管理、金融+法律等带有相互补充或支撑性质的双学位，则更会为教育背景加分。

·在专业方面，将所学专业学以致用是最理想的状态，尤其是专业技术水平拔尖的企业管理者，更符合 MBA 项目的培养标准。

·现实生活中，所学专业与从事工作不匹配也很常见，在这种情况下，我们一方面要为换专业或转行给予合理的解释，另一方面可将自己跨专业所展示出来的学习能力和挑战精神等特质作为亮点。

其他亮点

·优秀的外语水平：通过英语六级、专业四级、专业八级，优秀的雅思、托福成绩等。

·出色的科研能力：熟悉本学科的前沿动态和发展趋势，参与过本学科的科研项目、咨询项目或案例撰写，曾经发表学术论文并被 SCI、SSCI、CSSCI 等收录。

·特殊的学习经历：有海外交换学习的经历，获得过海外院校相关证书，提前毕业，GPA 排名在年级名列前茅，参与过重大工程管理、项目管理等。

·获得的荣誉奖励：曾经获得省级优秀毕业生、甲等奖学金、校级优秀三好学生等，或者担任学生会主席、社团创始人、大学校友会负责人等。

（2）所属行业

我们从事的行业虽然不是个人综合素质的决定性因素，但行业为个人提供的成长机遇和事业平台也是非常重要的因素。好的行业当之无愧成为我们的亮点，例如：

·政策支持与导向行业：农业资源环境可持续发展、智慧农业、集成电路、高端通用芯片、云计算与大数据、智能绿色制造、清洁能源等。

·资本集中流向行业：医疗健康、绿色生态、新能源、生鲜电商等。

·需求快速增长行业：互联网服务、生物医药、健康护理、保健食品等。

其他的行业亮点还有：

·海外已启动或已有成熟商业模式但国内刚起步的行业。

·支撑要素或社会观念已成熟、未来潜力巨大的行业。

·基础理论或技术有重大突破、即将迎来广泛创新与应用的行业。

·成为学术或舆论热点的行业等。

（3）工作平台

MBA 考生以企业管理人员为主，也不乏律师、会计师等专业人士和政府部门人员。良好的工作平台是我们专业价值的体现，更能为我们的职业现状和未来潜力背书，那么什么样的工作平台能够称为亮点呢？

·拥有快速增长率和较高的市场占有率的企业，例如备受资本青睐的独角兽企业。

·核心竞争能力突出，拥有独一无二的核心技术、产品或商业模式的企业。

·母公司或集团实力雄厚，例如世界 500 强、外资大型企业、主板上市公司。

其他的平台优势还有：

·投资方或合作方拥有特殊的背景与资源。

·清晰的组织结构和公司治理。

·优秀、独具特色的企业文化。

·卓越、稳定的管理团队。

·一把手的能力与魅力。

·优秀的人员管理水平与薪酬体系。

·我们任职的企业如果有领军地位、独角兽潜质、500 强光环等加持，自然是我们职业生涯的亮点。

·对于非知名企业的考生来说，稳健的发展战略、健全的管理架构、独特的企业文化、卓越的领导人物等，同样能为我们加分。

·对于处在创业初期的企业成员来说，不用担心企业规模、行业地位等方面不够引人注目，突出初创企业"小而美"的定位，强调企业的成长速度和未来潜力，也是良好的亮点展示策略。

·对于任职于非企业工作单位的同学来说，政府公务人员可以突出了解企业需求、提高行政管理和社会服务水平的特色，律师可以强调培养战略思维、探索律师事务所管理创新的远见，会计师也可以表达系统学习管理知识、增强财务分析对管理决策的支持等。

（4）核心职能

核心职能是指考生在工作平台中处于核心位置或关键职能，突出工作重要性或者成绩显著性方面的亮点。核心职能的亮点通常体现在：

·工作内容具有特殊性和价值性，例如创业企业创始人、关键技术负责人等。

·位居组织结构的高层或核心职位，例如董事长、CEO、CTO、CFO 等。

·任职岗位是企业价值链的关键环节，例如技术研发、供应链管理等。

·曾经带领团队攻克关键问题、管理重大项目、获得显著成绩，例如申报核心技术专利、担任年度攻坚任务项目经理、荣获国家科技进步奖等。

·任职部门是企业高层的培养基地，入选企业后备人才梯队。

·职业发展规划与报考院校、项目或钻研方向高度匹配等。

（5）成长速度

作为工作年限不长或者当前职位不高的年轻同学，成长速度是展示亮点的恰当切入点。通过自身与同龄人、同期入职同事、同班同学、同岗位任职者等的横向比较，突出自身的优势，具体体现在：

·业绩突出，例如连续三年成为公司销售团队的销售冠军。

·职位晋升快，例如是公司中层管理者中唯一的90后。

·薪酬水平较高，例如基金经理年度工资性和投资性收入达到300万。

·管理团队规模，例如担任团队人数500人、项目产值18亿元的项目经理。

·权责重大，例如掌管企业王牌产品的保密配方。

·获得过含金量极高的奖项或荣誉，例如全国劳动模范、世界500强企业总裁特别奖等。

（6）转型机遇

转型机遇是指自身所处的环境或节点位于转型或突破的关键时期。从外部因素来看，这种机遇包括：

·企业成长，例如初创型高科技企业研发的全球首台原型机面世。

·业务变化，例如房地产开发企业向医疗大健康领域进行多元化转型。

·组织结构调整，例如互联网企业从业务系统制向事业群制转型。

·领导期望或承诺，例如成为企业总经理后备梯队头号人选。

从内部因素来看，这种机遇也体现在个人的转型或突破：

·管理知识体系重塑，例如从技术部门总监晋升为分管技术研发的副总经理。

·战略视野和管理能力提升，例如从业务公司总经理升任集团副总经理。

·职业发展需要，例如将创业企业从地方型拓展为区域型乃至全国型。

（7）其他优势

由于每位同学的成长经历和职业发展千差万别，所以亮点提取的任务需要大家按照"人无我有，人有我精，人精我新"的原则深入挖掘。除了上述六点之外，常见的亮点还可能有：

·拥有丰富的海外留学和工作经历，例如常青藤高校学习经历。

·考取了含金量较高的职业资格证书，例如同时拥有国家法律职业资格证书和注册会计师证书。

·对行业具有独特的视野与深刻的理解，例如曾经著书立说或文章被《人民日报》转载。

·具有连续创业经历，或者创业项目获得知名资本投资。

·优秀的家庭或社会资源背景。

·曾经召集、组织过极具影响力的社会活动，例如社会活动入选"年度十大优秀公益活动"，个人担任联合国推广大使等。

·能够体现考生特质的重大业绩、特殊成就或影响力，例如获得全国大学生运动会冠军、攀登珠穆朗玛峰或拍摄视频播放量破亿等。

二、材料撰写

1. 三重境界

MBA 面试申请材料是我们与报考院校的第一接触点，影响着考官对我们的第一印象，甚至决定我们是否能够获得提前面试的机会，再怎么强调其重要性都不为过。申请材料中通常需要填写客观信息和主观论述两类内容。我们如果像小学生做作业一样依次填满空格，是难以写出一份精彩的申请材料的。下面我们分别从境界、建议和策略的角度为大家梳理材料撰写的要点。

"三重境界"是指我们的申请材料通过认真准备和撰写，依次达到真实可靠、简洁清晰、赏心悦目的三重境界。

（1）真实可靠

北京大学光华管理学院、中国人民大学商学院、浙江大学管理学院等 MBA 项目的申请表都在醒目位置提醒考生确保面试材料的真实性，无论在材料审核、面试或录取阶段，院校都会持续进行材料真伪性审核。如果发现考生提交的申请材料中存在诚信问题，考生将被取消面试资格乃至入学资格。弄虚作假行为经查证后还有可能被通报给报考院校的合作院校。

诚信不仅是 MBA 项目选拔考生的标准，更是企业管理者必备的职业道德之一，因此我们在准备和撰写材料时最需要遵守的原则就是真实可靠。我们凭借坦诚的态度、自信的精神和诚信的准则完成申请材料，即使存在因缺陷、劣势和不足而被淘汰的风险，但与弄虚作假可能导致的严重后果相比，诚信是理性而安全的选择。

同学们会问，难道我们在申请材料中需要将所有事实和盘托出吗？我国教育家、文学家季羡林先生曾经说过一句话"假话全不说，真话不全说"，这句话就是我们撰写材料最好的参考。不说假话、诚信做人是我们的立足之本，但真话也不是事无巨细都需要全部展示，而是围绕撰写申请材料、充分展示优势的目标，科学地筛选、恰当地呈现、艺术地表达。

【案例】在一次面试辅导中，一位同学被提问，为什么选择中医药作为本科专业？

【解析】这位同学坦诚地告知，他小时候体弱多病，常年泡在中药罐里长大，对中药很熟悉也很依赖，因此成年后将其作为学习专业。如此回答的确真实，但是该信息并没有任何价值。

经过与同学的深入沟通，将真实的选择原因梳理为"从小依靠中药调理身体→感受到中医药的魅力→对中医药非常熟悉→希望将中医药发扬光大"，这种思路使选择专业的背景和因果关系更加清晰，真实地反映了同学的心路历程，为其后续从事中医药企业管理提供了支持，也升华了弘扬中医药文化的情感和境界。

（2）简洁清晰

简洁清晰的要求需要我们的材料撰写做到字数适宜、表达清晰、深入浅出。

字数适宜

字数适宜的要求与申请材料在线提交系统有关。众多院校都是通过在线报名系统填写申请材料，对于每个栏目或问题都有明确的字数要求。很多同学在撰写材料尤其是主观论述题部分希望尽可能多地传递信息，字数限制 300 或 500 字符而回答超过 1 000 字的案例不在少数。如果字数超出，院校下载并打印申请材料时就会出现信息未能完整展示的问题，反而影响回答的完整性。

既然字数有限，我们必然面临选择和取舍，因此更加证实了不能事无巨细和盘托出的观点。我们应当选择时间较近、与当前事业和未来规划匹配度高、最能反映自身优势的素材填入材料。例如已经毕业 10 年的企业中层管理者，在介绍自己的工作与学习经历时，就大可不必详细讲述本科期间认真学习、参加运动会、担任班干部等内容，而是以工作职责与成就、未来规划与报考动机等为重。

表达清晰

MBA 申请材料尤其是知名高校的提前面试材料，对主观论述题设置了较高的权重，同时又严格限定了答题字数。这种情况下，我们同样需要运用结构化的思维准确、高效、清晰地回答。以北大光华 MBA 连续数年出现的主观题为例，题目是"请结合你自身的经历谈一下，对你人生影响最大的一句话或一个人？"这道题按照"总—分—总"的答题结构呈现如下：

【总起】 简要铺垫之后开门见山回答问题，对我的人生影响最大的一个人是谁。

【论述】

（示例1）这个人对我的人生产生三方面的影响，一是改变了我的人生观……二是启发我做出职业选择……三是给予我系统学习的机会……

（示例2）这个人之所以影响了我的人生，是因为他是我职业生涯的领路人……他是我创业时期的教练……他是我运作创新项目的导师……

（示例3）某某是我人生旅途的贵人，深深地影响了我。她的人生经历极为丰富……她招聘了我，为我提供事业舞台……她不仅指导我的工作，还关心我的未来……

【总结】 现在和未来，我与他/她的关系……

（示例1）我非常庆幸人生中遇到这样一位领导和良师益友。

（示例2）他永远是全行业的旗帜，也是我的人生导师。

（示例3）未来我选择了一条布满荆棘的创业之路，但×××赋予我的精神力量会鼓舞我笃定前行。

深入浅出

来自各行各业的考生们往往是各个专业领域的骨干或专家，在与撰写材料以及与MBA考官交谈的时候，需要做到深入浅出，在观点、主题或专业上意义深刻，但在语言表达上却浅显易懂。对于从事专业技术工作的同学尤其需要注意，避免在申请材料或面试过程中使用生涩、冷僻的专业术语、缩略语或英文缩写。

能够将深奥的内容讲得生动明了，恰恰是我们专业水平和表达能力极高的体现。我们以光刻机的技术原理为例，为大家展示一个深入浅出的生动案例：

【案例】 "光刻机使用波长短的极紫外光，需要顶级的镜头和光源以及极致的机械精度。光刻机里有两个同步运动的工件台，一个载底片，一个载胶片。两者需始终同步，误差在2纳米以下。两个工作台由静到动，加速度跟导弹发射差不多。"这段话在技术角度是毫无问题的，但是对于MBA考官和企业高管来说，即使能够理解字面意思，但对于光刻机技术的复杂难度也没有直观的感受。

【示范】 微电子装备领域的专家贺荣明将这种技术难度转化为生活中的场景，"光刻机的技术难度相当于两架大飞机从起飞到降落，始终齐头并进。一架飞机上伸出一把刀，在另一架飞机的米粒上刻字，还不能刻坏了。而且温湿度和空气压力变化会影响对焦。"这样的描述令人印象深刻，同时也让考官深刻理解了光刻机技术研发的难度。

（3）赏心悦目

我们的申请材料能够做到真实可靠和简洁清晰已经达到良好水平，但是在审核海量申请材料的时候，没有人会拒绝一份文采飞扬、内容精彩的佳作。评审材料的老师固然看重考生硬件，但往往也具有感性的一面，优美的文字、精彩的故事、饱满的情感，也为我们的材料增色不少。因此，在我们能力范围之内，建议大家尽量提高申请材料尤其是主观题的写作水平，为考官带来如沐春风的感受。例如下面两个版本的兴趣爱好介绍，就会给人留下截然不同的印象：

> 【版本一】我最大的爱好是潜水，拥有国际专业潜水教练协会认证的潜水执照。已在 6 个国家、13 个海域潜水，累计使用超过 110 个气瓶。
>
> 【版本二】我是个极限运动爱好者，曾经攀登世界屋脊欣赏日照金山，也曾经自驾车辆穿越茫茫荒漠，但我最热爱的却是潜水，不仅拥有国际专业潜水教练协会认证的潜水执照，而且在 6 个国家、13 个海域累计使用超过 110 个气瓶，一次次深入海底探索世界，体验全身心融入自然的自由。

2. 四组建议

（1）超越自我

撰写材料的过程也是回顾过往、提炼总结的过程，我们对材料内容的把握需要超越当前的年龄，通过对现状的反思和对未来的期望，使材料的品质超越当前的简要描述。此外，我们在撰写材料的时候，应当避免过分聚焦于当前的工作职责，例如言必谈自己今年的业绩指标，三句不忘提及升职加薪的目标等，而是应当超越当前的职级限制讲述未来的职业规划，超越当前的状态描绘未来的潜力。

（2）不卑不亢

申请材料的语气措辞能够反映我们的态度，不卑不亢在材料撰写中最为恰当。不卑是指自信大方，不要过于谦卑，避免将自己描述得一无是处，例如堂堂公司创始人、业务发展如火如荼，却认为自己管理能力不行、没有战略眼光、综合素质很低……不亢是指避免使用绝对化的语言，过分夸大自己的优势，例如我有极强的逻辑分析能力，或者我们公司三分之一的业绩都靠我拿下……

（3）优势叠加

之前我们曾经说过，每个人的亮点可以来自教育背景、所属行业、工作平台、核心职能、成长速度、转型机遇等方面，如果我们在材料中能够亮点纷呈、优势叠加，就有可能给老师留下良好的第一印象，然后通过亮点信息的不断强化，巩固这种印象。

（4）避免挖坑

避免挖坑是指在撰写材料的时候，对于不确定或者没把握的信息慎重填写，避免因准备不充分或内容禁不起推敲而遭受质疑，给自己挖坑。撰写材料过程中可能存在的坑有：

·没有周全思考却轻言创业计划，可能被深入询问商业模式、产品定位、团队组建、运营管理等细节。

·对未来的职业规划缺乏系统思考却随意设定晋升目标，可能被追问目标实现的路径和可能性。

·将自己投资却未实际参与运营的项目列入创业信息，可能被深挖业绩指标、团队激励、运营困境等问题。

·没有真实业绩支撑，夸大或歪曲了创业企业经营情况，可能在利润率、成本结构、利益分配、税务筹划等方面被提问。

3. 客观题攻略

（1）基本信息

·附加资料：尽可能提供丰富的、有价值的材料证明自己的素质和能力，例如GMAT成绩、全国劳模荣誉证书、高级工程师证书等。

·创业证明：创业者需要提供营业执照、股权证明、任命文件等能够证明创业者身份的材料，代持协议、隐形股东等不适合作为创业证明。

·个人照片：上传的彩照符合图片大小和颜色要求，精神面貌好，头发不遮挡，女士淡妆，着装和配色属于商务风格，避免照片过于久远，忌用生活照头像截图、忌美颜过度和自拍，避免本人与照片差距过大。

·复印资料：复印件整齐美观是最基本的素质要求，忌东歪西倒、纸张大小随意、印刷效果不好、关键信息不清晰、公章模糊等。

·组织结构图：提交的组织结构图需要排版整齐，字体均匀，边框、文字和底纹不要反差过小，避免灰度打印下识别不清。

· 信息栏目：申请表的每一个栏目都有信息收集的目标，建议尽量根据实际情况填写，大面积的空白可能给人感觉经历过于简单或者重视程度不足。

· 教育背景：学历学位信息如实填写，可以巧用备注充分展示，例如平均成绩、公开发表文章、获得奖学金、担任学生会主席以及成绩排名等。

（2）企业介绍

企业介绍是工作平台的概况，虽然很多企业都有现成的企业概况文稿，但官方网站展示的内容和 MBA 面试的重心是不完全相同的，因此基于官方版本的修改是必要的。如果企业没有官方介绍，自行撰写的时候需要注意避免内容空泛、素材难以证明以及可能被证伪等现象。例如：

· ××企业致力于服务社会、为祖国富强做出积极贡献……

· 本公司的业务覆盖全行业 80% 的客户……

· 公司客户遍布全球每一个角落……

撰写企业介绍时，注意文字简要精炼，运用客观数据作为依据，对业务和绩效的描述准确具体，突出业务规模、行业地位、核心竞争力、研发创新和社会责任等重点内容。下面是某知名口腔护理企业的两版介绍：

【版本一】×××有限公司——数据显示，中国口腔护理市场容量超过 5 000 亿人民币，有巨大的市场潜力，从目前到 2020 年，×××公司将在口腔护理领域深度细分市场，多元化发展牙膏、牙刷、漱口水、牙线产品线，开发高值产品，并结合电商营销策略推动企业在大中华地区的发展。

【版本二】×××公司于 20 世纪 90 年代从中国市场起步，目标坚定地锁定口腔护理产品，建立了工厂、研发中心、创新中心及数个销售公司，将单一的口腔护理产品做到了年销售额 30 亿人民币的规模，树立了全球日化企业品牌战略的标杆。××××公司坚持关爱健康、回报社会的价值观，将口腔健康提升到关乎人类生活未来的高度。未来公司将深度细分口腔护理市场，为中国及全球顾客奉献"最美的微笑、最好的未来"。

（3）工作职责

撰写工作职责时，同学们最容易出现的问题就是内容空泛、职责描述未能展示价值、职责繁杂琐碎等。举例来说，一位担任集团下属子公司总经理的同学这样描述工作职责：

【版本一】

　　·主持公司全面工作，负责完成总部下达的经营指标，贯彻执行集团公司的方针政策及规章制度。

　　·拟定本子公司的发展规划和年度经营计划并负责推进实施，建立精简、高效的管理体系。

　　·培养核心管理团队，营造良好的企业文化氛围，加强员工队伍建设。

　　这样的职责描述条理清晰、完全没错，但是没错不等于优秀。上述内容不仅是这位考生的职责，也是天下所有子公司总经理的职责，那么如何从工作职责上体现自身亮点、突出与众不同呢？我们再来看对照的版本二：

【版本二】

　　·代表集团公司筹建×××公司，探索基于工业互联网的创新模式，开拓"工业云"新业态。

　　·根据集团战略制定公司发展规划和年度经营计划，组建和培养高效能的学习型团队。

　　·结合子公司地方政府政策导向和市场需求，整合各方资源，组建产业联盟。

　　版本二实事求是地描述了这位同学的真实工作内容，不同之处在于突出了代表集团公司在新市场二次创业的经历，强调了子公司模式创新和工业云新业态的亮点，概括性地提出子公司总经理"定战略、搭班子、带队伍"的职能，还表达了这位同学对接政府、整合资源、牵头建立产业联盟等特色。因此，工作职责部分除了如实描述之外，更重要的是结合行业和企业的特色，突出自己在创新、转型升级、技术研发、优化管理、整合资源等方面的独特价值。

　　（4）创业信息

　　部分知名高校的申请材料中设置了创业信息专栏，体现了名校青睐创业者的偏好。如果在介绍创业项目时将企业介绍简单粗暴地复制一次，就失去了展示创业者特色的大好机会。两处企业介绍可以各有侧重，充分展示不同的亮点：企业介绍部分全面展示发展概况、业务范围、市场定位、运营特点、经营业绩和未来前景等；创业项目部分则偏重创业背景、创始团队、创业故事、重要转折等。下方是两个版本的创业项目介绍：

【版本一】×××有限公司主营业务为连锁咖啡店经营，定位于高档写字楼内的办公人群，为写字楼提供配套的高品质咖啡饮品及商务交流空间。×××公司目前有一家门店，位于某超甲级商务写字楼内。门店开业后一年达到盈亏平衡点。最近一年的营业额为人民币100万。公司目前仍在摸索及不断完善阶段，在经营模式、标准化制定、产品品质、成本控制、营销推广更完善后，将进行门店扩张，成为高品质的写字楼连锁咖啡店。

【版本二】×××有限公司是一家以线下咖啡体验馆运营与线上咖啡豆和咖啡器具销售为主业的创业公司，由三名热爱咖啡的创业伙伴联合发起。公司甄选供应高品质咖啡豆与烘焙技艺的长期合作伙伴，选择都市白领商务人群为目标市场，在超甲级商务写字楼建立咖啡体验馆，提供咖啡、茶饮与糕点等轻食，为入驻公司提供会议茶歇上门服务，还会不定期举行咖啡主题沙龙，促进线上线下渠道互通。门店开业一年即达到盈亏平衡，年营业额为人民币100万。公司当前仍在推动经营模式、业务流程、品质与成本控制等的持续改进，为未来的连锁化运营奠定基础。

（5）社会活动

虽然申请材料以我们的职业发展为主线，但社会活动是丰富生活场景的素材，也是体现社会价值、推动社会进步的佐证，建议大家选择最能够展现自身特色的活动认真填写。社会活动介绍不仅需要讲述活动缘起和目的，而且需要简述活动过程和代表性事件，最后总结活动结果、升华活动的价值与意义。

可以纳入社会活动范围的有高水平的行业高峰论坛、具备社会影响力的专业会议、代表企业或个人捐资助学、帮扶社会弱势群体、发挥专业特长举行公益讲座以及参加有意义的兴趣俱乐部等。值得注意的是，近年来地震、洪水等自然灾害频发，抗震救灾固然是很好的社会活动素材，但最好能够体现出发挥专长帮助地方重建、对震后群众提供心理支援等特色，而不是千篇一律地捐钱捐物。我们提供两则社会活动的描述作为参考：

【示范一】在国家倡导"大众创业、万众创新"的背景下，许多创业企业亟需设计股权架构、控制风险以及处理法律纠纷等法律支援。作为民商法领域的资深律师，我深刻地意识到这一点。我与所在社区商量后决定发挥专业特长，为数百家中小企业的管理层举办企业法律风险控制的公益讲座。讲座内容涵盖股权架构设计、全面风险控制以及常见法律纠纷应对等，吸引了企业代表们积极参与和踊跃提问。学员们表示，这次公益讲座为他们提供了亟需的法律知识，增强了法律意识和素养，非常有意义。

【示范二】2008年汶川地震后，我们公司于地震重灾区××镇援建了××中学并持续关注学校发展和学生成长。2019年，我作为公司支援项目负责人为××中学的毕业生举行了"职业生涯辅导计划"，招募公司员工担当志愿者，为已经考入大学的学子们进行职业生涯的咨询与辅导。在优秀志愿者们的帮助下，××中学的毕业生或者前往贫困地区担任支教教师，或者在学校组织志愿者活动，或者进入知名企业实习和工作，为我们坚持这项活动增添了动力。

（6）职业规划

未来的职业规划既是申请材料的重点与难点，又是MBA面试中的高频问题，同学们经常被问及未来3至5年乃至10年会有什么样的发展愿景与计划。我们在撰写职业规划时应符合如下要点：

·目标远大：职业发展目标尤其是中长期目标需要体现出一定的高度，让考官看到我们的远大志向，体现晋升到更高管理层级的职业素养和发展潜力。

·规划合理：我们在讲述远大志向的同时，需要兼顾规划的合理性，即根据自身所处的企业的性质、发展阶段、选拔方式、当前职位等进行合理设计，避免出现"现任区域分公司销售主管计划在5年内晋升为全球CEO"这样的理想设想。

·路径清晰：有了合理的规划之后，我们的职业发展还需要清晰的路径，体现为发展思路与步骤的具体化，例如区域分公司销售主管计划在3至5年内晋升为部门经理，在10年内努力成长为区域分管销售的副总经理等。

在撰写职业发展规划时，我们可以从四个定位着手

·方向定位：未来的发展方向是从政、从商，还是成为专业技术人才；从商是做职业经理人，还是做创业者；成为专业技术人才是走技术专家路线，还是走复合型技术管理者路线。

·行业定位：未来计划从事什么行业？是继续当前所从事的行业，还是借助学习深造的机会转行？转行目标是金融、互联网、新零售还是智能制造等。

·职能定位：未来计划从事哪种职能？是继续当前所从事的职能，还是转入营销、HR、财务、运营或技术研发等。

·管理定位：未来希望成为企业高层管理者、技术或业务管理还是做执行工作？

我们能够准确回答与三个要点及四个定位相关的问题，就能够清晰又翔实地阐述自己的职业发展规划。但是无论规划如何设计，我们都需要根据自身的性格、能力、资源、经历及发展抱负进行综合定位。

4. 主观题攻略

(1) 主观题特征

与客观题相比，申请材料中的主观题撰写难度相对较大，我们以北京大学光华管理学院 MBA 项目近年的主观题为例（见表 7-1）：

表 7-1　北京大学光华管理学院 MBA 项目近年主观题汇总

申请年份	题目	要求	所属模块
2018	1. 什么原因促使您决定要读 MBA？这与您的职业愿景有何关联	—	报考动机
	2. 请从以下 3 个问题中选择 1 个回答，请在回答前标注清楚选择问题的题号。 (1) 您有什么兴趣爱好，您为什么喜欢并坚持了这项爱好？ (2) 你最近阅读的一本书是什么？您从中学习并收获了什么？ (3) 您会选择哪五个关键词来描述自己	不超过 300 字，第 3 题不超过 20 字	兴趣爱好 阅读感悟 自我认知
	3. 请从以下 4 个问题中选择 2 个回答，请在回答前标注清楚选择问题的题号。 (1) 请描述您建立或者发展团队，并使之表现超出预期的经历。 (2) 请描述您在所在组织中产生长久影响的经历。 (3) 请描述您从他人的思想或行为中获得支持的经历。 (4) 请描述您的职业生涯中印象最深的经历	请根据最近 3～5 年的经历回答，包括您做了什么、怎样做的、结果如何……每题 200～300 字，20 行以内	团队建设 组织影响 获得支持 独特经历
	4. 您遇到职业道德困境时怎样面对和解决？请用具体事例说明	300～400 字	道德困境
	5. 请阐述一下您最近一次的职业选择	400～600 字	职业选择
	6. 请补充可以帮助招生录取委员会更好地了解你的信息	选答，300 字内	补充信息
2019	1. 请回顾一下您之前的人生经历（工作和生活）	400～600 字	人生经历
	2. 人生的路上有无数的选择，正是一次又一次的选择成就了现在的您，请您谈一谈对您影响最大的一次选择	不超过 600 字	重大选择
	3. 北大老校长蔡元培先生"循思想自由原则，取兼容并包主义"，影响了数代北大人。请结合您自身的经历谈一下，对您人生影响最大的一句话或一个人	不超过 600 字	影响最大的一句话或一个人
2020	1. 春秋数载，你已从一名青涩少年成长为职场精英，之前的简历就是这一蜕变的见证。然而，化蝶虽美，但蜕变过程必定更加多彩，请简述你的工作与学习经历，以便我们了解更优秀的你	不超过 600 字	人生经历
	2. 人生的道路上不可能一帆风顺，请描述一件你帮助他人的事情和一件你得到他人帮助的事情，并分别谈谈你的感受	不超过 600 字	给予和获得帮助
	3. 北大老校长蔡元培先生"循思想自由原则，取兼容并包主义"，影响了数代北大人。请结合你自身的经历谈一下，对你人生影响最大的一句话或一个人	不超过 600 字	影响最大的一句话或一个人
	4. 请谈一谈你下一步的职业发展规划？你认为光华 MBA 对你的规划能带来什么帮助	不超过 600 字	职业规划报考动机
	5. 请补充可以帮助招生录取委员会更好地了解你的信息	选答，300 字内	补充信息
2021	所有主观题的内容和要求与 2020 年保持一致	—	—

表7-1（续）

申请年份	题目	要求	所属模块
2022	1. 从初出茅庐的少年成长为职场精英，这一过程想必精彩。请你简单讲述自己的学习与工作经历（例如：特别经历、转折节点和其他故事），期待你的讲述，让我们更加了解你	中文不超过 600 字，英文不超过 2 500 字符，20 行以内	人生经历特别之处
	2. 请介绍一下你接下来职业发展规划（包括周期、规划、目标等等）。你认为光华 MBA 在你的职业发展中扮演着怎样的角色？从批判性角度来看，你将分别付出和收获什么	中文不超过 600 字，英文不超过 2 500 字符，20 行以内	职业规划报考动机付出收获
	3. 在新型冠状病毒感染疫情（简称"疫情"）中度过的这几年，我们被动或主动地遭遇、适应、改变着自己。在你看来，疫情给你带来的最大挑战是什么？你是如何应对的？在这个过程中，你印象最深刻的事件是什么，你是如何理解并解读它的	中文不超过 600 字，英文不超过 2 500 字符，20 行以内	疫情影响应对挑战
	4. 如果有机会邀请任何一个人物与你共进晚餐（此人可真实可虚拟），你将邀请谁？为什么邀请他？你期待从这次晚餐中收获什么？请简单描述你想象的画面	中文不超过 600 字，英文不超过 2 500 字符，20 行以内	价值判断想象力和创造力
2023	1. 时光在不经意间流转，成长在每时每刻发生。请简单讲述自己的学习与工作经历（例如：特别经历、转折节点和其他故事）来展示你的亮点与特色，让我们看到一个立体而真实的你	中文不超过 600 字，英文不超过 2 500 字符，20 行以内	人生经历特别之处亮点特色
	2. 在过去的三年中，我们都在主动或者被动地改变着。你的职业发展是否受到了影响？与过去告别，你又将如何规划未来 5～10 年的职业发展目标与路径？从个人成长角度而言，你认为光华 MBA 将扮演怎样的角色？你计划从中收获或者付出什么	中文不超过 600 字，英文不超过 2 500 字符，20 行以内	疫情后影响职业规划报考动机付出收获
	3. 每个人都是多面的，同时，也没有人是绝对完美的。那么，你认为自己目前最大的缺点是什么？审视自我，你认为这个缺点形成的根本原因是什么？你认为自己是否需要克服这个缺点？如果是的话，你将如何做到	中文不超过 600 字，英文不超过 2 500 字符，20 行以内	自我认知优缺点分析
	4. 古今中外人类对超能力的想象从未停止，这种想象都通过各种文学艺术乃至更广泛的形式贯穿在人类的文明历史当中。假如你可以拥有某一种超能力，你希望会是什么？为什么	中文不超过 600 字，英文不超过 2 500 字符，20 行以内	价值判断想象力和创造力

对比近年主观题的变化，我们可以发现：

·实行提前面试的院校通过主观题的回答深入了解考生，题目经历了初期的探索日益趋于稳定，但变化仍然可能发生。

·对于人生经历、职业选择等宏大话题，仅有 600 字展示空间，非常考验大家取舍素材、化繁为简、提炼精华的能力。

·考查内容广泛全面，如价值观、道德标准、经历、能力、选择、职业规划、兴趣爱好等，但人生经历与事业发展仍是主线。

·每道题目都有设计的用意，每次回答都有展示的机会，因此我们对于主观题应高度重视，认真选择最能展示自身独特经历和优势的素材，精心组织和撰写并反复修改润色，从结构、内容到文字都以最好的状态呈现在考官面前。

·对于补充信息类型的题目，避免空白，我们可以选择申请材料的客观题和特定主观题未能展示或充分表达的内容，例如自己认为有意义的事情、故事、经历或者感受等，帮助老师更加全面地了解真实的你。

（2）主观题范文

春秋数载，你已从一名青涩少年成长为职场精英，之前的简历就是这一蜕变的见证。然而，化蝶虽美，但蜕变过程必定更加多彩，请简述你的工作与学习经历，以便我们了解更优秀的你。

【范文一】时间主线式

在人生的 30 年里，每个阶段的经历都留下了深刻的烙印，塑造了一个热爱学习、自立自强、追求卓越的我。

从高中开始，我就树立了博学多闻的目标，下定决心终身学习……

高中毕业后，我漂洋过海，独自来到美国接受高等教育。异国他乡的奋斗历程磨炼了我的意志，也让我拥有了高效学习的能力和深入实践的精神……

回国后，我迅速调整身心状态，物色工作，很快就获得多家央企的 offer，其中就有××集团的引进邀请。××集团旗下××公司全新的 B2B 行业和宏伟的公司愿景深深打动了我，激发了我不甘平庸、追求卓越的雄心……

未来，我对公司的发展前景和个人的成长空间充满了信心……

【范文二】价值观主线式

春秋易逝、匠心不移，持续的奋斗让我日益优秀。我叫××，现任××公司副总经理。在求学工作的历程中，"不甘平庸，心向不凡"是我的信条。2005 年，我以卓越的成绩考入国家重点××××大学……2009 年，我成为本专业唯一提前获得世界 500 强企业 offer 的毕业生……2011 年，我在社会招聘中脱颖而出，进入重点骨干央企××集团……

在职场道路上的成长蜕变中，我始终坚守"持续创造价值"的标准，努力提升核心竞争力。2015 年，我的工作业绩连续三季度排名集团第一……2018 年，我带领团队用时 8 个月就完成了××项目……未来我将带领××公司共同面对新时代的机遇与挑战，实现自我价值、引领行业创新、带领企业持久领跑。

北大老校长蔡元培先生"循思想自由原则，取兼容并包主义"，影响了数代北大人。请结合你自身的经历谈一下，对你人生影响最大的一句话或一个人？

【范文一】人物主题

王石先生是万科地产的创始人，也是对我的事业与人生影响最大的人。进入万科之后，我阅读了他的自传《大道当然》，还因工作关系与他有了数次接触，重新认识了不一样的王总……

王总是带领万科不断超越、持续领跑的精神领袖，他用行动践行了"无限风光在险峰"。在工作方面……在梦想方面……在态度方面……在生活方面……

王总的引领和教导铸就了我的职业价值观，让我在奋斗的道路上越走越宽、人脉越交越广。王总是所有万科人心目中最高的山，他的为人处世、坚定梦想和挑战精神成为每个万科奋斗者的精神支柱和动力源泉，我们会在他的感召之下勇敢攀登，领略绝顶风光的无限美好。

【范文二】名言主题

"轻财足以聚人，律己足以服人，量宽足以得人，身先足以率人"这句话出自明代先贤，却被华人企业家李嘉诚发扬光大。大学时从李嘉诚传记中读到的这句话，是对他亲身经历的完美诠释，也对我的人生产生了举足轻重的影响。

这句话让我明白做人的道理，仗义疏财把人聚拢，严于律己使人敬服。2010年，我……

这句话还让我学会领导之道，宽宏大量能够赢得人心，率先垂范能够领导众人。走上领导岗位后，我……

未来的路还很长，无论在我提高为人处世的能力方面，还是总结领导团队的心得方面，这句话都会成为指南针引导我一路前行。

请谈一谈你下一步的职业发展规划？你认为光华 MBA 对你的规划能带来什么帮助？

【范文一】创业者规划

我的职业发展规划是在 3 至 5 年内带领公司逐步实现"135 目标"。

"1"是指将×××项目全流程服务做到"全国一盘棋"。我对公司的业务布局是……

"3"是指可行性调研、项目管理和专项培训三条业务主线同步发展……

"5"是指把公司打造成为具备××××、××××、××××、××××以及××××五大专业能力的咨询集团……

我期待通过北大光华 MBA 的学习推动上述目标的达成。在北大光华，我可以了解先进的企业发展理念，打破认知局限性；把握国内外经济发展态势和商业创新模式，拓展金融服务思路，提升公司在流程优化、资源整合、模式创新等方面的综合能力；提高公司管理水平，走规范化、专业化和流程化的道路……

【范文二】职业经理人规划

在××公司经历了巩固基础、开阔眼界的成长之后，我制定了清晰又坚定的职业发展规划。未来 5 年，我将努力成为××公司高管，领导团队实现管理××××的目标，将××品牌做精做深；未来 10 年，我要成为知名的××管理专家，营造全面的行业生态，服务于客户与民生社会……

为了实现职业发展规划，就读北大光华 MBA 追求能力升级、进行资源拓展是我最好的选择：

在能力升级上，光华 MBA 倡导思想自由兼容并包，将洞察商业实践和创造管理知识相融合，有助于我……

在资源拓展上，光华 MBA 拥有国内外顶尖的专家教授和校友资源，思想碰撞火花四射，合作分享可以创造出无限机会……

请补充可以帮助招生录取委员会更好地了解你的信息。此题目为选答题。

【范文一】自我审视与总结

从偏远山区考入 985 高校，毕业后数年成为××公司的高管，很多人认为我是个幸运儿，但我想幸运背后大抵是因为坚持做对了几件事：

一、激发创意能力。学生时代……

二、持续专注学习。刚参加工作时，我……

三、想到立即做到。我是一个行动力极强的人……

【范文二】跨文化沟通与感悟

从事××研发工作十年来，我虽然扎根中国，但通过视频、电话、邮件和即时通信的跨国沟通从未间断，让我深切体会到换位思考和及时反馈对全球化经营的公司是多么重要。

换位思考可以减缓甚至消除跨国团队的隔阂和不信任。记得……

及时反馈是跨文化沟通中的是另一个关键。当时……

未来的××研发必定更依赖全球合作，理解和尊重合作方的文化，提高跨文化沟通的意识和能力，会让公司未来的发展如虎添翼。

【范文三】家庭生活与责任

　　幸福温馨的家庭是我在外打拼的坚实后方，我也努力为家人创造更好的生活。我与孩子……每周末的家庭活动日，全家人会一同回归大自然……每逢佳节，我都会精心挑选礼物送给长辈……

2022 年和 2023 年北大光华 MBA 申请短文解析

　　2022 年和 2023 年北大光华 MBA 的申请短文连续两年更新。从主题内容来看，与稳定了 3 年之久的 2021 年短文相比，2022 年的申请短文出现了与时俱进的更新，保留学习与工作经历、职业发展规划与北大光华角色两大主题，但微调了表达方式和关注重心，还新增了新型冠状病毒感染疫情（简称"疫情"）中的挑战与应对以及邀请人物共进晚餐的创新内容。

　　与社会预期的维持状态不同，2023 年的申请短文再次更新，保留了学习与工作经历主题，调整了职业发展规划与北大光华角色主题的背景描述，并且新增了审视自我缺点和选择超能力的全新主题。这些变化让人耳目一新，充分体现了北大光华的创新精神。我们将对照 2022 级版本，为大家全面解析 2023 级北大光华 MBA 申请短文。

老题新出之学习与工作经历

2022 年

背景：从初出茅庐的少年成长为职场精英，这一过程想必精彩。

要求：请你简单讲述自己的学习与工作经历（例如：特别经历、转折节点和其他故事）。

目的：期待你的讲述，让我们更加了解你。

2023 年

背景：时光在不经意间流转，成长在每时每刻发生。

要求：请简单讲述自己的学习与工作经历（例如：特别经历、转折节点和其他故事）。

目的：展示你的亮点与特色，让我们看到一个立体而真实的你。

背景变化：2022 年的主题背景描述了从萌新少年到职场精英的过程，2023 年则改变为时光流转与成长发生，相同的是反映了北大深厚的文化底蕴，不同的是重心从过程转移到成长本身。

题目要求：2022 年和 2023 年的题目要求并未改变，简述学习与工作经历，并用括号作出注释，突出特别经历、转折节点和其他故事，提醒大家避免写成个人经历的流水账，也不要成为自我介绍的复制品。

目的变化：2022 年的出题目的是加深对考生的了解，2023 年则更上一层楼，点明了亮点与特色的重要性，期待考生展示"立体而真实"的自我。"立体"是对自我形象的正面塑造，更是对自我特性的深度挖掘；"真实"是实事求是的经历讲述，更是脱胎换骨的蜕变故事。

撰写思路：

·学习与工作经历的讲述注重点面结合，面是指成长经历的整体概况，点是指具有特殊意义的事件或转折点，两者结合呈现"立体而真实"的自我。

·说服北大光华 MBA 的考官从过去、现在推及未来，证明自身的独特价值与发展潜力。

老题新出之职业发展目标

2022 年

背景：无背景介绍

要求：介绍接下来职业发展规划（包括周期、规划、目标等）。你认为光华 MBA 在你的职业发展中扮演着怎样的角色？从批判性角度来看，你将分别付出和收获什么？

2023 年

背景：在过去的三年中，我们都在主动或者被动地改变着。

要求：你的职业发展是否受到了影响？与过去告别，你又将如何规划未来 5～10 年的职业发展目标与路径？从个人成长角度而言，你认为光华 MBA 将扮演怎样的角色？你计划从中收获或者付出什么？

背景变化：2022 年的题目提及职业发展目标并未特意描述背景，而 2023 年则强调"过去三年中主动或被动地改变"，与 2022 年第 3 篇短文题目"在疫情中度过的这几年，我们被动或主动地遭遇、适应、改变着自己"有异曲同工之处。外部环境变化对个人职业发展产生显著的影响值得关注。

要求变化：2023 年第 2 篇短文的第 1 问重在了解外部环境变化对职业发展的影响，第 2 问突出"与过去告别"，指出面临新的机遇与挑战，自己如何做出或调整中长期职业发展规划。第 3 问延续了 2022 年关于北大光华 MBA 角色的解读，但特别强调从个人成长角度，与第 2 问的职业发展目标与路径紧密联系。第 4 问在 2022 年基础上去掉了"以批判性的角度"，应该是避免去年考生对"批判性"的误读或曲解，将问题聚焦在"收获与付出"，连接词从"和"变为"或"，将撰写重心的选择权交到了考生手上。

撰写思路：

·结合过去三年外部环境变化的影响，反思和调整自己的中长期职业规划，既要有 10 年左右的目标引领和状态预期，又要有各阶段的具体目标和实施路径。

·重点介绍北大光华 MBA 在中长期职业规划中的作用和意义，强调报考北大光华 MBA 的必要性、重要性和匹配性，而不是泛谈求学深造的好处。

·题目给予考生选择"收获或付出"的机会，但是任何有意义的合作都是双向奔赴，考生与北大光华 MBA 之间是价值共创的关系，所以建议兼顾两方面。

新增主题之审视自我缺点

背景：每个人都是多面的，同时，也没有人是绝对完美的。

要求：你认为自己目前最大的缺点是什么？审视自我，你认为这个缺点形成的根本原因是什么？你认为自己是否需要克服这个缺点？如果是的话，你将如何做到？

主题解析：背景描述中提出了人无完人的观点，提示考生进行全面、客观、准确的自我审视，用辩证的眼光看待自己的缺点，认识到事物对立统一、相辅相成的关系。此题的难点在于选择恰当的"缺点"，既不能避重就轻、将优点强行说成缺点，又不能误选类似于漠视创新、过度自信、违反商业伦理等致命弱点。考生选定确定之后，还需分析导致该缺点的客观和主观原因，并且有行之有效的应对方法。

撰写思路：

·所选缺点不违背商学院 MBA 提前面试的选拔原则，选择具有两面性、通过主观努力能够克服乃至转化为优点的缺点。

·分析形成缺点的根本原因要兼顾外部因素和内部因素。外部因素包括成长环境、工作经历、社会阅历、压力因素等，内部因素包括主观能动性、毅力、决心、经验等。

·面对所选缺点，自己应该具有克服的信心与决心，同时还应该拥有切实可行的解决方法，例如学习、深造、历练、合作等，凭借积极的态度和科学的方法赢得考官的信任和青睐。

新增主题之选择超能力

背景：古今中外人类对超能力的想象从未停止，这种想象都通过各种文学艺术乃至更广泛的形式贯穿在人类的文明历史当中。

要求：假如你可以拥有某一种超能力，你希望会是什么？为什么？

主题解析：这篇短文实属阐释北大精神的传神之作，背景描述中将超能力的时间和空间范围延展到古今中外，将超能力的来源指向文学艺术、多元形式乃至整个文明历史，给了考生无限的遐想。但是大家千万不要忘却北大光华 MBA 提前面试的特定情境，自由发挥还是要以适合商学院选拔人才的标准为基础。选择超能力之后，更重要的是解释选择原因，既要表现出想象力和创造力，又要体现出回归现实、脚踏实地的理念。

撰写思路：

·选择超能力的标准是个人价值观的体现，所以积极向上正能量是首要原则，其次要能够放置在商业环境、企业经营管理和个人成长与发展的情境下进行探讨，例如运用心灵感促进管理沟通是相关的选择，眼睛放射激光是无关的选择，隐身偷窥是错误的选择。

·创想超能力可以天马行空，但阐述选择原因则需要回归现实。这项选择有什么样的积极意义，对个人、对家庭、对企业、对行业、对社会，考生可以多层次、多角度地深入分析，最终反映自身对个人成长、企业发展、社会进步乃至人类文明延续的美好期待和持续努力。

【范文一】

我希望拥有保持初心的能力。无论在哪个年代，很多拥有伟大理想和初心的企业家，似乎最后都会沦落为追名逐利的商人。当今世界的知名企业家中，埃隆·马斯克仿佛是怀揣理想的孩童长大后的模样。他说自己并不想当老板，只想当一个工程师，做他想做的东西。而社会现实让他认清，仅凭一个人是无法实现理想的。如果自己不成为老板，就无法带领团队去做想做的事、实现想实现的梦，成为老板只是实现工程师之梦的工具而已。马斯克认为，仅仅追求利润的公司一定无法长久，并且毫无价值。当你将一件有意义的事或产品做到极致时，你不会发愁钱从哪里来，而利润也只是理想和事业附带的战利品而已。马斯克专注于理想的思想给了我很大的启发，我希望能拥有马斯克这样保持初心的能力，明晰自己事业的方向，并一直保持热情，做出我心中最棒的新能源产品，为了让人类进入新能源时代而贡献力量！

【范文二】

我希望拥有超级大脑，即拥有超强的记忆力、洞察力以及信息处理能力。

首先，拥有超强记忆力的大脑将成为一座知识宝库，各类知识都集成输入到其中，有助于我在短时间内更广泛地获得知识和技能等，从而有效延长工作时间，并让我将知识更好地应用到工作中。

其次，拥有超强洞察力的大脑将拥有预判未来的魔力，可以提前预知产业发展方向及企业诉求，可以让我们做好谋划，提前锁定未来的风口赛道，使我们在谈判过程中更好地把握重点，有的放矢。

最后，拥有超强信息处理能力的大脑将成为超级计算机，能使我在事情多、时间紧、要求高的工作环境下，准确且高效地制定出各项工作的处理方案，排除可能出现的问题，把握好工作时限及质量，有助于我更高效高质完成工作任务。

5. 推荐信攻略

（1）推荐人选择

推荐信是申请材料的重要组成部分，一份有分量的推荐信能够为考生资质提供权威的背书，能够从第三方视角介绍考生概况和亮点，还能够突出考生的社会阅历和资源整合能力。但是推荐信在绝大部分情况下起到的是放大器的作用，推荐信为考生加分是以优秀的综合素质和出色的职业发展为基础的。

选择推荐人并不是追求推荐人位高权重或财富可观，据了解，某些知名高校曾经拒绝过某直辖市副市长推荐的考生，就连社会知名人士推荐的考生也曾吃过闭门羹。假如考生的个人素质、职业发展以及面试表现非常出色，即使推荐信没有闪闪发光，

一样也能通过面试，反之则推荐人再牛也未
必成功。

推荐人除了专业领域与报考项目匹配之
外，还需要真正熟悉考生的情况，具备较高
的社会影响力或可信度，愿意耗费时间和精
力配合院校完成推荐工作。适合的人选有工
作单位的直属上级或高层领导，工作中的指
导部门领导或合作伙伴，求学阶段的专家教
授，成长过程中的人生导师乃至事业有成的
同事朋友。如果推荐人也具有考生报考院校的背景，肯定会为推荐锦上添花。

（2）推荐人沟通

选择了恰当的推荐人人选之后，考生需要真诚、尊敬、恰当地与推荐人沟通，沟
通的内容包括以下要点：

·明确告知报考 MBA 的意图、目标和计划，征求候选人意见并获得支持。

·询问推荐人态度，选择撰写推荐信方法，是推荐人自行填写，还是授权给考生
执笔、本人审阅后推荐。

·如果是推荐人自行撰写，为推荐人介绍推荐信的内容、要求、提交系统方式、
后期回访可能以及自身对推荐内容的期望。

·如果是考生执笔，则需要将推荐内容和撰写思路如实告知并在征得同意之后进
行写作，其后提交推荐人审阅和修改之后，完成推荐流程。

（3）推荐信内容

每所院校推荐信的内容不完全相同，因此考生需要配合推荐人仔细了解对推荐内
容、字数等的要求。部分院校的推荐信是书信形式，由推荐人根据对考生的了解自由
撰写。还有部分院校的推荐信是问答形式，就需要推荐人严格按照要求一一回答。无
论是哪种形式，推荐信内容都可以参照以下要点撰写：

·真实可信：推荐人与考生认识的经过、关系的维持以及全面的了解，真实可信
最重要。

·繁简适当：避免推荐书信或回答过于简单，尽量将事例经过或人物评价描述得
简要而完整，一句话回答可能显得推荐人投入程度不够、推荐意图不足。但是也要避
免繁琐细节过多，注意字数限制，但有价值的细节除外。

·内容匹配：推荐内容可以从简述认识、相处或合作的过程开始，谈及对考生的
第一印象、为人处世、后续事业合作或个人友谊的延续等，写作语气、对考生的称呼
与推荐人的身份和关系相匹配。

·评价真实：如果推荐信中涉及推荐人对考生的评价，需要做到客观真实，但避
免过低，评级至少达到优良。除了评价或打分之外，最好能简述评价理由，提炼考生

的优点或长项。

·分数合理：如果推荐人对考生的评价没有打满分，可以谈及考生未来成长的空间；如果推荐人打了满分，可以谈及对考生更上一层楼的期望。

·事例翔实：如果推荐信要求推荐人讲述具体事件，需要简要介绍具体的时间、地点、人物和事件，而不是泛谈对考生的印象或优缺点。事例以积极向上为宜，符合知名高校选拔 MBA 学生的价值观和评价标准。

·事件相关：推荐人选择的代表性事件需与推荐人和考生同时相关，事件对考生与推荐人后续关系的延续或深入产生积极影响；同样也需要注意推荐信内容和评价与推荐人的身份相匹配。

（4）推荐信示范

您在何种场合认识申请人？认识申请人已有多长时间？

提示：

·此问题要求推荐人详细介绍认识申请人的过程，建议说明具体的时间、地点、背景和经过。

·事情的经过不是重点，推荐人对申请人的第一印象、优点特征、相互认识并维持关系至今的原因等相对更重要。

·认识的经过应真实可信，符合推荐人与申请人的身份、地位和关系。

推荐人：MBA 考生小 C 同学的直属上级，某科技企业 CEO。

【示范】2014 年 8 月的一天，我在公司新晋升部门经理谈话中初次接触到小 C，积极、热忱、阳光是这个小伙子给我的第一印象。我们讨论了当时遇到的工作问题，小 C 对事件来龙去脉的分析以及对团队的后续计划，让我感受到他具备超越年龄的沉稳和强大的逻辑思维能力。后来，他在公司担任的管理职务也越来越高，从培训讲师、项目经理再到企业导师，每一个角色他都游刃有余。小 C 有非常扎实的技术能力，个人的职业规划与公司对他的期望也高度匹配，希望他能继续成长，为公司研发做更多贡献。

如果满分为 10 分，您对申请人的推荐度为几分？

撰写提示：

·当需要推荐人为申请人评分时，评分结果最好能够达到优良以上的水平（例如 8 分以上），这样才符合推荐人对申请人的积极态度与推荐意愿。

·评分之后，还应请推荐人简要阐述如此评分的原因，如果有简单的事例或数据作为支撑，表明推荐人对申请人的熟悉程度，可信度更高。

推荐人：MBA 考生小 D 同学的合作专家，某 985 高校教授。

【示范】本人对小 D 的推荐度为 9 分。理由包括：

1. 熟悉产品、市场经验丰富。他在职业发展过程中全方位地参与过与产品和市场相关的工作，从一线员工成长为总监，对所属行业的产品和市场有着深刻的见解。

2. 工作热情高、沟通能力极强。他在工作中目标清晰、思维灵活，善于思考和探索解决办法，具有强大的沟通与执行能力。

3. 保持良好的学习习惯，积极迎接前沿知识与信息，努力完善和提高自己。

4. 成长扎实稳健，工作能力和表现都得到公司领导的高度评价，从基层凭努力走上总监岗位。

因为他还非常年轻，我给他预留了 1 分的成长空间，希望他在专业技术和管理知识领域持续提高，获得更大的进步。

你对申请人印象最深刻的一件事是什么？

撰写提示：

·印象最深的一件事，既要包含"一件事"的时间、地点、人物、事件经过与结果等内容，又要符合"印象最深"且积极向上、体现申请人优点的标准。

·事件的选择应真实可信，符合推荐人与申请人的身份、地位和关系。

推荐人：MBA 考生小 E 同学就读大学期间的辅导员、团委书记。

【示范】我对小 E 印象最深刻的事情是她组织本校第一届"最受欢迎教师"评选活动的经过。当时她担任校学生会主席，带领学生会策划和实施了本次活动。该活动通过学院推荐、公开课试讲、在线投票等多个环节，旨在选出真正被学生所喜爱的教师。小 E 先是拟定了详细的活动方案，然后积极联系数十个院学生会共同推广，调动了全校师生积极参与。

该活动迄今为止已经连续举办 8 届，颁奖仪式在学校年度毕业典礼上举行，获奖老师由校长亲自颁奖，成为学校最具知名度的活动之一。小 E 作为活动创始人获得了老师们的认可。

请用具体事例详述申请人与同位人（同龄或同背景或同职位等）相比较的长项和短项。

撰写提示：

·这里并非简单地介绍申请人的长项和短项，而是需要体现出比较。比较的对象是同位人，即与申请人年龄相仿、背景相似或职位相当的人选。

·介绍长项和短项要避免单纯的主观评价，而要结合简要的具体事例加以阐述。

推荐人：MBA 考生小 F 同学所属企业的最高领导，某大型国企董事长。

【示范】F同志学习意识较强，我也曾经阅读过他编写并贡献给公司各部门的学习材料，还参加过他组织全体员工集体学习行业案例和金融知识的学习分享会。在公司的项目研讨会中，他能在收集普遍意见的基础上提出创新观点，展现出产业投资的宏观思维。在肯定他的同时，我还对他的成长抱有更高的期望，希望他能够在企业管理知识的深入学习和管理技能的实践方面进一步提升，也希望他能够借助MBA的系统学习补足短板，快速成长。

请对申请人的思想品德、道德修养进行简要评价。

撰写提示：

·此问题需要推荐人评价申请人的思想品德和道德修养，虽然并非与工作经历和职业发展直接相关，但诸多品质需要通过工作中的态度与行为来体现。

·推荐人对申请人给予积极肯定的评价为宜，如果指出不足，最好能够表达出期望成长的观点。

推荐人：MEM考生小G同学所属企业的技术领导，总工程师。

【示范】G同志在我公司先后从事技术管理和项目管理工作，他所管辖的都是公司影响力较大的项目，因此我们工作上接触较多，现就该同志的思想品德、道德修养做简要的评价：

G同志责任心很强，记得在2008年的××项目，当时项目生产经理出现职位空缺，担任项目总工的G同志主动提出兼任生产经理直到新同事到岗。作为一个工作仅数年的员工，在担负项目总工重任的情况下还能为组织分忧，这样的觉悟令我印象深刻。

G同志还能虚心听取不同的意见，团结各级管理人员，协调项目各部门合力工作。G同志还常年坚持学习，考取了一级建造师、注册造价工程师等证书。我相信G同志一定能够通过持续的学习更快更好地成长。

您认为申请人的事业/职业成就如何？未来的职业前景如何？

撰写提示：

·推荐人对申请人给予积极肯定的评价为宜，这样才符合推荐的初衷。

·推荐人必须真实地了解申请人在职业方面的发展历程和未来规划，这样才能基于了解做出准确而恰当的判断并简要阐述理由。

推荐人：MEM考生小H同学熟识的科研院所研究员。

【示范】申请人小H作为非工程专业的毕业生，从零开始高速学习和积累，成长为一家知名房地产企业的成本总监，我认为他在职业上所取得的成就难能可贵。他的业绩表现得到公司甚至集团总部的认可，这与他的努力、悟性和能力是分不开的。我相信他凭借这种学习的热情和韧性，在未来的职业道路上一定能够激发更大的潜力，而就读MBA深造学习能够帮助他迈上更高更广阔的事业平台，为其奋斗的过程助力。

您认为申请人在哪些方面需要进一步提高？

撰写提示：

·此问题的重点并非由推荐人指出申请人的缺点或劣势，而是基于推荐人的视角发现申请人当下存在的不足，更重要的是指明未来改进和提升的方向。

·回答此问题以表达出鼓励申请人精益求精、不断进步的积极态度为宜。

推荐人：MEM考生小I同学所属企业的高层领导，副总经理。

【示范】申请人小I同志跟所有的年轻干部一样需要进一步提升自己，我认为他应该从横向和纵向两方面着手。从横向来说，作为一名朝着集团公司高层管理者培养的年轻干部，小I还需要向擅长的专业领域之外扩大认知范围、开拓视野，系统学习和提高理论能力。从纵向来说，小I在完善知识结构的基础上，应当在工作实践中磨砺，加深对公司业务的理解和掌控，适应并把握业务变革的方向，从管理和业务两方面共同推动公司的进步，实现自己和团队的价值，承担更宏大的企业责任和社会责任。

6. 真题礼包

（1）成长历程类

·春秋数载，你已从一名青涩少年成长为职场精英，之前的简历就是这一蜕变的见证。然而，化蝶虽美，但蜕变过程必定更加多彩，请简述你的工作与学习经历，以便我们了解更优秀的你。（中文不超过600字，英文不超过2 500字符，20行以内）（北京大学光华管理学院MBA）

·在PHBS的第一次课堂上，您会怎么向同学做自我介绍？（500字左右）（北京大学汇丰商学院MBA）

·请描述一次自我超越的经历。（500字左右）讲述近3年内发生的一次经历，包括您处理事情所做的努力，事情的结果如何，与事件相关的人的反应是怎样的。（北京

大学汇丰商学院 MBA）

·请描述你对你所在组织的价值和贡献（建议结合个人工作的实际案例加以说明。建议 800 字以内，不能有空行，可以空格和换行；首段会系统自动去掉缩进顶头显示）（清华大学经济管理学院 MBA）

（2）个人特质类

·请客观评价您自己的个性特点，包括优点和缺点。（不多于 500 字）（清华大学 MEM）

·试分析您自身的优劣势，您哪些特质适合就读 MBA 项目？（300~500 字）中文填写。（上海交通大学安泰经管学院 MBA）

·您目前所在的公司和团队会怎样评价您的特点？您认为他们会用哪些具体事例来说明这些特点？（上海交通大学高级金融学院 MBA）

（3）业绩成就类

·复旦 MBA 项目的目标是培养具有全球视野又深谙中国国情的"青年精英，未来领袖"。请描述一项你所参与或领导过的最重要的工作，并说明你在其中是如何发挥领导力并创造持久价值的。（不超过 500 字）（复旦大学管理学院 MBA）

·请简单介绍您职业生涯中取得的主要成就，最具挑战性的管理难题及您的解决方法。（建议先从以下几个方面：公司所在的行业、行业中的地位、公司的产品、主要客户和竞品，展开介绍一下您的公司，字数请勿超过 1 200 字）（复旦大学管理学院 EMBA）

·请列举您参与过的重要项目，在项目中担任的角色及在项目中发挥的价值？如未参与过项目，请描述您在工作中取得的主要成绩？（不多于 1 000 字）（清华大学 MEM）

·请描述你所负责的工作内容及工作中取得的主要成绩。（150~500 字）（西安交通大学 MBA）

（4）职业规划类

·请谈一谈你下一步的职业发展规划？你认为光华 MBA 对你的规划能带来什么帮助？（中文不超过 600 字，英文不超过 2 500 字符，20 行以内）（北大光华 MBA）

·请阐述科技进步对你个人职业发展产生的影响以及你将如何应对。可以选择和你的职业发展相关度最高的一个领域。（建议 600 字以内，可以正常换行不能有空行；首段会系统自动去掉缩进顶头显示）（清华大学经管 MBA）

·您认为自己有哪些突出的强项及弱项？您认为作为一个优秀的管理领袖，应该具备哪些基本素质？您未来五年的职业规划或事业发展目标是什么？（不超过 500 字）（中国人民大学 EMBA）

·您对您未来十年的发展有何规划？（可从学习、工作、生活等多方面进行阐述）（500~1 000字）中文填写。（上海交通大学安泰经管学院MBA）

·请与我们分享您的职业生涯，包含至少以下内容：①迄今为止的职业规划和发展逻辑。②对目前职业发展现状的反思。③对下一步职业发展的展望。（上海交通大学高级金融学院MBA）

·"勇担社会责任，成就未来精英"是复旦MBA学生全面发展的目标。请你描述自己的短期和长期职业发展规划，并说明在复旦MBA的学习将如何帮助你实现自己的目标。（不超过500字）（复旦大学管理学院MBA）

·请简述你未来5年的职业规划。（不超过300字）（同济大学MBA）

·您对您未来十年的发展有何规划？（可从学习、工作、生活等多方面进行阐述150~500字）（西安交通大学MBA）

·请描述你的短期和长期职业发展目标；为达成目标，你已经做出或打算做出哪些尝试和努力；攻读南开大学MBA项目在你实现职业发展目标中扮演什么样的角色？（300~500字）（南开大学MBA）

（5）代表事件类

·请阐述到目前为止，在您的职业生涯中取得的主要成就和成功事例是什么？（上海交通大学高级金融学院EMBA）

·请描述你迄今为止最大的挫折，或者最让你感到失望和遗憾的事情（非学习过程中的，如高考失利）。这次经历让你有何收获？（1 000字以内）（中国人民大学MBA）

（6）报考动机类

·你希望通过读人大MBA收获什么？（800字以内）（中国人民大学MBA）

·您在工作中遇到过哪些困惑？通过在清华大学MEM项目的学习，您希望获得哪些方面的知识，为个人的职业发展带来怎样的助力？（不多于500字）（清华大学MEM）

·选择攻读MBA项目的原因？（200~300字）中文填写。（上海交通大学安泰经管学院MBA）

·请简述您为什么希望攻读SAIF金融EMBA以及对未来的规划、目标及期望。（上海交通大学高级金融学院EMBA）

·请阐述您期望通过SAIF金融EMBA的学习达到怎样的总体目标？您想在哪方面获得提升？（上海交通大学高级金融学院EMBA）

·若成功申请并就读SAIF，您需要大量的时间和精力在项目学习上，请问您打算怎么处理学习和工作的矛盾？为完成学业您预计会遇到哪些困难？如何克服？（上海交通大学高级金融学院EMBA）

·请说明您攻读复旦 EMBA 的原因？您认为复旦 EMBA 课程可以如何帮助您实现这个目标？（字数请勿超过 1 200 字）（复旦大学管理学院 EMBA）

·您的入学期望。（浙江大学 MBA）

·请简述你选择同济 MBA 的原因以及你对 MBA 学习的期许。（不超过 300 字）（同济大学 MBA）

·请简述选择攻读 MBA 的原因。试分析您自身的优劣势，您哪些特质适合就读 MBA 项目？（150~500 字）（西安交通大学 MBA）

（7）工作职责类

·请提供工作单位基本情况介绍，并说明单位性质、主营业务、经营范围及其在行业和地区的成就。可以用空白 A4 纸打印回答此问题，并贴到以下位置。（北大光华 EMBA）

·请阐述您目前工作单位的性质，您主要负责的工作以及您在本单位战略制定及业绩表现中起到的作用。（最多 12 行）（清华大学经济管理学院 EMBA）

·请描述您所在单位的主要业务范围，您在现单位的职务及主要工作内容。（不多于 500 字）（清华大学 MEM）

·请描述一次你在工作中的创新经历。请阐述这个经历对你所在的组织有何改变作用，以及对你自己的价值观或者信念产生了怎样的影响。（1 000 字以内）（中国人民大学 MBA）

·请阐述您目前工作单位的基本情况，包括单位性质、投资方、主营业务、经营范围及其在行业和地区中的地位等。同时请阐述您的主要工作职责及您在单位决策层中的角色。（字数限制 500）（中国人民大学 EMBA）

·请介绍贵单位的组织结构，并简要说明您在该组织中的位置及相关职责。（上海交通大学高级金融学院 MBA）

·请阐述您目前工作单位的基本情况，详细说明单位性质、经营业务及范围和其在行业中的地位等。同时，请介绍贵单位的组织结构，并简要介绍您在该组织中的位置及相关职责。（上海交通大学高级金融学院 EMBA）

·请简要介绍你目前所在企业或组织的情况（行业地位、主要产品或服务等），你主要的工作职责与上下级汇报体系，并画出组织结构图（组织结构图请标注你个人所处位置，在"工作经历"或"上传文档"页上传）。你认为所处的行业有什么发展趋势？（复旦大学管理学院 MBA）

·工作单位及工作情况（请阐述您目前工作单位的性质，您主要负责的工作以及您在本单位战略制定及业绩表现中起到的作用，并在附件里提供本单位的组织架构图）。（100~300 字以内）（浙江大学 EMBA）

·你认为未来 3~5 年你所在的行业会发生什么样的变化？这些变化将会对你所在的企业带来什么影响？又会对你的职业生涯发展带来什么样的挑战？（300~500 字）（南开大学 MBA）

（8）重大选择类

·北大老校长蔡元培先生提出的"循思想自由原则，取兼容并包主义"，影响了数代北大人。请结合你自身的经历谈一下，对你人生影响最大的一句话或一个人？（中文不超过 600 字，英文不超过 2 500 字符，20 行以内）（北京大学光华管理学院 MBA）

·在你的人生经历中所做的最重要的一次决策是什么？为什么要做这个决策？这个决策对你有什么样的影响？（建议 600 字以内，不能有空行，可以空格和换行；首段会系统自动去掉缩进顶头显示）（清华大学经济管理学院 MBA）

（9）职业道德类

·您如何看待商业规则和道德准则？请与我们分享您曾经遭遇的商业道德挑战或困惑，您是如何解决的？（字数请勿超过 1 200 字）（复旦管理学院 EMBA）

·您遇到职业道德困境时是怎样面试和解决的？请用具体事例说明。（300~400 字，15 行以内）（北京大学光华管理学院 MBA）

（10）兴趣爱好类

·请列出您的兴趣、爱好，帮助招生考试委员更好地了解您。（最多 12 行）（清华大学经济管理学院 EMBA）

·请简要介绍您的兴趣爱好，或者提供您认为必要的补充信息，以有助于评估您的入选资格。（上海交通大学高级金融学院 EMBA）

·专业特长及个人能力（您的专业特长是什么？您认为自己的个人能力有哪些突出的强项及弱项？例如逻辑思辨、语言表达、社会交往、团队协作、分析判断、危机处理等等，但不必局限于上述能力）（100~300 字以内）（浙江大学 MBA）

·您的业余爱好、特长。（浙江大学 MBA）

（11）补充信息类

·请补充可以帮助招生录取委员会更好地了解你的信息。此题目为选答题。（中文不超过 600 字，英文不超过 2 500 字符，20 行以内）（北京大学光华管理学院 MBA）

·您可以在此陈述您希望向招生录取委员会特别说明的任何事项。（北京大学光华管理学院 EMBA）

·希望特别说明的情况。（限 50 字）（清华大学 MEM）

·如果你被人大 MBA 录取，你最想和同学分享自己的哪些经历或想法？（600 字以内）（中国人民大学 MBA）

·你是否需要补充其他陈述以帮助复旦大学 MBA 项目招生委员会更全面地评估你的申请？（不超过 300 字）（复旦大学管理学院 MBA）

·您是否需要补充其他信息以帮助考试委员会更全面地评估您的申请资格？（字数请勿超过 1 200 字）（复旦大学管理学院 EMBA）

·你能给浙大 MBA 大家庭带来的贡献。（浙江大学 MBA）

三、视频录制

1. 视频要求

部分高校 MBA 项目在申请材料阶段要求考生以录制短视频的形式介绍个人概况。与纸质申请材料相比，视频介绍是一次直观、生动、深入的展示机会，可能起到画龙点睛、锦上添花的奇效。所以考生们一定引起重视，认真准备、充分展示。

以北京大学光华管理学院 MBA 项目为例，在第二轮申请材料中，学院明确要求所有考生提供短视频。视频格式限制为 MP4 格式，视频时长须控制在 3 分钟以内，视频文件应小于 15MB，视频编码为 H264，比特率选择 128kbps。

2. 录制要点

（1）拍摄要点

·考生着装要大方得体，显示出商务人士的干练和气质。

·拍摄的背景环境选择简洁大方、安静无人的场所，尽量突出自己的职业状态，展现不一样的工作和经历，体现个人优势和雄厚实力。

（2）拍摄方式

·如果使用手机拍摄，建议购买稳定性高、功能性强的自拍杆，找好拍摄角度，拍摄时画面不要抖动或快速地移动。

·如果使用 DV 拍摄，建议安装 DV 支架，以有助于稳定画面。

·如果物色专业团队拍摄，可以借助专业团队的优势突出自身的背景和特色，但拍摄成本相对较高。

·如果采用自拍的方式，对个人表达能力要求非常高，需要 3 分钟一气呵成，流畅度较难保证。切忌在镜头中念讲稿，避免有明显的念稿或被提示痕迹。

·视频拍摄完成后可以通过后期制作优化，包括拼接、剪辑、插图、动画。能够添加字幕也是较好的选择，可以降低观看难度、提高视觉效果。

·拍摄之前建议反复演练台词，表达流畅是底线，注意面部表情管理，最好能够谈笑风生、娓娓道来，展现自身成熟稳重或阳光风趣等个性特征。

·视频可以使用会声会影、爱剪辑、QQ 影音、暴风影音等软件进行加工处理。

3. 视频内容

考生在视频中应全面展示与自身相关的原创内容。包括：

·当前所属行业、工作单位、工作职责、业绩成就、工作场景等。

·自身过往的独特经历、特长、兴趣爱好等。

·报考 MBA 的动机，选择目标院校的原因，申请优势和核心竞争力等。

视频内容与形式没有固定的标准，但要力争构思新颖巧妙。如果乏善可陈，将难以打动考官，甚至影响考官的第一印象。视频内容既重要，又不重要。重要是因为能够体现考生的特色优势和用心程度，不重要是因为视频始终是对考生的形象气质、发展现状、综合能力与未来潜力等硬实力的放大器，只能起到锦上添花而不是雪中送炭的作用。

第八章

个人面试关

一、自我介绍

1. 评分标准

每所院校的 MBA 个人面试评分标准各不相同，但背后的逻辑却是高度一致的。我们以某院校的 MBA 个人面试评分表为例加以说明（见表 8-1）：

表 8-1　某院校 MBA 个人面试评分表（参考）

考评维度			评分			
测评内容	分值	主要考查点	优	良	一般	差
语言表达能力	15	1. 表达清晰流畅 2. 表达用词准确 3. 表达精简不啰嗦	13~15 分	10~12 分	6~9 分	0~5 分
逻辑分析能力	15	1. 思维的层次性与结构性 2. 思维的灵活性 3. 思维的宽度与深度	13~15 分	10~12 分	6~9 分	0~5 分
学习创新能力	15	1. 学习习惯与学习能力 2. 创新意识与创新速度 3. 创新实践力	13~15 分	10~12 分	6~9 分	0~5 分
职业素养	15	1. 职业价值观与道德 2. 职业礼仪与仪态举止 3. 职业责任心	13~15 分	10~12 分	6~9 分	0~5 分
突出优势	务必填写					
突出劣势						
存在问题	勾选	□申请资料造假 □缺乏职业道德 □性格急躁				
具体说明考生不被录取的原因						

·测评内容中评分项包括语言表达能力、逻辑分析能力、学习创新能力和职业素养。除此以外，还需考官通过面试提炼考生的突出优势与劣势。

·语言表达能力：考查考生的表达特征，包括清晰流畅、用词准确以及精简不啰嗦。精简不啰嗦其实是考生思维清晰、表达有力的表现，结构化思维有助于达成此目的。

·逻辑分析能力：考查考生的思维能力，包括层次性与结构性、灵活性以及思维的宽度与深度。逻辑分析能力体现为短时间内迅速解构问题、搭建回答框架、组织素材的能力，结构化思维同样是有效工具。

·学习创新能力：考查考生的学习能力，包括学习习惯与学习能力、创新意识与创新速度以及创新实践力。此项能力除了通过考生自述过往经历来证明，还可以通过面试现场面对新问题的反应速度、灵活程度和创新表现来佐证。

·职业素养：包含职业价值观与道德、职业礼仪与仪态举止以及职业责任心。职业素养可以通过观察考生的言谈举止以及理解考生传递的信息与思想来实现。

·一票否决：这份个人面试评分表中将申请资料造假、缺乏职业道德以及性格急躁列为存在的典型问题，此类问题可能在考官合议面试结果时导致一票否决的情况发生，考生必须高度重视。

2. 考查概况

（1）环节介绍

几乎所有院校的 MBA 面试都有中文自我介绍的环节，一次精彩的自我介绍能高效地展示考生的优势和亮点，用理性说服考官、用感性打动考官，甚至还能引发考官的浓厚兴趣，围绕自我介绍的内容进行自由提问，让考生拥有面试的主动权。可以说精彩的自我介绍，意味着面试成功了一半。提前面试和正常批次面试都是笔试的有益补充，对考生进行全方位的测评，有效防止高分低能型的考生，有助于商学院从各个角度选择合适的人才。

（2）考查目的

在准备自我介绍之前，我们需要提出一个根本问题，即各大院校在选拔考生的过程中，考虑的根本问题是什么？很多同学认为各大院校尤其是知名院校最看重的是考生以往的职业履历或当下的管理绩效，这些确实很重要，但并非唯一。我们曾经遇到过职业履历非常精彩，却遗憾止步于申请材料关的同学，究其原因，那可能是考官判断考生的职业发展在未来很难有较大的提升，缺少足够的职业发展空间，难以在可见的未来成为知名企业的高级管理者或优秀的创业者。在我们看来，面试考查目的如图 8-1 所示。

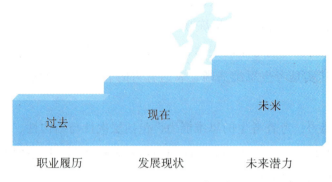

过去　　　　现在　　　　未来

职业履历　　　发展现状　　　未来潜力

图 8-1　面试考查目的

对各位考生而言，未来将会贴上各个院校毕业生的标签，考官就是各大院校的守门人，他们需要确保考生进入本校攻读 MBA 并获得学位之后，能够在未来的职业发展上有卓越表现，成为所在行业或领域的翘楚，这样才能体现本校 MBA 项目的培养价值。所以未来的潜质、空间、成长性和可塑性或许更重要。因此，希望大家理解，自我介绍之中关于过去、现在和未来的内容应该按照恰当的比例来呈现，避免自我介绍成为自身职业发展或光辉业绩的报告会。

3. 考查因素

通过面试，考官能够了解考生的优秀素质或潜能，根据国内外普遍认同的观点，考生的特质可以从六个方面判断，分别是分析表达能力、领导管理能力、自信勤奋、个性气质、智商和眼界以及自我激励。

（1）分析表达能力

考生的分析表达能力可以通过面试各个环节的观察得出判断，也是面试时最容易被考官识别的因素。如果分析问题切中要点、回答问题简洁明了，结构清晰有深度，这方面的能力就得到了很好的呈现。因此我们在自我介绍和回答问题时，应避免直接说自己有较强的分析表达能力，而是应该留给考官来检验。

（2）领导管理能力

领导管理能力往往也是比较客观的，例如考生持续担任企业的中高层领导者，或者成功地承建大型项目等，领导管理能力不言而喻。考生要做的就是如实叙述领导和管理经历，既不要自吹自擂，又不要过于谦卑，自信和虚心是恰当的态度。考生如果没有担任企业中高层领导者，或者缺乏管理大中型项目团队的经历，那么一定要坦诚，绝对不能凭空捏造。这个时候应该从其他侧面来展示自己的领导和管理潜质。例如一位年轻的地产企业品牌总监在介绍自己挽救一个项目的经过时这样说：

【示范】20××年，我到公司滞销最严重的项目担任策划经理，我没有延续过去强调产品品质的推广思路，而是站在客户的角度换位思考，模拟客户回家后的流程动线，倒推公司设计和施工团队调整精装修方案，提出了配备"玄关充电""三重防水"等25处独特细节的"五感智能装修体系"，创造了一年销售8亿元的纪录。

这位同学突出了自身以顾客为中心的换位思考能力，同时能够有效调动公司职能部门和合作方，用细节证明成效，用数据展示业绩。

（3）自信和勤奋

自信这项特征虽然抽象，却能够通过语言和行为来呈现。直接说自己很自信未必是最佳策略，可行的方式是技巧性地表现自信的其他层面，例如乐观积极的态度、对人对事的平等心态、接纳不同意见的胸怀。

勤奋这项特征通过短短的面试难以辨别，需要考生主动表达，但这种表达同样不是王婆卖瓜式的自我宣言，而是运用生动的事例来间接反映。例如一位从事医疗企业管理的同学这样定义勤奋：

【示范】我主要负责三方面的工作：第一，整合国家卫生计生委等平台和公司资源策划建立国家级项目，协助医院优化流程，使患者平均治疗时间缩短两个小时。第二，每年指导日常手术200台，同时通过专家带教等形式培养了数百位中青年优秀医生，显著提高区域内术者的手术水平。第三，组织经销商拓宽供货渠道，使供货率从30%提高到75%，2020年公司销售额预计达1.2亿美元，增长超过50%。

这位同学介绍工作职责的内容包括：整合资源、搭建项目，有高度；建立医疗中心，造福患者，有情怀；指导手术和培养人才的数字惊人，有勤奋；成功拓展渠道，市场业绩显著，有苦劳更有功劳。

（4）个性和气质

个性和气质更多是一种感觉，考官凭借面试能有大体判断，考生也难以临时塑造。考生即使能够在自我介绍环节有所修饰，到了提问环节也很难维持，所以考生应使自己的个性和气质保持前后一致，在真实基础上适度拔高。

（5）智商和眼界

考官对智商的检验，一方面可以通过考生回答问题的反应速度和逻辑思维等做出判断，另一方面也依靠考生自主说明。当然考生最好不要直接说自己智商如何高，而要通过鲜活的事例说明，例如学生时代获得国家竞赛金奖、在日常学习生活中的创造性活动，具备幽默感和丰厚学识等。

眼界则通过考生分析问题、看待事物所处的高度和深度加以体现，它建立在知识的广泛性和智力的独创性以及广阔的胸襟等基础上，没有实力是无法展示的，因此眼界是一种很高的要求。考生不要试图用技巧来证明自己的眼界很高，只能用实力证明，伪装不得。

（6）自我激励

自我激励也需要通过考生的描述展示，说明这一点并不难，通过具体的经历说明个人具有远大的目标，个人目标的清晰程度和执着程度，对新挑战的渴望，强烈的求知欲，独立解决困难的能力等都是很好的自我激励的描述。例如一位文科背景、任职于人力资源岗位的同学，在面对某知名高校 MEM 考官的时候可能非常不利；但其恰如其分的自我介绍向考官展示了考生的眼界和自我激励，再通过其他环节的考查之后，最终获得了预录取资格。他是这样介绍自己的：

【示范】近年来，我从最初的人力资源管理逐渐向战略管理、流程管理、招投标管理等领域跨界发展，在此过程中我一直在思考：如何在运营过程中运用战略思维助推业务发展和组织变革？如何带领公司向信息化和智能化转型升级？如何借助大数据技术、通过异业合作让数据为公司创造经济和社会效益？我希望通过××大学 MEM 项目的学习，开阔视野、升级思维，为实现职业发展提供支撑，助力自己做人生的 CEO。

这段表述突出了考生自我激励的能力，塑造了一个主动谋求转型的高层决策者形象，紧扣大数据、信息化、智能化等时代热点，思考传统行业的转型与变革，"做人生的 CEO"的决心也非常有感染力。

4. 重要作用

《三国演义》中曾经讲过一个故事：与诸葛亮齐名的庞统（见图 8-2）去拜见孙权，"权见其人浓眉掀鼻，黑面短髯、形容古怪，心中不喜"；庞统又见刘备，"玄德见统貌陋，心中不悦"。孙权和刘备都认为庞统这样面貌丑陋之人不会有什么才能，因而产生不悦情绪。看来颜值即正义，古已有之，并不是今天的专利。这个故事，就是历史上著名的首因效应案例。

图 8-2　庞统像

资料来源：百度百科，庞统词条，https://baike.baidu.com/item/庞统/8474? fr=aladdin

首因效应，也叫首次效应、优先效应或第一印象效应，指人在第一次交往中给他人留下的印象，在对方的头脑中形成并占据着主导地位。这种印象非常深刻，持续的时间也长，比以后得到的信息对于事物整个印象产生的作用更强。

在 MBA 面试中，1 至 3 分钟的自我介绍是考生与面试考官的第一回合交流，时间虽短，却发挥着三方面的重要作用。

（1）整体印象

因为首因效应的影响，自我介绍给考官留下的第一印象是对考生整体评价的基础，对最终的面试成绩具有举足轻重的作用。考官对考生的情绪、态度、思维等不易量化的评判，也有很大一部分源于考生的自我介绍。在自我介绍结束后，考官就对考生贴上了初步判断的标签，例如准备充分、自信、有激情有活力、善于学习等，后续提问环节的理性分析都是对这些感性标签的验证，对考官的影响更加持久。

（2）提问方向

MBA 面试中考官通常结合考生的企业背景、工作职责、管理经验和发展规划等因素深入提问，而提问的主要信息来源一方面是考生的申请材料，另一方面则是考生的自我介绍。如果自我介绍足够精彩，吸引了考官的绝大部分注意力，那么自我介绍就成为关键的信息来源，在很大程度上决定了考官的提问方向。让我们看一个自我介绍引导提问方向的案例：

【版本一】我在高考之前不知道想学什么专业，成绩也不理想，在选择志愿的时候受家长影响错误填报了 211 志愿，结果被滑档到二本院校，调剂到工科技术型的专业。毕业后进入一家互联网企业，担任人力资源部的培训助理……

如果按照这样的表述，考官可能提出一系列的问题甚至质疑：

· 高考不知道想学什么，你有人生目标和规划吗？

· 填志愿受家长影响，你没有跟父母沟通就被安排吗？

· 调剂到不喜欢的专业后，你只是被迫接受、没有主动选择第二专业、辅修吗？

· 工科技术出身，毕业后从事人力资源培训，你的职业发展目标是什么？

如果这位同学转换一种表达方式，就有可能改变考官提问的态度和内容，我们看下会发生什么变化：

【版本二】我的高考失利，遭遇人生中第一次挫折，但我并没有气馁，而是主动与父母沟通。我对人力资源比较感兴趣，但父母根据丰富的社会经验建议我选择技术型专业，于是积极争取到一家二本院校的调剂机会。在读期间，我积极思考未来的人生走向，主动参与各种社会实践和企业实习，逐渐树立了互联网技术企业的产品研发与培训的求职目标，将所学专业和个人兴趣相融合，毕业后我如愿以偿赢得了这样的机会……

按照这样的表述，考官提问的方向就可能是：

· 你是如何对挫折的？

· 你有什么样的人生规划？

· 你是如何在互联网企业的求职竞争中脱颖而出的？

· 你最大的优势是什么？

（3）掌控节奏

我们可以利用有限的自我介绍时间，说明自己的教育情况、职业背景，展示以往突出的工作业绩，讲述自身的成长经历、个性特征和兴趣爱好，表露对学习机会的渴望，以及未来规划和远大抱负。这一环节准备得好，完全可以在展示自身亮点的同时，掌控后续自由提问的节奏，对整场面试都有重大意义。考生要梳理出属于自己的面试总体策略，需要经过准备和训练才能达到。例如哪些内容详细介绍，哪些内容一笔带过，哪些内容埋下伏笔等。

5. 介绍原则

（1）失败案例

千人一面

很多同学的自我介绍过于传统，甚至使用网络查询来的模板，没有对结构和内容进行精心设计。这样的自我介绍缺乏辨识度和记忆点，千人一面。虽然这样安全系数较高，但放在精英云集的 MBA 面试，尤其是知名高校的面试考场，大概率只能没入茫茫人海中，失去踪影。例如：

> 【示例】我叫×××，今年 36 岁，毕业于××××大学国际经济与贸易专业，在大学中曾连续 3 年担任班长，带领班级获得校级优秀团支部称号，曾有短暂的支教经历，毕业时曾获得北京市集体户口。过去 5 年我在××××有限公司工作，在项目中负责协调设备物流，申请设备费回款、工程保险，与业主、监理商务谈判及商务函件起草等工作……

如此陈述的问题点体现在毕业多年仍然大篇幅介绍在校经历，与当前时间间隔过于太远，价值感较低；其次可能引发为何不留北京的讨论；还有就是工作内容非常琐碎，第一印象是后勤保障人员。这样的自我介绍未能突出工作亮点，也未能恰当地表达工作的重大价值。

重复简历

有些同学将自我介绍与简历内容画上等号，完全重复简历上的各段经历，虽然内容面面俱到，但是容易失去焦点，甚至让考官对自我介绍失去兴趣，毕竟考官阅读纸质简历的速度远高于考生讲话的速度。例如：

> 【示例】我是×××，30 岁，现在就职于××公司××部门，我的经历是：
> 2016 年毕业后，我入职于××公司楼宇服务中心，主要职责是为写字楼提供服务……
> 2018 年，我调任到××公司××部门就职，主要职责是招商引资……
> 2020 年，我负责挨户排查、为居家隔离人员提供采购服务……

这样的自我介绍亮点不突出，与简历内容高度一致，极有可能导致考官注意力转移，失去自我展示的机会。

沉迷过去

出现这种情况的考生过于聚焦在自己的光辉历史，与过去、现在、未来相关素材的比例未能有效平衡，甚至对未来只字不提。如果无法体现自己的发展空间和潜质，那如何体现各大院校 MBA 项目的培养价值？这个问题看起来路人皆知，但许多考生的自我介绍确实忽略了这一点。

过于随意

还有少部分的考生对自我介绍缺乏足够的重视，认为凭借对自身经历和特质的了解，不需要特别准备。陈述时想到哪里说到哪里，缺乏主题，结构不清，更没有翔实的论据和严密的论证。

（2）目标原则

通过上述案例分析，我们总结出自我介绍应当遵从的五大原则（见图8-3）：

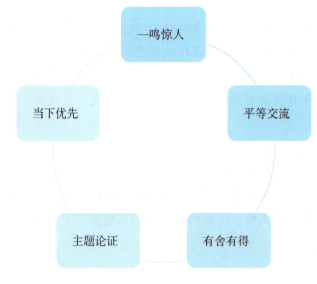

图8-3 五大原则

·一鸣惊人原则：因为首因效应的存在，考生们应该保证自我介绍零失误，实现一鸣惊人的效果。这个效果并非一味追求高大上，而是让考官留下良好的第一印象，整体感觉如沐春风，对考生的亮点、特点印象深刻。

·平等交流原则：自我介绍是平等交流，既不是自负自大的吹嘘，又不是畏首畏尾的谦卑；对考官是尊重、虚心的态度，对自己是自信、期待的态度。

·有舍有得原则：由于时间限制，自我介绍想要面面俱到可能性较低，如何在内容上斟酌取舍、详略分配就成了关键。不要为了尽可能多地表达而语速过快，这样容易产生压迫感、难以展示重点；也不要为了显示成熟稳重，故意拖慢速度，考验考官的耐心。

·主题论证原则：很多考生自我介绍形散神也散，主要原因是没有把自我介绍当作主题论证来开展。论证的核心命题是我值得被报考院校录取。既然是论证，就应当有清晰观点、有简要论据、有严密论证。需要补充的是，论述文并不意味着干瘪生涩，美妙的文采、适当的幽默和精彩的演讲，同样非常重要。

·当下优先原则：结合前面的失败案例，我们知道，为自我介绍准备素材时，目前正在从事的工作要优先于过往的经历，当下的感悟要优先于过往的感悟，最近取得的成就和荣耀要优先于过往取得的。此外在整体布局中未来的规划也很重要。过去、现在和未来在自我介绍中的比重应当相对均衡。如果自我介绍对未来的工作和学习展开丰富的联想，却忽视了对现状的介绍，导致考官不得不在后续自由问答的环节补充了解，这对于考生来说是一个损失。

6. 内容结构

（1）标准结构

自我介绍其实并没有强制规定的结构或内容，但在多年的 MBA 面试辅导中，我们逐渐总结出主题内容最鲜明、逻辑思路最清晰以及沟通效率最高的自我介绍版本，沉淀为一套行之有效的标准结构，供大家参考。

标准结构通常分为三部分，时间以 3 分钟最常见。如果时间短于 3 分钟，则等比例压缩内容，结构不变。以 3 分钟版本为例，我们将标准结构分为虎头、豹尾、猪肚三个部分（见图 8-4）。

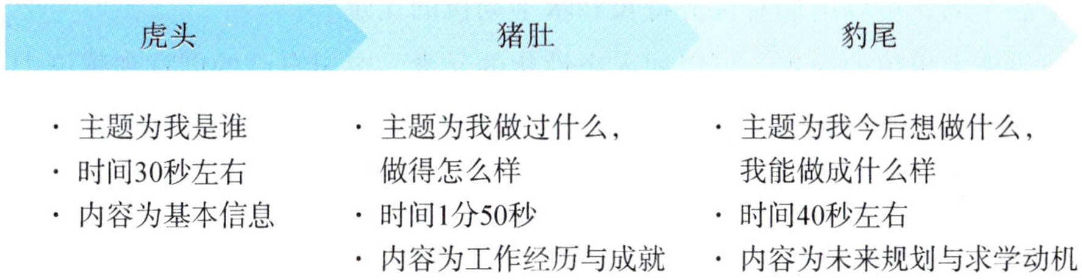

虎头	猪肚	豹尾
· 主题为我是谁 · 时间30秒左右 · 内容为基本信息	· 主题为我做过什么，做得怎么样 · 时间1分50秒 · 内容为工作经历与成就	· 主题为我今后想做什么，我能做成什么样 · 时间40秒左右 · 内容为未来规划与求学动机

图 8-4　自我介绍标准结构

虎头

·第一部分是自我介绍的开头段落，最重要的是直入主题、个性鲜明、留下记忆点，就像虎头一样威猛精神。个性鲜明并非要求张牙舞爪，沉稳规范也是一种个性。

·虎头部分重在第一时间满足考官的信息需求，回答"我是谁"的问题。时间通常控制在 30 秒左右。主要内容为姓名、年龄、教育背景、任职单位和职务等基本信息。

·虎头部分应简明扼要，避免过度的渲染和铺垫。以往有部分考生将第一部分与第二部分的工作经历和成就相连接，容易让人感觉缺少过渡、层次不清，建议从语气和文字上明显区分出两个部分，从而有利于考官的理解。

猪肚

·第二部分称为猪肚，是指自我介绍的主体要言之有物，紧凑而有气势，如同猪肚一样充实丰满，没有任何无价值的信息。此处应着力划分主体内容的层次和逻辑关系。

·猪肚部分重在介绍自己的工作经历与成就，回答"我做过什么、做得怎么样"的问题，时间通常在两分钟左右，建议分 10 秒给第三部分。

·注重用事例和数据增强说服力，在客观事件之上自然地总结提炼。

豹尾

·第三部分称为豹尾，是指自我介绍的收尾要承上启下、总结升华，展望未来、心怀天下，如同豹尾一样潇洒有力。

·豹尾部分内容主要是职业规划、报考动机、社会责任乃至人生梦想等，回答"我今后想做什么，我能做到什么样"的问题，时间在 40 秒左右，不用面面俱到，在观点上注意提炼和拔高。

（2）共性与个性

"虎头、猪肚、豹尾"的三段式结构，每部分之间的逻辑脉络清晰明确，但并非一成不变。考生在准备自我介绍时，可以在遵守共性规范的前提尝试个性化的展示，根据自身履历的特点，各有侧重地陈述亮点，不用生搬硬套。例如：

·处于职业转换期的考生，可以增加未来规划和求学动机的比重。

·学历背景和能力出众的考生，但年龄较小、工作阅历不丰富，导致工作成就部分内容不够丰满，可以增加对优势特长和求学动机的比重。

·演讲能力出色的考生，可以加入个性化的元素，突出自己的创意和感染力。

·营销思维卓越的考生，甚至可以打破三段论的限制，以更加大胆、创新和个性化的方式展示自己。

总而言之，包括自我介绍在内的各个面试环节，都要通过和面试官的沟通达成通过面试、获得学习机会的目的，站在院校的角度去思考自己的个人面试，能够帮助我们决定要说什么，怎么说。

7. 范文示例

（1）主题与结构

介绍了自我介绍的标准结构之后，我们在一些同学们关注较多、但可参考资料较少的内容上加以讲解。首先是以往自我介绍指导书中提及较少的主题与结构。主题与结构是自我介绍的骨架，除了虎头和豹尾相对稳定之外，这里的主题与结构专门介绍猪肚部分多样化的素材组织方式。

·个性主线式：是指以自己在某方面特别突出的个性特质作为主线，统领自我介绍全文。例如：

【示例】我是一个勤奋吃苦、不达目标不罢休的实干者，也是一个不断寻求突破、创造性思考的谋划者。在实干方面，记得有一次……在谋划方面，在我身上又体现出两大特色，那就是……

·经历主线式：是以职业发展历程中的数个典型阶段为主线，组织自我介绍的全部素材，重点是职业发展目标的统一性以及各个阶段的特殊性，可以重点阐述转折发生的原因与过程，以及对实现职业发展目标的积极意义。例如：

【示例】过去十余年，我的职业生涯可以概括为一句话：曾经为了艺术梦想而努力，现在为了企业理想而奋斗。因为一直以来对艺术的热爱，2010年我选择了进入专业排名全国前三的××大学学习艺术表演专业……2019年，我毅然迈出了艺术领域的舒适圈加入环境保护领域的创业企业，这种转变的原因是……

·模块主线式：是以个人成长和事业发展的不同模块为主线，全方位地展示自己，但比重上仍然是职业发展和未来规划优先于其他模块。例如：

【示例】下面我将从学习能力、工作成绩、社会活动三个方面介绍我自己。在学习能力方面，我连续四年获得校级甲等奖学金……在工作成绩方面，我先后就职于××公司和××公司，取得了……在社会活动方面，我积极参加乡村支教、抗震救灾……

（2）发展愿景

自我介绍中的发展愿景与申请材料中的职业发展规划必须一脉相承、内容和风格一致，但是发展愿景的内涵比职业发展规划更宽广，高度也比职业发展规划更宏大。这个部分可以理解为贯穿考生的过去、现在与未来的愿景，涵盖了职业发展规划的内容，但也增加了更多关于事业理想、人生梦想和社会责任的光彩。相信各大高校的考官们都会对有理想、有计划，心怀家国天下、行动脚踏实地的考生刮目相看。

在这个部分，同学们也经常出现一些不足之处。

·愿景与计划相混淆：愿景是宏大的个人发展目标，是发自内心的热爱，是执着追求的动力，而计划是针对具体目标的行动方案，两者混为一谈无法体现胸怀与格局。

例如我的发展愿景是三年之内成为我们部门的副经理，把销售额从 1 000 万元提升至 1 500 万元。

·个人愿景与企业愿景相混淆：这种情况通常出现在创业者身上，虽然创业者的职业规划和创业公司有不可分割的关系，但我们仍然不能将个人的发展愿景与公司的战略规划混为一谈。两者的主体是不同的，内容描述和实施方法也是有区别的，需要改变描述方式。

·职业规划难以掌控：部分任职于国有企业或者政府部门的同学提出，由于组织特殊的人才选拔和晋升方式，个人对未来的职业发展缺乏掌控能力。这种想法显得很无奈，即使我们无法明确职业发展的节点与职位，但个人主动设定职业发展的方向与目标，并且向着目标重塑自我、超越自我，力争通过素质提升、业绩增长或能力拔高向组织和领导证明自己，哪怕在职业发展道路上受挫或者延迟也会积极应对。这种正能量的态度和行为更能吸引考官的目光。

（3）报考动机

自我介绍第三部分的豹尾部分，我们通常会阐述报考目标院校的原因，但很多同学此部分的表达较为无力、单薄和千篇一律。常见的问题有单纯表达自己对报考院校的憧憬之心，毫不吝啬地赞美报考院校的优势，缺少自身与报考院校匹配性的阐释，缺乏对自身选择原因的解读或者解读毫无特色，例如我希望在××大学 MBA 学习管理知识、提高管理技能、完善知识体系……针对上述问题，我们给大家提出如下建议：

·增加报考院校对自己的重要意义，强调报考院校与自己所处的行业、企业或者事业目标有较高的匹配度。例如一位在中西部区域从事金融行业、计划报考北大光华 MBA 的考生将报考动机表达为：

【示例】在中国金融思想和变革的发源地更加系统地学习金融理念和知识，开阔国际化的金融视野，指导中国中西部地区的金融创新与创业……

·简述自身能为报考院校贡献的价值。自我介绍必须非常简洁地回答清楚这样一个问题，我需要得到报考院校的深造机会，同时我也值得报考院校录取我。很多同学都很急切地表明，无论从哪个方面都急需到报考院校充电，急需到最高学府深造，往往忽略了自身贡献。所以在自我介绍豹尾的部分画龙点睛地说明自己能够为报考院校贡献的价值，是明智的做法。

·丰富报考动机的内涵：在众多考生千篇一律的报考动机映衬下，如果我们能将报考动机阐述得真实、丰富、生动，无疑又为自己增加了新的亮点。但是报考目标院校的 MBA 项目除了学习管理知识、提升管理技能，我们还能想到哪些原因呢？我们还是以北大光华 MBA 的考生们为例：

【示例一】我想通过北大光华 MBA 的学习平台，掌握系统科学的管理知识，借鉴跨行业的商业经验，拓宽全球视野格局。力争在五年之内从副总经理晋升为总经理，十年之内带领公司成为年度营收 10 亿以上的公司，产品覆盖人工智能、5G、大数据等领域……

【示例二】我希望有幸成为北大光华 MBA 的一员，聆听大师智慧以开眼界，结识精英校友以励自身，站在巨人的肩膀上，实现人生路上的不断超越……

【示例三】我认为政府同样需要兼具专业能力和管理思维的复合型人才，北大光华 MBA 对于我系统提升自己的管理知识有很大的帮助，还能增强我的社会实践能力，使我拓展思维，充分领会国家政策的制定过程和指导精神，提升竞争力和领导力，成为国家需要的多元化复合型人才。

（4）范例对比

虎头

【版本一】各位老师好，我叫张学友，目前任××××集团股份有限公司财务总监，全面负责集团公司预算管理、财务分析、财务 BP 打造等工作。

版本一严格说来并没有严重的问题，但没错不代表就是一个精彩的开端。此版本的开头中规中矩，缺少记忆点，没有企业背景为个人事业加持，非常有特色的姓名也没有机会展示个性特征。

【版本二】各位老师好，我叫张学友，没错，就是歌神张学友那个张学友。目前工作单位是集合智能仓储、智慧物流和供应链金融等多业态的 B2B 工业互联网领军企业××××集团，我的职位是集团财务总监。我是一个好学习、善沟通、强管理的人，下面将从三方面向老师们介绍自己。

版本二首先用幽默的方式强化了姓名，为考官留下记忆点。其次，一句话表明了考生所处的热门行业和领军企业，增加了职业背景的亮点。然后，用"好学习、善沟通、强管理"三个关键词概括了个人特质，最后引出猪肚部分的内容。

MBA 面试的考官们每天考查为数众多的考生，如果千人一面、人云亦云，听取自我介绍将是一件枯燥乏味的事情。所以精心设计又恰到好处的自我介绍更容易在第一环节吸引考官的注意力。越个性化的东西往往越有趣，容易给人留下深刻印象，例如名字背后的小故事，成长过程中的独特经历等，但选材还是不能脱离 MBA 面试的商务场景。

如果你天生幽默感十足，那么启动你的幽默感，把一些看似普通的东西用不同的风格呈现出来。如果你天生不是特别有幽默感，那么就让你的自我介绍，尽可能保持简洁和商务化，在考官看来，一个简洁清晰的自我介绍，远比装模作样的幽默更贴切。

猪肚

【版本一】2008 年大学毕业后我先去了深圳，就职于一家金融投资咨询公司，先后经历了客户经理、培训经理和总经理等职位……2017 年，由于家庭原因，我回到家乡，在××市××汽车集团工作至今，现任公司董事长。公司旗下包含汽车 4S 店、汽车快修和汽车金融等多元化业务。其中汽车维修公司是当地最大的汽车维修类社会福利企业，多年来为残疾人就业和社会福利事业做出了突出贡献。汽车销售分公司连续两年获得某国产品牌汽车销售占有率的全省第一。公司旗下的汽车金融服务公司也是本地最大的汽车金融服务公司，年汽车贷款放款量超过1 500 笔。

版本一是传统自我介绍的典型代表，以时间为主线一一讲述职业经历。不足之处体现在以下几点：首先内容过于平淡，没有突出个人亮点。其次，回归××汽车集团的原因模糊，数年之内成为董事长的发展历程也没有说明。然后，后半段不像自我介绍反而更接近公司业务简介。最后，未能阐述个人职位晋升、公司快速发展与考生的付出与贡献之间的关系。

【版本二】2010 年大学毕业后，我在深圳任职于一家金融投资咨询公司，先后经历了客户经理、培训经理和总经理等职位……2017 年，家族企业因经营不善陷入巨大困境，作为父母独子，我毅然放弃深圳的事业回到家乡，挑起了××汽车集团董事长的重担。我接手后重新组建团队，调整营销模式，制定融资方案，通过系列举措在一年半后扭亏为盈，汽车销售业务年营收从×××万提升到××××万，连续两年销售占有率获得四川省第一。2019 年，本地汽车行业因配套贷款服务落后而发展遇阻，我积极将业务拓展至汽车金融领域，不仅服务集团客户，还为其他车商客户提供金融支持，助力行业发展。目前汽车金融服务公司也做到××市最大，年购车贷款放款量超过 1 500 笔。

版本二仍然以时间为主线，但做出了几点优化：首先，讲述了一个跌宕起伏的创二代故事，令人印象深刻。其次，简要说明回归××汽车集团的原因，突出了家庭责任感和经营管理能力。然后，回到第一人称视角，介绍接管企业后的变革举措与成效。最后，树立了一个勇担责任、大胆创新、服务地方经济的创二代形象。无论是考官、领导还是客户，与讲道理相比大家更喜欢听故事，这一点在申请短文、面试问答和自我介绍中都是通用的。所以用故事思维展示自我、回答问题，可以更有效地说服与影响他人。

豹尾

【版本一】虽然我暂时没有遇到发展瓶颈，但如果我不进行知识更新和技能升级，我也会在未来遇到事业危机。我的职业生涯将迈入新阶段，我需要突破认知的界限，完善知识体系，与更优秀的老师同学们同行，遇见更好的自己。我深刻意识到自身有很多不足，希望进入全国顶尖学府深造学习，只要开始永远不晚，只要进步总有空间。

版本一中，这位同学非常坦诚地表明了主动迎接危机与挑战的积极态度，也诚恳地介绍了报考 MBA 的真实想法，字里行间充满了正能量。但不足之处在于未能将报考动机与企业发展、个人成长紧密联系，也没有论述自身与报考院校之间的匹配性，目光仍然聚焦于自身而没有放眼社会、心系民生。

【版本二】目前我担任公司总经理助理，配合总经理将公司努力打造为工程咨询行业第一品牌，实现产值超 10 亿和上市的五年规划。作为公司最年轻的高管，我正在经历从专业技术人员到高层管理者的转型，为了构建更加完整的知识体系，我希望进入世界顶尖学府深造学习，××大学 MBA 项目师资力量强大、课程设置丰富，一定能够实现我的成长目标。我也能够带领更多同行与优秀为伍，共同推动绿色工程、智能建设的高质量发展，共同实现对美好生活的向往。

版本二在版本一的基础上去掉了个人发展危机的反思，增加了企业战略与个人职责的内容，突出了当前转型期的关键节点与考生未来的发展潜力，为考生深造学习的意图增加了合理性和匹配性。最后，此版本还表达了考生作为行业领军企业高层管理者带动行业进步的想法，致力于推动传统建工行业的转型升级，紧扣当下绿色环保、智能建造与高质量发展的热点命题。

全文（见表 8-2）

表 8-2　自我介绍范文对比分析

段落	版本一	版本二	对比分析
虎头	（无问候）	各位老师，上午好	版本一缺少问候，自然大方的问候能提升亲和力和职业素养
虎头	（无个人介绍）	我叫张瑞敏，33 岁，"瑞"字寄托了家人的祝福，也蕴含了像海尔张瑞敏一样锐意进取的期待。在以往的学习、工作和生活中，我也一直践行着家人的这份期许	以独特的姓名为演讲素材开场，给考官留下积极、深刻的第一印象
虎头	我 2010 年毕业于××大学建筑学专业，现任××房地产开发公司的××总监，全面负责公司 20 多个项目、800 万方规模、400 亿货值的项目管理工作	2010 年，我从××大学建筑学专业毕业后，一直从事房地产全产业链条的产品创新与策划、产品体系搭建、品质控制等管理工作，现任××房地产开发公司的××总监，全面负责公司 20 多个项目、800 万方规模、400 亿货值的项目管理工作	版本二用一句话补充了大学毕业后与当前工作之间的经历，回避了繁琐的过程，突出了清晰的职业发展脉络
猪肚	大学期间，我的成绩名列前茅，历任班长、学生会副主席等职务。曾获得 4 次校级奖学金、3 次校优秀学生干部以及优秀毕业生干部等奖项	—	由于该同学毕业十一年，本科期间的学习成绩、干部经历和荣誉奖项时效性偏弱，与突出的职业成就相比价值感较低，建议整体去掉
猪肚	毕业后，我选择了房地产公司的项目管理工作，先后经历了 A 公司、B 公司、C 公司、D 公司等地产公司，代表作有武汉××项目、南京××项目、重庆××项目等	在工作中，我首先在项目管理方面上取得了突破性成绩：我负责的××项目示范区获得了全球顶级的设计大奖，还被国际权威期刊《××××》收录。在数字化变革方面，我完成行业内首个 BIM 封装模块，为项目运营插上数字化的翅膀，缩短了一个半月的运营工期，节约了 2 个亿的项目成本，坚实地迈出了行业数字化转型的步伐	版本一列举了毕业后的任职经历，11 年中频繁转换了多家企业，不仅无法突出特色，而且可能导致企业忠诚度的质疑。成就部分虽然成绩出色，但过于集中于业务板块，管理存在空白，亮点不够突出，还缺少事例和数据的支撑

表8-2（续）

段落	版本一	版本二	对比分析
猪肚	在工作中，我勤勉努力，曾获得××公司最佳新人奖、特别贡献奖等提名，两年内连升四级。我在专业上也取得突破性成绩：首先，成功运用一体化思路打造的××项目示范区，被业内权威期刊《×××》收录。其次，在行业数字化变革方面，完成行业首个BIM封装模块，为项目运营插上数字化的翅膀，项目工期节约近1.5个月时间	我在管理方面也付出了诸多努力：我入职××公司后一年就争取到了独立操盘的机会，目前领导8人团队全面负责项目管理工作。我所管理的项目规模从300万方增加到800万方，项目货值也翻了两倍，我也因此赢得了最佳新人奖。公司还将人才培养和体系管理的工作交给我，我用1年时间培养了10位管理培训生，打破专业和业态壁垒，将平均人效提高了近50%，还创造了集团内两年连升四级的记录	版本二并未强调多次转换任职企业的不利因素，而是聚焦于当前的工作平台，突出自身在项目管理专业和团队管理方面的工作成效与荣誉，还增加了代表性的数据提供支撑、加深印象
豹尾	当然，人生应当百尺竿头、更进一步。我规划了未来3至5年的职业发展目标：从××总监做到城市公司总经理。这就需要在土地拓展、公司运营、财税体系、销售体系等维度上进行系统和全面的学习。所以我选择读××大学MBA，学习经济、财税、营销、战略等方面的知识，以及提高区域市场及行业趋势的分析能力	未来，我计划用3至5年的时间，完成从××总监到城市公司总经理的蜕变，这就需要将思维从产品研发向投资、营销等综合管理转化；同时，我还需要提升财税分析、统筹规划等能力。我希望通过××大学MBA的学习，在经济、财税、营销、战略等课程中系统提升，向良师益友学习，加快思维转化、全面提高综合管理能力，成为房地产数字化转型和创新的倡导者和引领者	版本一中谈到了未来的职业规划和报考××大学MBA的动机，但两者之间缺乏紧密的联系。此外，版本一的报考动机过于局限在学习知识和提升能力，缺乏行业的宏观视野和引领变革的决心。版本二较好地完善了这些不足
豹尾	（无致谢）	谢谢各位老师，希望能给予我进入××大学深造学习的机会	版本一缺少结束语与致谢，真诚简洁的致谢能使自我介绍有始有终、礼貌大方

二、抽题回答

1. 考查概况

（1）环节介绍

部分院校的个人面试中设置了抽题回答的环节，由考生随机抽取题目并作答。有些院校的题目内容偏向于管理学与经济学理论知识，例如：

【例题】

· 什么是学习型组织？

· 管理的基本职能是什么？

· 简述期望理论的内容等。

还有一些院校的题目偏向于社会经济热点，例如：

【例题】

· 国家实行户籍改革的问题与商机。

· 如何看待互联网金融？

· 是否赞成大学生创业等。

抽题形式通常是在考生入场之后，在题卡或试题信封中自行盲选。考生拿到题目后，需要仔细阅读题干，尤其是背景介绍篇幅较长的部分，快速划分背景素材与核心问题。如果题目中包含多个问题，同学们务必看清题目的数量与关键词，避免出现漏答、错答等情况。抽题方式是完全随机，管理知识型题目可能新题、老题同时出现，而社会热点型题目往往随着每年社会经济热点即时更新。

（2）考查目的

对于并未接受过系统的工商管理教育的考生来说，抽题回答环节的考查目的并不是管理知识或社会认知本身。我们将考查目的归纳为经验、知识、信息和思维四个层次。

经验：是指考生从本科教育、工作实践和社会阅历中直接总结出来的对企业管理的认知。

· 考生的管理经验越多，应对抽题回答的能力就越强，即使遇到无法直接准确回答的问题也有可能调动经验予以化解。

· 经验丰富的考生在面临特殊的压力面试时，更有可能控制情绪、舒缓压力、沉着应对。但经验也会带来劣势，人的经验越丰富，思维模式就越固定，经验范围之内的问题乐于思考，经验范围之外的问题可能难以应付。

· 充分发挥经验丰富的优势、避开思维定式的局限、增加思维的灵活性与创新性是考生们需要注意的要点。

知识：是指通过学习间接取得的系统认识。

· 纯粹的知识是短暂且不稳定的，回想我们本科期间学习的知识，毕业后如果不是频繁应用，可能大多数内容甚至连课程名称都忘光了。

·知识对经验起着完善和补充的作用，脱离实践经验的管理知识，作用就会大打折扣。

·抽题环节能够检验考生将知识学以致用、融会贯通的能力。

信息：是指通过传播渠道获得的消息，最大的特点在于流动性与时效性。

·对于最新信息的收集与理解也是抽题回答的考查目的，这可以观察考生对国内外时势、社会经济趋势、行业变化、企业变革等信息的敏锐程度。

·保持与外界的信息交流，不仅体现为"知道"，而且要求能够理解和应用。例如国家倡导的"双减"政策对各行各业产生何种影响，"碳中和、碳达峰"对国际产业布局带来哪些变化。

·我们需要在了解信息的基础上，运用知识与经验举一反三、深入分析。

思维：是对事物发展的规律性认识。

·思维方法就像知识产权、注册商标、知名品牌一样，虽然无形，却有着真实有效的价值，起着举足轻重的作用。

·抽题回答之所以采用随机的方式，最重要的目的是考查考生的逻辑思维能力，考查考生是否能够运用强大的思维能力整合经验、知识和信息来应对熟悉、不熟悉甚至完全陌生的问题。

2. 题目类型

（1）管理知识

抽题题目来源广泛、内容灵活。根据不同院校的出题风格，我们将内容分为管理知识和社会热点两类。管理知识类题目一般是名词解释、知识原理或理论应用。

名词解释：直接、准确地解释专业名词的含义，把握概念的关键词，运用自己的语言按照特定的逻辑来组织。名词解释不需要过于展开，但可以简要地延展重要内容，例如管理者如何应对非正式组织的存在，如何开展目标管理等。

【例题】

·什么是非正式组织？

·什么是学习型组织？

·简述目标管理的含义。

·简述管理的基本职能。

知识原理：抽题题目中常见关于管理学原理或职能管理领域的知识点，这种类型的题目同样以简答为主，运用结构化思维清晰地回答核心问题。我们在答完知识原理要点之后，可以结合自身的管理实践适当展开，例如我们公司运用的绩效考核方法是平衡计分卡，体现了紧扣战略、内外平衡、定量定性结合等优势……我们公司在企业文化落地方面做到了……

【例题】

- 绩效考核的常用方法有哪些？
- 如何理解企业文化？包括哪些内容？
- 领导在激励员工方面发挥的作用是什么？
- 什么是经济学中的"经济人"假设？

理论应用：抽题题目中还有一类灵活性和综合性更强的应用型题目，需要考生在充分理解知识原理的前提下，运用理论回答实践问题。这一类问题需要进行适度的扩展，参照论述题的答题模型进行解答。

【例题】

- 为什么说领导是一门艺术，又是一门科学？
- 论述赫兹伯格"双因素理论"的指导意义。
- 财务和采购部发生矛盾，CEO 应怎样调和？
- 领导力是先天具备的，还是后天培养的？

（2）社会热点

社会热点类题目可以分为论述题和应用题两类。由于社会热点类题目的开放性和复杂性，考生需要按照题目的要求和自己的理解，全面而深入地阐述观点或解决问题。这类题目不像管理知识一样存在标准答案，甚至题目本身在社会上尚存争议，因此其考查重心不是答案的对与错，而是考生视野的全面性、思维的严密性以及表达的系统性，这种特征也使考官的评判存在一定的主观性。

论述题：论述题通常问题比较宏大而开放，从当前受到足够关注的社会经济热点出发，要求考生明确地表达观点、做出选择或者提出解决方案，并深入阐明理由或步骤。例如：

【例题】

- 你怎样看待互联网金融？
- 国家实行户籍改革会带来什么问题和商机？
- 请谈谈对延迟退休的看法。
- 有人赞成高考改变命运，有人反对，你怎么看？

应用题：应用题是论述题的变体，通常从当今社会较具代表性的商业场景出发，提出具体的经营管理问题，要求考生根据经济管理理论知识分析、思考并提出解决方案。此类题目与论述题相比，对考生理论联系实际的要求更高。例如：

【例题】

·大学生们到农村支教，带小学生外出活动，有孩子意外受伤了，导致村民们很生气。如果你是支教小组组长，应如何处理？

·某市有四家化工厂，生产经营存在不同程度的环境污染。市政府决定限定产量，四家共计授予 200 万元生产指标。如果你是其中一家工厂的厂长，你会如何应对？

·现在的社会上，朋友聚会时很多人低头看手机，对这种现象你有什么建议？

3. 答题模型

（1）答题模型对比

抽题回答环节虽然题目数量不多、占比不大，但其随机抽取、主题宏大、论述要求高、答题难度大等特点决定了我们必须给予足够的重视。我们曾经介绍过个人面试需要通过刻意练习提高回答问题的专业性，那么在抽题回答环节我们更需要运用结构化思维的答题模型，帮助我们拿到理想的分数。

结构化思维的答题模型是在传统答题逻辑三段论基础上的升级与优化（见图8-5）：

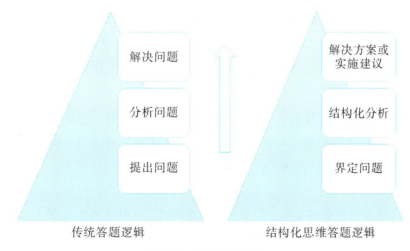

图 8-5　答题模型对比

·第一个变化是首先将开放式的问题界定清晰，找到恰当的切入点在既定范围内探讨宏大的主题。

·第二个变化是强调应用结构化的思维分析问题，为分析部分提供了有力的工具。

·第三个变化是在前两步骤之上提出解决方案或实施建议，并将题目的立意升华拔高。接下来我们将针对三部分进行示范并提出建议。

（2）界定问题

精确的陈述问题比解决问题还要重要。当我们面对开放式的问题时，界定问题能够帮助我们缩小思考范围、聚焦核心问题、就答题视角与考官之间达成共识。例如：

【示范一】 我国户籍改革带来什么问题与商机（界定问题部分）？

· 第一句：2014年7月国务院颁布新政，决定取消农业户口与非农业户口区分，建立城乡统一的户口登记制度，拉开了我国户籍改革的序幕。

· 第二句：户籍改革的过程中既存在一些问题，也蕴含着丰富的商机……

· 第三句：我从两方面阐述……

【示范二】 你怎样培养团队的创新能力（界定问题部分）？

第一句：互联网时代，创新能力取代了知识和信息成为最关键的驱动因素。

第二句：我认为把团队的创新能力视为核心目标、投入优势资源培养极为重要，我也是这样实践的。

第三句：我主要从人才培训、制度支持和文化引领三个角度培养团队创新能力。

界定问题部分的建议：

· 第一句话从题目的案例场景或涉及的社会现象落笔，承上启下引出回答。

· 第二句话明确题目关键词的概念、背景或视角，开门见山提出观点。

· 第三句话提示结构化分析的内容与结构，概括要点，引出下方详细论述。

（3）结构化分析

结构化分析需要参考我们在第六章思维训练部分的介绍，选择适合的思维模型深入剖析核心问题。思维模型需要通过日积月累才能达到灵活应用的状态，但是短时间内的刻意练习也会让我们的分析能力快速提升、进步显著。

【例题】 大学生们到农村支教，带小学生外出活动，有孩子意外受伤了，导致村民们很生气。如果你是支教小组组长，应如何处理？

【解析】 这道题对考生的提问是"如何处理"，因此我们在结构化分析部分可以讨论"面向哪个群体"和"具体做什么"两个问题。这道题中我们基于利益相关者模型，以与意外事件密切相关的群体为对象，一一分析并提出应对方案，如图8-6所示。

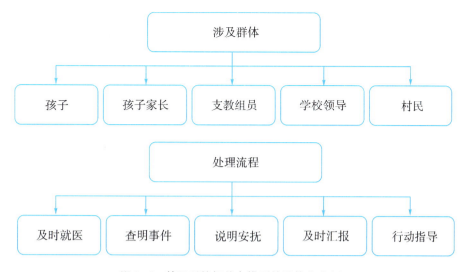

图 8-6 基于利益相关者模型的结构化分析 A

这道题中，我们分析得知孩子意外受伤，涉及的个人或群体按照轻重缓急排序，至少应当包括孩子本人、孩子家长、支教组员、学校领导以及广大村民。对于不同的利益相关者，我们按照重要性和时效性分别应对：

· 首先，及时送孩子就医、通知孩子家长并尽快查明事件过程与原因。

· 安顿好孩子及家人之后，需要将相关情况告知组员，对没有责任但受到责骂的组员说明情况并安抚情绪。

· 其后，第一时间向学校领导汇报事情经过和处置情况，获得学校支持后向广大村民致歉。

· 此外，还可以与校领导、村干部等多方协商后续的支教活动行动方案，尽最大可能控制风险、发挥支教积极作用。

当然，利益相关者理论并非唯一的思维模型，时间序列模型、重要-紧急四象限法等也是可行的思路。

【例题】某市有四家化工厂，生产经营存在不同程度的环境污染。市政府决定限定产量，四家共计授予 200 万元生产指标。如果你是其中一家工厂的厂长，你会如何应对？

【解析】同样按照利益相关者模型，我们将涉及群体和处理流程展示出来，如图 8-7 所示。（结构化分析部分）

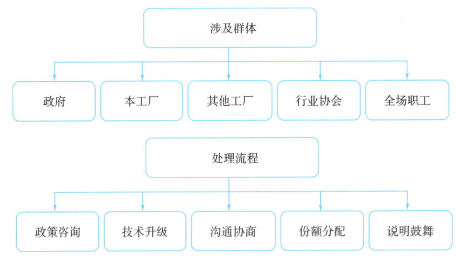

图 8-7　基于利益相关者模型的结构化分析 B

结构化分析部分的建议：

·通过横向分析展示思维的广度，通过纵向深入展示思维的深度，最危险的是从细节入手碎片化答题，内容之间缺乏逻辑关系。

·分析问题时尽可能运用思维模型做到不重叠、不遗漏，即使没有合适的模型，也要遵守这个分析要求。

·阅读题目之后快速打腹稿、心中绘制金字塔的二级结构，即主要观点和子观点，子观点可以是多种原因、多个分析角度或多个内容模块。

·将子观点列出之后再横向排序，最重要的子观点在前面，选择三点较合适，如果还有其他相关观点可一笔带过。

·结构化分析部分做到论点开头，论据在后，论述清晰，论证充分。

（4）解决方案或实施建议

解决方案或实施建议是以界定问题和结构化分析为基础，针对题目的问题给出解决方法或流程，或者针对树立的观点提出实施建议。

【例题】如何解决中国人出国狂购奢侈品的问题？（解决方案部分）

【回答】解决消费外流问题要从供需两方面着手。

在供给方面，提升品质监管和技术水平，净化国内消费环境，严厉打击假冒伪劣产品，使消费者能够放心消费；同时，考虑国内和国外标准对接，有些产品将采用国际标准……

在需求方面，推进国内商贸流通企业税费的减免、降低流通环节的直接税收和间接税负，缩小境内外差价，建更多免税店等，同时要针对国外游客开免税店，实行退税制度，使境外游客能在中国消费更多……

结构化分析部分的建议

· 解决方案的要点需要与结构化分析的内容一一对应，例如结构化分析部分将出现问题的原因归结为三点，那么解决方案部分就应当针对这三点提出建议，而不是另起炉灶。

· 解决方案需要顶天立地，即我们针对问题提出的方案或建议，向上能符合时代趋势和国家大政方针，向下能有利社会民生和落地实施。

· 解决方案需要与社会主流、正确的价值观相契合，体现积极向上的正能量。

· 解决方案需要层次清晰、条理分明，涉及相关部门时方案要体现各司其职、各尽所能、互相合作精神。

· 设计解决方案的时候需要创意和灵感，方案关键在于其可行性。

· 创造方案可无限创意，但选择方案必须严谨，方案的选择通过确立决策标准和标准权重决定。

· 如果题目要求并非解决问题或实施方案，也可以就界定问题和结构化分析进行回顾总结、分享感悟与启示等。

4. 答题示例

（1）范文分析

在海外买买买消费上万亿元，国内消费品为何不受宠①

结构化分析图见图8-8。

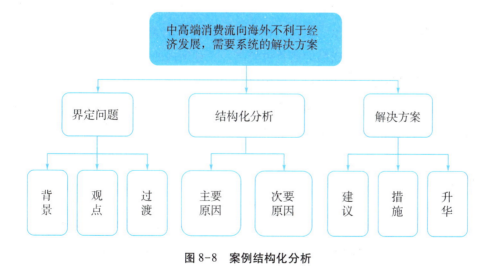

图8-8 案例结构化分析

———————
① 谢涓. 在海外买买买消费上万亿元，国内消费品为何不受宠 ［EB/OL］. （2016-07-11）［2021-10-25］. https://www.yicai.com/news/5041223.html.

【界定问题】

近几年，我国人民群众的消费需求逐渐升级，在供需矛盾加大、价差悬殊以及人民币升值等多重因素的作用下，中国消费者在海外掀起了购买狂潮。大量中高端消费流向海外，中国企业和品牌的市场份额被大幅挤压，对国内消费的提升也产生严重的负面效应。中国人为什么乐于在海外做"行走的钱包"？原因是多方面的。

【解析】

- "总—分—总"结构之总起。

【界定问题示例】开头三句话

- 第一句：简要描述中国中高端消费外流的现象及主要原因。
- 第二句：开门见山提出观点"中高端消费流向海外不利于经济发展，需要系统的解决方案"。
- 第三句：承上启下，从总起过渡到分别论述。

【结构化分析】

从供给方面来看，我国消费品工业存在有效供给和创新能力不足的结构性矛盾，品种结构、品质质量、品牌培育等方面与发达国家相比尚有较大差距。

从需求方面来看，我国消费者需求不断提高。随着收入水平的提升，我国居民正从温饱型消费向享受型消费转变，但我国目前生产供给结构还是规模化扩张这种初级产品生产的方式，供给与需求严重脱节。

除了供给和需求之间的矛盾，国内外的价格差异也有影响。数据显示，酒类产品、手表、中高端品牌服装、香水、箱包、化妆品和皮鞋等消费品国内外价差能达到30%左右。导致价差的原因一是商品的消费税较高，二是国内的流通成本过高、环节过多，三是国外品牌商对华的定价政策存在差异化。

此外，人民币升值刺激中国游客出国购买、中国消费者对国内产品质量的信任危机和国外品牌与模式的创新性也是影响因素。

【解析】

- "总—分—总"结构之分别论述。
- 主要原因：供给与需求之间的严重脱节，从供给与需求两方面分析原因。
- 次要原因：国内外价格差异、人民币汇率变化等，分别阐述背后的原因。

【解决方案】

解决消费外流问题要从供需两方面着手：

在供给方面，提高质量监管和技术水平，净化国内消费环境，严厉打击假冒伪劣产品，使消费者能够放心消费；同时，对接国内和国外标准，有些产品采用国际标准生产。

在需求方面，推进国内商贸流通企业税费的减免、降低流通环节的直接税收和间接税负，缩小境内外差价，建更多免税店等，同时要针对国外游客开免税店，实行退税制度，使境外游客能在中国消费更多。

此外，针对国内假冒伪劣产品的问题，除了强化法律的监督作用之外，最根本的还是需要形成市场的淘汰机制，通过充分的市场竞争把假冒伪劣产品淘汰掉。其中的关键是建立消费品的信息披露制度，让消费者对消费品的信息有更多的知情权。企业升级都是市场竞争压力所迫，市场竞争是推动企业转型升级的一个主导因素，当然政府也需要让整个过程更平稳，比如在降关税方面，要有结构性的变化。

【解析】
- · "总—分—总"结构之总结。
- · 解决建议：从供给与需求两方面提出建议。
- · 实施措施：除了依靠法律和政策之外，还需市场机制发挥优胜劣汰作用。
- · 将对问题的认知和解决方案提升到宏观层面，发挥政府和市场主体的积极作用。

（2）金字塔结构示例

【例题】京东比阿里巴巴的营业额高，为什么京东的利润更低？（金字塔结构示例见图8-9）

【界定问题示例】开头三句话
- · 京东与阿里巴巴都是我国电商企业的领军企业，京东的营业额比阿里巴巴高但利润更低。
- · 这种现象是由其商业模式决定的。
- · 我根据利润等于收入减去成本和费用的思路，从三方面分析其原因。

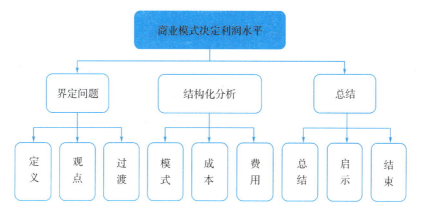

图8-9　金字塔结构示例1

·结构化分析模型为"利润=收入-成本-费用"。我们可以分别论述京东和阿里巴巴在收入、成本与费用三方面的来源、规模与关系，来支撑"商业模式决定利润水平"的观点。

·这道题的核心是分析两家企业商业模式的区别导致的利润水平差异，解决问题或实施方案并非重心。

·第三部分可以就前面两部分进行回顾总结，简要提出关于这个问题的启示，最后向考官致谢并示意回答结束。

【例题】国家出台"双减"政策，你怎样看待？（金字塔结构示例见图8-10）
【界定问题示例】开头三句话

·"双减"政策是指国务院办公厅发布的《关于进一步减轻义务教育阶段学生作业负担和校外培训负担的意见》，即"双减"政策。

·"双减"是国家为了提升学校育人水平、持续规范校外培训而出台的有效政策。

·我认为其积极作用体现在短期和长期两方面。

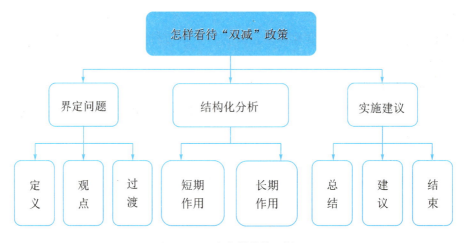

图8-10　金字塔结构示例2

·结构化分析模型为"短期作用+长期作用"。短期作用包括减少作业负担和校外培训负担、防范校外培训机构无序发展、强化学校教育主阵地作用等。长期作用包括遏制资本对基础教育的影响、转变教育观念、降低教育成本等。

·实施建议：这道题可以在最后针对"双减"可能带来的问题以及所需的配套措施，简要提出实施建议，最后向考官致谢并示意回答结束。

（3）答题示例

【例题】特斯拉在中国新能源汽车领域形成的鲶鱼效应，你怎样看待？（金字塔结构示例见图8-11）

【解析】

·界定问题：简要界定"鲶鱼效应"，开门见山提出观点"特斯拉形成的鲶鱼效应有利于我国新能源汽车行业发展"，承上启下引出结构化分析部分。

·结构化分析：采用"利弊分析"的思维模型，分别阐述观点和依据。

·解决方案：总结观点、提出中国新能源汽车企业的应对建议，拔高答题立意，最后结束回答并致谢。

图8-11 金字塔结构示例3

【界定问题】

各位老师好，关于特斯拉在中国新能源汽车领域形成鲶鱼效应的问题，我是这样理解的："鲶鱼效应"源于自然界中强大的鲶鱼在搅动小鱼生存环境的同时，也激活了小鱼的求生能力。特斯拉作为新能源汽车领域的先行者，凭借强大的研发能力和市场地位经常不按常规出牌，就如同新能源汽车行业的鲶鱼。我认为特斯拉形成的鲶鱼效应有利于我国新能源汽车行业发展，我将从弊端和利益两方面阐述理由。

【结构化分析】

特斯拉被誉为全球电动车第一品牌，特斯拉电动车的车控技术、自动驾驶技术、电池寿命与巡航能力技术等都处于全球领先地位。特斯拉进入中国后对于中国现有市场的传统车与新能源汽车都会带来鲶鱼效应。从弊端来看，特斯拉加剧传统汽柴油汽车的淘汰步伐与速度……中国电动车也不可避免地受到冲击……

但是特斯拉进入中国对我国新能源汽车行业也有着不可忽视的利益。首先，特斯拉提高了我国新能源汽车行业的竞争程度，给予依靠政策扶持和领取补贴的新能源车企巨大的压力……其次，特斯拉促进了整个新能源汽车产业链的完善和技术研发，带动了行业发展的质量和效率……还有，特斯拉的普及改变了中国消费者对新能源汽车的认知和感受，改善了消费者对新能源汽车的整体印象……

【解决方案】

总而言之，特斯拉带来的鲶鱼效应有利于激发国产新能源汽车的技术创新和质量提升，推动中国新能源汽车达到全球最先进的水平，甚至诞生世界级的车企。中国新能源汽车企业应当……对国家和社会而言，这是摆脱对石油的过度依赖、早日实现碳达峰和碳中和目标的必然选择……

5. 答题锦囊

拿到题目来不及思考怎么办？

·同学们拿到题目之后不要着急，在 MBA 面试中都允许考生做适当的思考，思考时间并没有强制要求，但建议以不超过 30 秒为宜。

·如果觉得问题难度较大，可以主动征求考官意见："请允许我做简短的思考。"

·就算回答胸有成竹，也应避免不假思索地答题，还是可以进行数秒钟的简短构思，梳理观点与答题要点，体现出回答的审慎态度。

题目太长怎么办？

·部分题目尤其是案例型题目题干会比较长，部分院校的抽题题目长达半页 A4纸。题目较长其实不是坏事，因为其中会包含答题的线索或提示信息。

·这种情况下大家需要沉着冷静，首先快速找到问题，然后带着问题浏览题干，以句子为单位读懂每句话的意思以及上下句的关系，快速梳理出题干内容的层次和逻辑，再迅速组织答题思路。

我在答题的时候别出心裁、刻意与众不同是否可行？

·抽题回答部分的题目确实没有标准答案，部分题目本身也存在争议。

·部分题目允许大家给出不同的结论，例如高考是否能够改变命运等，此类题目只要观点鲜明、论证有效、言之有理、表达精彩，不随大流反而可能出奇效。

·还有部分题目，本身并无标准答案，但国家方针政策或社会主流趋势有所指向，例如出台三孩政策是否合理等，此类题目需要遵循有利于社会发展、有利于增强国力、有利于提高人民生活水平，符合公序良俗、符合精神文明等准则来立论。

抽到的题目不会回答怎么办？

·首先，各大院校的抽题题目并不会刻意追求生僻冷门的知识或事件，只要保持对管理知识和社会热点的适度了解，都可以举一反三予以解答。

· 其次，有些题目看起来陌生，实际上我们可以调动积累的社会常识进行分析。例如在香港 IPO 有什么利弊？虽然我们不了解香港 IPO 的流程和要求，但是基于香港的独特地理位置、金融市场特征以及国际化特色，我们可以推导出香港 IPO 具有资本市场国际化、IPO 效率较高、有利于对接国内和国际市场等优势。

· 最后，如果真的遇到完全不能理解的题目，或者完全没有相关知识与信息的积累，我们可以在考场规则允许的情况下向考官坦诚说明并申请换题。但是这种方法是迫不得已而使用的救命稻草，因为万一换题之后仍然不会回答，那就可能导致比较悲观的结果。

面试时突然忘了老师提到的问题怎么办？

· 面试时有可能考官向考生同时提及多个问题。在此情况下，考生要记录好老师的问题。

· 如果确实忘记了问题题目时，可以采取的措施：①把能记住的问题，尽可能多维度地阐述、延展；②根据问题回答的时间和饱满度，考虑是否再向老师询问忘记的题目的必要性。

三、自由问答

1. 考查概况

（1）环节介绍

自由问答是绝大多数院校 MBA 面试的必备环节，问答时间和问题数量不等，由考场内的全体考官根据专业领域和个人偏好轮流提问。自由问答的范围十分广泛，考生的教育背景、成长经历、工作单位、所处行业、职业规划、性格特征、兴趣爱好乃至家庭情况都有可能成为提问的对象。自由问答的难度通常不高，同学们如实作答、条理清晰就能应对，正因如此，有些同学对自由问答缺乏足够的重视，要知道还是有些问题可能会让我们陷入为难、尴尬甚至挖坑踩雷的境地。例如：

· 曾经遭遇的挫折或失败：这类题目字面意思是请考生讲述一个挫折或失败的案例，但是如果选材的科学性和回答的艺术性不足，可能让考官对同学们的价值观、职业道德、决策水平、抗压能力甚至情绪控制产生质疑。

· 重要的选择与取舍：这类题目通常包括非本专业就业、职业平台选择、事业或人生重大转折等。我们既要实事求是地说明背景和原因，又要注意部分不利因素的回避或合理解释。

·所处行业或岗位的商业伦理：这类题目比较考验考生灵活应对的能力，对于部分行业或职位可能存在的商业伦理问题，我们是直接宣告不会同流合污、严词拒绝，还是暗示考官人在江湖、遵守规则？

诸如此类的问题如果不能妥善应对，就可能使自由问答环节变成难以逾越的高山。因此，自由问答部分需要同学们高度重视、认真准备。

（2）考查目的

自由问答承担着 MBA 面试的重要职责，第二章介绍过的知识、能力、品行、视野、责任、愿景六大选拔标准都有可能在此环节进行询问或者验证。为了全面展示、突出优势，同学们要从答题的内容、形式与状态方面应对考查。

·内容：自由问答虽然"自由"，但答题的内容才是王道。部分题目是简洁明快地询问信息，例如毕业院校是哪里，所学专业是什么，兴趣爱好是什么等，此类问题的回答言简意赅，直接、礼貌又完整地给予考官所需信息即可。部分题目需要考生给出答案并深入分析原因或总结启发感悟，例如你学习法律专业为什么要从事服装行业，你最失败的一件事是什么等，此类问题需要逻辑清晰、要点清楚，有论点、有论述、有论据。

·表达：表达是自由问答的一部分，尤其是考生在谈及自身的成长经历、发展现状与未来规划时，语言流畅、素材熟悉是最基本的要求，还有就是在答题过程中表情自然、肢体大方舒展，与考官有目光交流，这种表达方式是考生诚实和自信的体现。

·状态：自由问答在 MBA 面试中占比最大、时间最长，因此考生除了答题的内容与形式，个人状态也会影响此环节的评价。考生应该做到自尊自信、不卑不亢，既能在专家老师们面前谦虚大方，又能展示自己术业专攻、底气十足的一面。此外，MBA 面试对绝大部分同学来说是人生中的一次重大挑战，我们在自由问答过程中如果能够做到态度诚恳、情绪饱满、富有感染力，也会为自己争取到考官的情感支持。

为了达成上述考查目的，我们需要做好梳理和总结的准备：

·梳理：考官自由提问的主要来源是考生的申请材料与自我介绍，因此我们需要熟悉申请材料中的所有信息，包括客观信息、主观论述、附件材料以及推荐信。

·总结：总结是指回顾过去、分析现状、展望未来，站在考官视角模拟值得询问的要点，然后提前总结各种可能询问的答题思路，储备职业规划、个人优劣势、典型事例等高概率素材。

2. 答题指南

自由问答部分是以考生为中心的提问，部分指导书籍按照过去、现在与未来的时间线索串联所有问题，这种方式逻辑清晰易于理解。但为了使自由问答的范围更加完整、类型划分更加详细，我们将自由问答的主题范围扩大到个人成长、事业发展和行业趋势三大类，以下为大家列举代表性问题并给出答题建议。

（1）个人成长

高考为什么选择××大学？

·如果高考顺利考入心仪的学校，可以突出自身的人生理想、较好的目标管理、努力实现梦想等正面形象。

·高考选择院校或专业的时候，受到家庭和父母的影响非常自然，但建议避免使用"父母强迫""子承父业"等缺乏自主思考和沟通能力的字眼，要展示父母树立榜样、自己耳濡目染、双方主动沟通分析利弊后接受了父母建议等积极因素。

·如果高考或选择专业并不顺利，避免简单归咎于高考失利。高考失利的原因很多，即使遇到健康问题、交通意外或家庭事件，还是要说明主客观原因，坦然面对，而不是甩锅。

·本科院校如果是知名高校，可以表现出自豪感和使命感，继续将母校精神发扬光大。如果是不知名高校，可以发掘和提炼母校的相对优势，即使没有明显优势，也避免妄自菲薄、嫌弃母校。

为什么选择××专业？

·如果本科专业是自己的志愿专业，参考上一题第一条建议。

·如果本科专业是被调剂的专业，建议简单说明高考填报志愿或专业录取不顺利的原因，重点说明自己对待此专业的主观思考和接受理由。避免向考官呈现出抱怨命运不公、嫌弃本专业等负能量。

·如果本科专业是不明就里或者运气使然的选择，建议坦诚说明高考时尚无清晰的职业发展方向，但分析了录取专业的特点、前景和匹配性之后，接受了结果。避免给考官留下随波逐流的不良印象。

（2）事业发展

为什么毕业后选择××公司作为职业生涯的起点？

·如果毕业后的首次任职经历与本科专业对口，可以介绍自己选择工作单位的原因、在求职面试中过关斩将的经历以及目标企业的优势和发展空间等。

·如果首次任职经历并不对口，应避免追逐社会热点、缺乏自主意识、人云亦云等，建议介绍求学过程中重新审视自己、发掘个人优势、确立了新的职业方向等，但本科阶段的学习仍然极有价值，给自己的新方向奠定了基础等。

·部分考生因特殊的时代背景，首次任职为毕业服从分配，同样建议介绍在毕业分配过程中的理性分析和主动沟通。

你怎样获得××公司的工作机会？

·对于非应届毕业生来说，职业转换的方式更加多样化，谈及职业转换机会时应做到真实可信、突出优势。

·如果转换机会源于社会招聘，可以自信地讲述自己抓住××单位面向社会招聘专业技术或管理人员的机会，凭实力过五关斩六将，最终赢得工作机会。但自信要有度，避免变成夸夸其谈的炫耀。

·如果转换机会源于主动个人争取，可以介绍自己工作过程中确立的职业发展方向和求职目标，突出不断优化自身的知识与技能，最终赢得新的机遇。

·如果转换机会源于员工引荐，可以强调求学和工作期间结识了众多优秀同行，在职业转换时获得认同与推荐，不必刻意隐瞒引荐事实，毕竟得到同行认可是对自身能力与人品的肯定。

为什么离开了××公司/××岗位？

·这道题对于职业生涯中出现较为明显的转换的同学是高频问题，无论转换是正常还是频繁，都建议结合职业规划和中长期目标，表明转换的可行性与必要性。

·如果离开××公司是走向更高的职业平台，可以强调自身成长迅速，在专业知识与管理能力方面进步显著，因而获得了晋升或跳槽的机会。

·如果离开××公司是平台量级下降但职位或薪酬上升，可以介绍经历大平台的系统培养，希望获得更广阔的发展空间，或者借助中小型企业决策灵活、反应灵敏的优势让自己的职业理想有落地的机会。

·如果离开××公司是被迫裁员或者平台与职位双降，建议同学们坦诚、勇敢地面对问题，谈谈自己的思考和感悟，表达积极面向未来谋求转型的决心。

工作期间主要有哪些成就？

·考生们在面试中经常被问及主要工作成就或最有成就感的事件，应对此问题建议采用自信与谦虚的态度，既要充分展示自己的成就与成长，又要避免自吹自擂、忘乎所以。

·工作成就可以体现专业能力，例如参与难度较大的工作任务，凭借自身出色的专业水准，做出了卓越的贡献。

·工作成就可以体现敬业精神，例如完成某个项目期间因严肃谨慎、细致认真，及时发现诸多问题，为公司规避风险、挽回损失等。

·工作成就可以体现创新意识，例如基于丰富的专业知识和管理经验，优化工作流程、创新工作方法、查找管理漏洞、保障公司利益等。

工作中如何学习与成长？

·对于专业技术型、研发创新型、跨行业就业型或刚踏入职场的考生，学习与成长是职业发展的必经路径。因此我们需要突出自己的学习能力与成长速度。

·学习方式包括持续更新专业知识、考取专业资格证书、参与行业协会、担任授课讲师、撰写专业论文或书籍等。

·学习方式还包括学以致用、改进工作，与时俱进、学习国家最新政策和规范，掌握行业前沿知识与资讯等。

·学习方式还可以是带领团队共同成长，培训与指导下属员工日常工作，优化工作流程、合理分配任务、培养后备人选等。

工作中遇到过什么样的难题？如何解决的？

·这道题应避免空泛地谈工作难度，而是需要讲述具体的事例，展示本行业、本岗位的挑战性。例如从事工程造价的同学谈到职业生涯中最困难的项目体量庞大、管理复杂、时间紧迫，且这些特点需要简要说明或数据支持。

·此类题目如果能够好好把握，其实是转危为机的送分题，因为解决问题的过程就是展示自身聪明才智、沟通能力和管理经验的过程。例如这位从事工程造价的同学解决上述问题的方法是召集会议、达成共识，统筹安排、科学分配任务，提前调配人财物等资源并创新技术工艺，严格执行计划以及全程监督纠偏等。最终解决问题、达成的积极效果也可以简单阐述。

工作中如何创新？如何推动转型升级？

·互联网时代，信息化、数据化、智能化是大势所趋，越是从事传统行业的同学，越要主动思考变与不变的问题。

·考生在介绍自己的创新情况时，不是简单地列举探索与发现的流水账，而是应当将自己创新的过程与结果提炼成清晰的观点。

·创新的结果如果能够量化，可以选择 2 至 3 个最有代表性的数据，例如上面提及的从事工程造价的同学，将创新结果提炼为节约成本 3 000 万元，预算准确率达到90%，远远高于行业平均水平。

·创新的结果如果不易量化，也可以从管理经验、知识产权、企业形象和社会反响等方面进行表述。例如精准的工程造价为自己和公司赢得了项目组的话语权，项目获得公司颁发的总裁特别奖，获得国家专利5项，收获主流媒体赞誉等。

你如何激励下属？你如何处理团队内部的矛盾冲突？

·考生们都是具备一定实践经验的管理者，在 MBA 面试中经常被问及团队管理的问题，尤其以激励下属和处理冲突为主。

·工作激励不仅是提供丰厚的薪酬和发展的机会，还可以包括知人善用、通过任务进行激励，公正考核、奖罚分明，培训教育、提供成长空间等。

·协调冲突是解决团队内部矛盾。考生首先需要明确角色定位、赢得团队成员信任，其次要认真倾听、引导矛盾双方换位思考，然后分析矛盾成因、针对性解决根源问题、安抚员工情绪，最后把握矛盾解决的进度、形成良好反馈。

·上述问题其实有一定的抽象性，解决此类问题最好的方法就是阐述完观点之后，结合自身的管理实践举出有代表性的简要案例。

（3）行业趋势

行业趋势问题是考生所在的岗位、单位、行业相关问题的统称。面试官一般从考生的工作职责、发展空间和行业思考的角度提问。虽然面试官并非直接询问考生自身的因素，但其能够通过考生的回答判断思维的广度、高度和深度。

所在企业的主要竞争对手是谁？对标企业是哪家？与对标企业相比，有哪些差距？

·曾经有考生面对此问题时表示，本公司的产品具有非常明显的优势，在市场上并没有竞争对手。虽然说自信是优点，但这位同学明显将关键词局限于本公司或产品的直接竞争对手，缩小了竞争对手的概念，也未能领会考查的意图。

·无论是哪个行业的企业，面对市场就会存在竞争，就连具有垄断性质的公共事业行业，例如国家电网、燃气公司等都在积极树立品牌形象、提升竞争能力。对企业而言，直接竞争对手可以是与自身业务范围相似、实力相当的对手，也可能是潜在的、处于成长之中的后起之秀，还可能是产品或服务存在替代性的企业，甚至出其不意的跨界对手也有可能形成竞争。

·对标企业通常是指在市场地位、综合实力或品牌形象方面稍微领先自己、值得本公司学习借鉴的企业。设置合理的对标企业，往往是企业定位清晰、自强不息的体现。在谈及本企业与对标企业的差距时，我们要注意把握分寸，既要看到对标企业的优势，又要看到本企业追赶甚至超越的潜力和方向，从资质水平、业务范围、市场份额、管理体系、品牌形象等方面进行全方位的比较。

你所在的企业在绿色化、数据化、智能化等方面有哪些创新举措？

·无论是否是传统行业，企业都需要主动或被动地迎接时代的挑战，在 MBA 面试中谈及行业的未来趋势，绿色化、数据化、智能化都是需要企业考虑的创新方向。介绍本企业或行业的创新举措，建议同学们避免碎片化的漫谈，而是主动提炼要点，帮助考官高效地理解。

· 我们仍然以工程建筑公司的同学为例，介绍绿色环保的创新情况。这道题可以从产品创新、技术创新、外部合作等方面回答，当然绿色环保不仅仅体现在这些方面，大家可以结合自身知识积累和工作实践的优势，实事求是地加以阐述。

· 绿色环保方面：绿色环保体现在产品创新，例如本公司率先设立了建工工业化公司，大力推广装配式建筑；体现在技术创新，坚持绿色发展方向，加大湿拌砂浆技术、特种混凝土创新等技术研发；还体现为与外部机构合作，延伸发展绿色材料，研发污水处理技术等。

上述内容仅仅是从个人成长、事业发展与行业趋势方面选择了代表性的问题，给予适当的答疑建议与避坑指南。但自由问答问题的广泛性与灵活性是无法通过列举完全覆盖的，所以建议同学们更多地理解上述解答的思路与方法，做到举一反三，通过认真准备拿下自己最为熟悉、最容易展示优势的自由问答环节。

3. 答题锦囊

被问到最失败的一件事、最大的挫折等负面事件该怎么办？

上一小节我们介绍了化解高考失利影响的思路，确实有非常多的同学将高考经历视为最失败、最挫折的事情。这种选择是合情合理的，也为后续报考 MBA 选择更高的目标埋下伏笔。但是什么样的事件适合作为 MBA 面试中探讨的失败话题呢？我们来看一位同学将高考失利视为最大挫折的回答：

【回答】高中的时候我成绩很好，就读于理科实验班，但高三的学习成绩受到情绪影响有所下滑，高考时恰好生病，本来有望就读清华北大，结果只考上了××大学，我们学校成绩不如我的同学都上了北大……

这样的回答虽然真实，但或许给考官留下情绪不稳定、遇事推卸责任、吃不着葡萄说葡萄酸等负面印象。考场上如若临时抱佛脚选择负面事例，可能给自己挖下巨坑。我们将适合在考场上谈及的负面事例列出三个选择标准：

· 时间相对久远，过去发生的失败或挫折归咎于自己的年少无知、经验不足。

· 事情的严重程度不致命，没有导致公司倒闭、股东跳楼、客户破产等破坏性的后果，通过当时或后续的努力可以适当挽回或减少损失。

· 负面事件转危为机，或者为后续的发展带来了积极的启发和显著的成长。

岗位属于财务部、计划部、总务部等非利润中心如何体现工作价值?

·根据价值链理论,与企业创造价值有关的部门都有其独特的价值,即使属于不创造利润的辅助部门,也可以提炼出工作的价值。

·工程造价部:以核心部门的工程造价部为例,工程造价是对建筑工程建设成本和费用的全面管理,虽然并不直接创造经济效益,却能通过控制成本为企业和项目创造价值。主要举措包括项目前期编制合理预算,项目中期实时监控成本,项目后期科学决算等。

·财务部:以辅助部门的财务部为例,财务部在企业管理过程中探索三级成本控制、推进预算闭环管理、结合信息化工具建立利润保障机制,实现消除浪费、提高生产效率等目标。

职业发展规划不清晰怎么办?

·职业发展规划最关键的就是通过阐述自己以往的职业发展经历,在企业管理经验和行业把握能力方面的积累,使自己具备成为该行业高级管理人才的基础和潜质。

·同时还要证明基于以往的企业管理经验的积累和报考项目的系统培养,自己未来的职业发展之路将会具有广阔的空间。

考场上临时想不到合适的典型事例怎么办?

·回答此类问题最有效的办法就是提前筛选和储备典型事例。无论是自我介绍、撰写短文还是自由提问,都需要准备典型事例。这些事例能够体现自身各方面能力,尤其是团队组织能力和管理沟通能力,以便考官对考生的综合管理能力做出客观评价,进而初步确定申请人是否适合作为 MBA 面试候选人,并给予面试资格。

·考生在面试中叙述成功的管理事例,有利于在紧张的 MBA 面试中减缓压力。在遇到问题比较抽象、回答过于简单缺乏说服力的场合下,考生也可以列举自己精心准备的管理事例,来使自己的回答更为有利。

·在面试节奏过于紧张或觉得无从下手加以回答时,考生还是可以通过举出自己在以往管理经历中的相关事例来缓解紧张气氛,控制面试节奏。

哪些事例对 MBA 面试有价值?

·团队组织能力:考生作为申请人,在特定的团队组织中或临时性组织中发挥主要管理协调职能,并带领团队实现既定目标,从精神层面提升团队的凝聚力和士气,同时调动团队每位成员的工作积极性,形成团队前进的合力。

·管理沟通能力:在复杂的情境下如何克服困难,从企业整体利益或战略发展的角度出发,通过有效的管理沟通,实现企业不同部门、层级之间的有效协调整合,在出现冲突的情况下避免或解决冲突,推动企业的整体发展。

·战略规划能力:参与制定企业长期发展战略的经历,提高企业核心竞争力的事例，预判未来市场竞争态势并调整企业发展策略的经历。

·此处应注意，部分考生在讲述事例的时候，过于还原事情的来龙去脉，对自己发挥的作用和价值缺乏提炼。简要总结能起到画龙点睛的作用，考官没有义务帮助你总结。

探讨行业竞争或发展趋势怎么办？

·此类问题考查的是考生视野和思维的开阔性。如果谈到竞争对手，只能想到直接竞争对手，忽略了替代品和跨界打击，例如传统老牌燃油汽车企业的同学忽视了新能源汽车的崛起，就会显得格局偏小。

·谈到行业竞争和发展趋势的问题，我们需要具有前瞻性，充分考虑行业发展趋势。例如汽车销售行业中 4S 店业态还会持续多久，新能源汽车的销售模式是什么以及怎么改变等。

·回答考官的类似问题，需要注意避免专业技术性过强、难以理解的表述，例如过多的专业名词和技术术语，不仅不会为自己加分，还有可能留下炫技的印象。要知道，深入浅出是一种很加分的能力。

除了学习管理知识、提升管理技能，想不到其他的报考动机怎么办？

·想进入金融、TMT 行业（科技 technology，媒体 media，电信 telecom）工作的同学，可以强调通过研究生阶段学习相关专业知识，拓展人脉，实现快速转型提升。

·创业者或处于创业初期的同学，可以突出通过研究生阶段的学习在团队搭建、商业模式设定与优化、资源匹配、综合能力与素质等方面的提升。

·技术研发工作者可以表达从纯技术人员转型为"技术+管理"的复合型管理人才的意愿。

·人力资源工作者可以设定晋升为企业高层的目标，通过学习获得更好的战略思维和 HR 专业知识与能力。

·财务管理工作者可以说明对整合资源、拓展思维、提高战略思想的需要。

·营销工作者可以通过 MBA 学习了解市场发展趋势、洞察行业商机、了解消费者偏好与需求等。

考官的质疑与本企业或行业的实际情况不符怎么办？

·由于考官们的知识结构和从业经历限制，其可能会出现对具体的行业或领域不够了解的情况。但是要记住的原则是，在考场上任何情况下都不要直接否定考官，更不要发生顶撞或争吵。

·有礼貌且有智慧的做法是"yes……but……"的思路，首先肯定考官质疑的合理性，其次作为资深从业者为考官补充一些行业或领域内的详细信息，如果能够结合简要案例加以说明则更有说服力。总而言之，考场上最重要的是个人思维方式、知识能力、性格特征、抗压能力等的全方位展示。

4. 真题礼包

（1）管理类

·请讲讲所在公司的商业模式。

·请说说所在公司的组织结构、主要业务。

·你们公司的发展战略是什么？你们公司目前面临哪些重大困难？如何应对？

·现在公司的业务是否靠关系在运营？

·你公司的愿景、使命、理念是什么？你是如何理解的。

·未来的五年中，你认为你所在行业的发展趋势是什么？

·请问你们公司产品的优势是什么？

·你们公司发展现在遇到了什么瓶颈，请问如何应对？

·如果因技术革新或者市场原因，公司业务需要重大转变，你将怎样与下属谈？

·请谈谈现任公司的发展史。请谈谈先有技术还是先有市场？

·请谈谈公司的产品类型，公司未来发展的方向是什么？

·你们行业的风险是什么？

·在向智能化转型后，你单位的员工被智能化取代，怎么办？

·如果你是负责人，怎么为企业或部门制定计划？

·如果你是领导，觉得公司业务上应该做哪些调整？你作为国企的管理人员，请你谈谈你对国有企业改革的看法。

·你管理的这 20 多人的团队，分开在不同的城市，你平时是如何管理他们的？你觉得你这样的管理方式有什么弱点吗？

·如果领导管理方法有问题，你打算用何种方法告诉他？

·你的下属或同事如何评价你的管理风格？

（2）营销类

·你是如何为公司产品定价的？

·请用 STP 来分析自己的产品，或者用营销对市场的划分维度来分析下你自己公司的产品。

·你是市场的后进者，你将打算采取何种营销竞争策略？

·你们公司的产品有什么样的核心竞争力？

·在互联网电商的冲击下，你们作为传统的销售商，如何应对互联网的冲击。

·马云在"5 个新"中谈到的"新零售"，谈谈你的理解。

（3）创业类

· 你考虑过创业吗？如果将来自己创业，你希望将公司做成什么样子？

· 请谈谈关于创业方面的经历和收获。

· 你认为成功的创业者需要具备什么素质？

· 你的产品在市场上有何竞争优势？

· 目前你遇到的最大问题是什么？准备如何解决。

· 你是如何组建团队的？谈谈你的创业团队成员。请谈谈对合作伙伴的信任度问题。

· 如果你加入创业团队，你适合担当的位置角色是什么？

（4）人力资源类

· 你觉得老板和员工之间有没有纯友谊？

· 谈谈你对你们公司的薪酬体系的看法，并指出有哪些不足。

· 你们公司绩效考核中考核的关键点是什么？

· 公司招人最重要的三点是什么？

· 你是做 HR 工作的，你认为学校应该考核我们这些面试老师的工作吗？怎么考核？

· 公司新项目急需人才，如果你是 HR 总监，你如何开展工作？

· 你对人力资源的哪个模块比较熟悉？

· 你在企业日常管理中如何激励自己的下属？请结合你的企业管理实践，谈一下如何改进你目前所在企业的激励制度？

· 你认为初创型企业与 500 人规模的企业在人力资源方面有什么区别？

· 如果你所负责的部门要裁掉三名员工，你将使用哪些标准？怎么和他们谈话？员工是否有抱怨？

· 如果你的下属比你能力强，你将如何处理？

· 请你谈谈你是如何理解管理者与领导者之间的区别和联系的。

· 团队失去信心的时候，你作为销售经理如何提高团队的士气？

（5）个人特质类

· 谈谈你三到五年的规划？你对你的职业发展有怎样的看法？

· 你最大的优点和缺点是什么？

· 你近年来如此频繁的跳槽，凭什么让我们相信你是优秀的人才？

· 你的上司（下属）如何评价你？

· 你的座右铭是什么？为什么选这句话？

· 你喜欢读书吗？你最近读过的书是哪本？如果你的领导强势，很自我，你如何处理你们的关系?

· 你的本科专业和工作专业性差异很大，你在工作中是如何克服这种差异，成长到目前的级别的?

· 请谈谈你经历的最有价值的一件事。

· 请分析你另一半（结婚对象）的性格特点，可分情况讨论。

· 如果你的公司朝令夕改，你如何应对?

· 你最崇拜或认可的企业管理者（企业家）是谁?

· 你的简历显示你在三个公司做过，前两个公司的时间都很短，可以说说离职的理由和你的职业规划吗?

· 你在管理中最大的问题是什么，列举三点

· 讲一个自己的故事，证明自己很牛。

· 你怎样面对工作压力?

（6）金融投资类

· 你了解当前我国的经济情况吗?

· 你对银行理财产品清楚吗，国有银行和外资银行的理财产品有什么区别?

· 你炒股吗? 对我国股市有什么看法?

· 谈谈现金流对一个企业的意义。

· 谈谈你对利率市场化的认识。

· 哪些特点的企业是你最不倾向投资的对象?

· 你在投资创业型企业时最看重什么?

· 谈谈你对新三板的认识。

· 你对今年下半年的股市的走向有什么看法?

· 你觉得这场新冠疫情会对中国的股市什么影响?

· 请谈谈在香港 IPO 的利弊?

（7）压力面试类

· 你认为获得成功，需要具备的最核心的价值是哪一项?

· 上一份创业，你为什么退出?

· 请谈谈你上次创业失败的原因。

· 怎样证明你的创业项目有足够的生存能力?

· 你觉得要成为商界领袖最重要的特质是什么，用几个词来简单概括。

· 既然你的职业愿景是成为一名卓越的大型企业领导者，那请您谈谈什么是领导力?

· 你认为一个人的职业生涯中最重要的是什么?

·请用四个词描述下你的性格特征。

·你为什么要带水进来？你是要掩饰你的紧张吗？这是一个庄重的场合，你不觉得带水进来会破坏这样的氛围吗？就我个人而言，我觉得你是对我们不够尊重，不太重视这个场合，你都是做 HR 的，应该对这个比较敏感才对。

（8）报考学校类

·你是从事工程管理的，为什么要考××大学 MBA，而不是××大学的 MEM 项目？

·你希望通过 MBA/MEM 的学习收获什么？为什么要考××大学 MBA＼MEM？过去几个月做了哪些准备？

·你准备报什么专业方向，为什么？请谈一谈对我校 MBA 项目特色的了解。

·你觉得××大学对比别的学校而言，有哪些别的学校没有的优势？谈谈你选择××大学的原因？

·了解什么是 MBA 吗？你有什么学习计划？要是你进入××大学学习后与你原先的期望差距很大，怎么办？你认为 MBA 可以给你带来什么？

·你所从事的工作和打算要报考的专业有所差异，你怎么看？

·谈谈你能为××大学 MBA 做什么？

·你为什么想读 MBA，而不是 EMBA？

·你知道××大学 MBA 的使命是什么？

第九章

小组面试关

一、无领导小组讨论

1. 评分标准

MBA 小组面试的考场里通常有 3~5 位考官，培养院校要求考官在面试过程中善于观察，记录考生的典型行为，然后按照评分指标及标准打分。以某高校的 MBA 小组面试评分表为例（见表 9-1）：

表 9-1　某高校 MBA 小组面试评分表（参考）

考评维度			评分			
测评内容	分值	主要考查点	优	良	一般	差
领导潜力	15	1. 战略思维与成就导向 2. 主动意识与团队建设能力	13~15 分	10~12 分	6~9 分	0~5 分
人际沟通能力	15	1. 理解能力与沟通意识 2. 表达能力与应变能力	13~15 分	10~12 分	6~9 分	0~5 分
团队合作能力	15	1. 合作意愿与开放性 2. 包容性与配合性	13~15 分	10~12 分	6~9 分	0~5 分
组织协调能力	15	1. 组织能力与授权能力 2. 冲突应对能力	13~15 分	10~12 分	6~9 分	0~5 分
自我控制能力	15	1. 理性思考与情绪控制 2. 挫折承受能力	13~15 分	10~12 分	6~9 分	0~5 分

测评内容中评分项包括领导潜力、人际沟通能力、团队合作能力、组织协调能力和自我控制能力。

·领导潜力：考查考生在小组面试中的战略思维、成就导向、主动意识与团队建设能力。无论是无领导小组讨论还是团队对抗，过程中都会自然而然地诞生领导角色，领导力较强的考生在这项指标上将获得相对优势。

·人际沟通能力：考查考生的理解能力、沟通意识、表达能力与应变能力。对小组面试题目的理解与把握，对面试进程的推动与调整，都能体现考生人际沟通的能力。

·团队合作能力：考查考生的合作意愿、开放性、包容性与配合性。小组面试与个人面试最大的区别就在于此，在团队合作的过程中，考生需要领导或者配合团队，共同完成面试任务，最终成就自我。

·组织协调能力：考查考生的组织能力、授权能力和冲突应对能力。小组面试的过程中，可能出现分工不明、讨论偏离正轨、观点针锋相对甚至爆发正面冲突的情况，此时考生的表现正是工作场景中组织协调能力的真实反映。

·自我控制能力：考查考生的理性思考的能力、控制情绪的能力和承受挫折的能力。小组面试的参与者众多，不确定因素更多，在压力较大的情况下，是否能够保持理性思维和情绪稳定，是否能够在对抗情境下承受挫折，都是对 MBA 候选人的考验。

2. 环节介绍

（1）考查概况

无领导小组面试是一种采用情景模拟的方式对考生进行集体面试的考查形式。一般一个小组 6~8 位同学，考官从题库里抽一个题目，要求考生在规定的时间内，进行无领导小组讨论，分析问题，提出相关见解和小组结论。在此过程中，考官对考生进行全方位观察，综合评定该考生的思维能力、领导能力、组织协调能力、团队配合能力等，并根据小组及成员的表现来评定打分。

无领导小组讨论面试环节在国内最早起源于外资企业招聘面试，目前已广泛运用于大中型企事业单位招聘、晋升面试，国家公务员面试以及 MBA、EMBA、MEM 等项目的面试中。

MBA 无领导小组讨论题目经常涉及经营战略决策、组织变革、市场定位、销售渠道、市场竞争、品牌建设、公关危机、领导管理风格、沟通协调、绩效考核、企业文化、企业社会责任，微观经济学中的供求关系、市场结构、市场失灵等，考查考生的商业分析能力。虽然目前不少名校的 MBA、EMBA 项目取消了小组面试环节，但是各位考生还是要足够重视该部分，因为个人面试中的抽题及社会热点问答题目，很多都是以往小组面试的类似案例。

按照小组面试题目考查形式，相关案例分为视频版案例和纸质版案例两种类型。视频版案例是考生先观看一段视频，然后回答问题（如：西南财经大学 MBA）。纸质版案例是考生阅读纸质案例，然后回答问题，一般有 1~3 个需要小组讨论的问题。按照小组面试题目选材，相关案例又分为抽象化或传统管理类题目和社会经济、管理热点话题案例两类。

【例题】李总是一家公司的董事长，最近公司亏损严重加上银行欠款压力，李总决定裁员。陈总监是公司的销售总监，也是公司的老员工，表示他的部门超额完成公司销售目标，订单不断，坚决抵制裁员，裁员会引起人心不稳，现在人手紧张，还需要招聘。在裁员问题上，他们产生了矛盾，言语激烈。

问题 1. 请问怎么看待李总和陈总监之间的冲突？

问题 2. 如果你遇到这种问题，该如何解决？

【例题】ChatGPT 于 2022 年 11 月 30 日发布，它可以用于多种对话任务，如聊天机器人、智能助手、问答系统等，能理解用户的输入并生成合理的回应。与传统的规则或模板驱动的方法不同，ChatGPT 是通过机器自动学习数据中的语言规律和语义，从而能够更加灵活地产生自然流畅的对话。请谈谈 AI 发展趋势，AI 会取代人类吗？

（2）流程步骤（见图 9-1）

·小组成员共同观看案例环节：观看一段视频案例或一个纸质版案例。

·小组讨论环节按照学校要求分两种类型。第一类为随机自由讨论，第二类为按照考生编号依次发言后，再进行无领导小组讨论。讨论时间一般为 20~30 分钟。

·小组推选 1 位同学或者考官抽点 1 位同学做陈述总结（2~3 分钟）。

注意：在面试的整个过程之中、之后，有些院校要求考官不评价、不能与考生交流小组讨论情况。有些院校会让考官与考生互动，向小组成员提问并进行小组面试表现的评价总结。

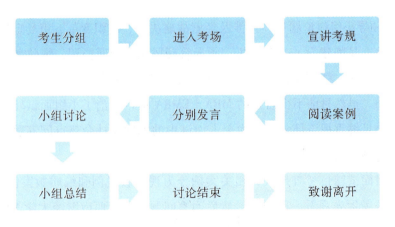

图 9-1　无领导小组面试流程

3. 准备攻略

（1）提前准备

·组员要相互熟悉彼此的名字、行业、岗位、职务、性格等。

·了解组员彼此的行业，如果遇到类似行业的案例，相关组员可以提供更专业的行业背景，供大家参考。

·一般自己创业或在企业里担任中、高管理层的同学，思维比较扩散，对很多战略管理问题有比较深入的了解，可以在小组讨论中进行引导与推进。

·熟悉每个人的性格特点，有利于团队气氛的融洽。

·角色定位的完成：领导者、组员、陈述人。

【示例】相互认识

·大家好！我叫郭小飞，大学毕业后一直从事互联网行业工作，目前在××科技公司担任副总经理，分管研发、技术支持工作。

·各位同学：我叫小明，目前在××银行某某支行担任高级客户经理，负责我们支行高净值客户的财富管理工作。

（2）积极表现

·考生在小组面试中要积极有效发言，一般至少2~3次/人，每次发言2~3分钟。

·考生对案例题目要善于提出新的见解和方案，但要注意合理性。

·小组成员要敢于发表不同的意见，支持或者肯定别人的意见，在坚持自己的正确意见基础上，根据别人的意见，发表自己的观点。

·小组成员要积极消除小组讨论紧张气氛，说服别人，调解争议，创造一个使不开口的人也想发言的气氛，把众人意见引向一致。

【示例】开场白

各位同学：这个案例讲述的是实体门店与互联网电商竞争转型的问题（提炼案例的关键和本质），根据案例的问题，我认为我们可以从××角度，结合××案例信息或理论进行分析，下面我先谈谈我的观点，请大家随后补充和改进，好吗？我的观点是……

【示例】同意他人观点

这位同学的观点，我比较赞同，因为（简述赞同的原因），我认为……（在他人发言的基础上延展，分点论述）。

【示例】 反对他人观点

·这位同学刚才的发言，我认为，可能只考虑到了……，忽略了题目中提到的……，我们是不是还应该从……角度再拓展下。

·如果按照这位同学的观点和措施，可能会导致……，所以我的观点是……

（3）关注队友

·仔细倾听别人的想法或意见，并给予积极反馈。

·及时地对别人正确的想法或意见予以支持，相互支持、找到盟友。

·对别人的方案提出富有创造性的改进点。

·如果小组讨论出现混乱，能向正确的方向进行引导。

·适当妥协。需要的时候适当妥协，以便小组在讨论结束前达成结论。

【示例】 引导讨论进程

·请问你说的是降低管理成本吗？那通过什么方式和途径降低呢？

·你提到的是重视员工培训、考核，从而提高员工专业技能，实现高效生产的观点，其他同学的意见呢？

·××同学，你觉得从人力资源的角度上看这个问题，应该怎么处理呢？

·××同学，你是学环境能源专业的，你觉得应该怎么减少环境污染问题呢？

·××同学的发言已有 4 分钟，我们可否暂停一下，听听其他同学的观点。

【示例】 鼓励他人发言

各位同学，还有其他意见吗？要不我们听听某某同学的意见。

（4）例题解析

【例题】 一家高科技类型的国有企业改制成为私营企业后，桑总接手企业，加大了研发投入和销售成本，同时也带来了两个问题：

问题 1. 销售成本更多地用到了礼品上，是不是应该削减销售成本？

问题 2. 当初承诺要保留 200 位原国企员工，现在公司要进一步发展，是不是要裁减一部分员工？

问题1解析

· 首先需评估销售成本用到礼品方面，是否取得了较好的效果，获得了更大的销售额或更多的利润。

· 这种促销方式是否可持续，能持续多长时间，是否会引起竞争对手的跟进，是否破坏了整个市场的竞争生态，是否会伤害品牌价值。

问题2解析

· 首先要分析这200位原国企员工，是否符合公司进一步发展的要求。是否要裁减员工，需要调研裁减的原因：是因为业绩问题、能力问题、管理问题、职业规划，还是薪酬问题等。

· 因国企改制私企，当初做过承诺，需要查看当初承诺的内容，避免出现大面积违约情况。

处理原则

· 甄别、保留优秀的国企员工，尤其是技术骨干。

· 通过企业相关制度、流程，公开、透明地进行员工分流。

【例题】2011年和2012年巴菲特投资收购美国周边一些城市的地方性报纸，谈到了著名的投资理论"护城河"理论。他提及了报纸业的现状，对比了大型报社和地方性报社的发行量和广告收入。另外巴菲特也给出了这项投资的前景和保障点。

问题1. 请回答什么是"护城河"理论？

问题2. 巴菲特收购地方性报纸的"护城河"是什么？

问题3. 巴菲特收购地方性报纸的启示是什么？

问题1解析

· 巴菲特"护城河"理论是指一个伟大的公司必须有持久的"护城河"，意指企业抵御竞争对手对其攻击的可持续竞争优势，如同保护城堡的护城河。

· 巴菲特说，他认定可口可乐、吉列有宽阔的经济"护城河"，所以他长期持有并收益良好。

问题2解析

巴菲特收购地方性报纸的"护城河"：巴菲特相信这些集中报道他们所在社区新闻的报纸将有一个很好的未来，不会有人在阅读一个有关他们自己或者邻居的故事时中途停下，在城市和乡镇，有一种强烈的社区归属感，没有任何机构能比本地化的报纸更重要。在一系列的报纸投资中，巴菲特看中的是社区报纸具有持续性的读者黏性、被需求与不可替代性。

问题 3 解析

· 传统的行业中的企业也可以发现和塑造核心竞争力。

· 企业要不断地创新、提升，搭建系统性的竞争优势，铸造自己的护城河。

（5）分析技巧（见图 9-2）

· 抓问题：通读案例后，快速抓住案例需要回答的问题，注意审题、扣题，明确分析角度和高度，以问题为索引，根据问题回文定位，寻找突破口。抓住案例中关键问题点、核心点。

· 看行业：案例中的企业所在的行业有什么特性。如软件行业需要快速进行产品的迭代研发，油漆行业需要注重环保以及重视与改善员工的工作环境。

· 看公司：详细整理案例所涉及的公司的类型（如：是外资企业、民营企业，还是国有企业，不同的企业管理、决策模式差别很大）以及企业的现状（如：企业高速发展期，团队人员不足，管理制度和流程有问题等）。

· 看人物：梳理案例中提及人员的岗位、性格、能力、特点等。我们通过一系列的信息梳理，就能更好地进行深入分析和合理延展。

· 重分析：分析出现问题的原因，找到小组讨论的切题点和突破口。结合案例前后内容及行业、公司、人物的特点进行综合分析和合理假设。

· 用工具：选择使用相关分析工具，如 SWOT、PESTEL、波特五力模型、营销 4P、4C、STP 理论等。不适合使用分析工具的案例不强求。注意正反、利弊、客观与主观等两面性、多面性的辩证分析。

图 9-2　分析技巧

（6）形成结论

·小组通过充分讨论形成统一且唯一的结论。如例题中两个中国人一直从法国进口红酒到国内销售，现在法国有红酒庄低价出售，而国内也有地方政府大力邀请他们在当地新建红酒生产厂，请问这两位中国人是收购法国红酒庄，还是在国内自建酒厂？

·在小组讨论做出结论时，不要说一半的钱收购酒庄，一半的钱自建酒厂，这样的答案是不切合实际的。因为绝大多数的企业会根据自己的资源与能力，在重大战略方面做出唯一选择，要么收购法国酒庄，要么自建酒厂，二者只能选其一。

·在小组讨论的案例中，很多题目都是决策型，要求考生作为公司董事长或总经理根据现状和问题做出决策。

决策者应该怎么做？一般可以采取这样的步骤：通过调研收集意见，转变思维、做出决策，沟通协调、具体实施，收集实施结果、评估政策措施，进一步优化和改进。如果小组案例是一个方案型的题目，就需要提出解决措施。一般提出的解决措施要多维，要分阶段、分梯度实施。

【示例】讨论归口

·各位同学，经过刚才充分的讨论分析，我看我们应该统一下大家观点，我概括下刚才一起讨论的要点，大家一会儿看看，还有没有补充。

·现在还剩 5 分钟，我们再想想这个方案还可以进一步完善吗？

·我们把问题解决了，现在还有 3 分钟，大家讨论一下，以后怎么避免同样的问题发生吧！

（7）升华拔高

在小组讨论时，要尽量将视角和立意升华拔高，体现思想的高度和广度，以下是一些常见的案例升华拔高的策略。

·形成解决行业后续类似问题的统一标准，并做广泛推广。

·在做事之前，要提前沟通、安排、调研，未雨绸缪，防止不必要的损失。如美国老板安排希腊员工工作的问题。美国老板要考虑到跨国文化差异造成的沟通噪音，所以在安排希腊员工做事的时候，要评估他的能力、性格特点、做事风格等，提前与之沟通，在过程中进行关键节点的把控和项目的持续推进，这样才能达到最终良好的效果。

·现象或问题要根据企业的战略和发展定位而定。如某空调厂家进行了大规模的降价活动，请谈谈你对该现象的看法。

在分析时，我们要分析这家空调厂家降价的决策动机，升华拔高到战略布局的层面：通过大规模降价，增加产品销量，提升市场占比，打击中小竞争对手。

·针对现象类问题：从政府、媒体、公司管理者等多维度阐述。如例题：前几年国人喜欢从海外购买奢侈品，请谈谈你对该现象的看法？在分析该案例时，我们就可以从该案例的相关者角度延展分析，从消费者的消费心态、政府的税收、厂家品牌、媒体引导等方面多维讨论。

【示例】总结升华、立意拔高

·各位同学，针对出现的这个问题和现象，我们可以再进一步讨论延展，总结经验，优化预防机制，制定系统化的解决措施，有效解决该类问题。我的观点是……

·除了刚才我们讨论的点以外，我们是否能从国家政策、行业竞争战略的角度来分析下？我认为……

4. 讨论技巧（见图9-3）

图9-3 无领导小组讨论流程

（1）角色定位

考生在正式进行小组面试前，需要进行小组的领导者（leader）、陈述人（reporter）、组员（member）的角色商定。有同学可能会疑问，要求无领导小组面试，为什么还有领导啊。原因是，经过我们多年的辅导、试验，如果小组讨论完全没有领导，往往会导致小组讨论混乱，整体得分较低，所以建议还是要有至少一位同学作为领导者，但是要"潜伏"，不留痕迹地推动小组的讨论方向和进程。

领导者角色是把双刃剑，机会与风险共存。我们需要综合评估自己的思辨能力后再做决定。领导者表现好，可能带领小组获胜，也可能获得本组最高分，第一个通过面试。但是如果表现不好，很有可能第一个被淘汰。所以各位考生要根据自己的实际情况量力而行。建议管理职务高、创业经验丰富的考生优先担任该角色。领导者不留痕迹地引导、调节讨论进程与节奏，更有利于高效地完成整个环节。

领导者角色职责

·引领思路：尽快明确案例讨论的切入口，分析讨论方向，搭建讨论框架。

·控制节奏：控制讨论发言的时间、维度和节奏、保持均衡。

·在团队讨论陷于迷茫和混乱时，理清主要脉络，纠正团队常识性错误，体现优秀的局面把控力。

·鼓励队员：鼓励团队成员一起讨论，同时注意分配机会。

担任领导者的优势与风险

·小组讨论的领导者可以争取更好、更多的发言和展示机会来表现自己，如果做得好，将脱颖而出，赢得考官的额外青睐。

·但如果表现平平，考官将会认为你管理组织能力较弱，反而留下不好的印象。

陈述人角色职责

·承上启下，协调控制。协助领导者控制小组讨论方向、进度，进行综合协调。

·参与讨论、梳理结构、归纳观点、形成结论、指出有价值的争议；同时要控制小组讨论时间。

·在领导者不作为的情况下，担任领导者角色。

·在小组讨论过程中，领导者是最重要的，陈述人角色可以根据小组成员及案例题目的综合情况而定。

组员角色职责

·风格尽量与小组整体一致，发挥个人特长，中盘制造争论，拓展讨论领域，同时弥补队友漏洞。

·注重自己观点的新颖性和独特性。可在一些小的话题和范围内深度分析，得出合理的结论。

·要注意由分析得出结论，而非自己觉得和简单判断；倾听成员观点，多用正面评价；尽量减少无谓争论。

（2）讨论策略（见图9-4）

图9-4 无领导小组讨论策略

（3）注意事项

·积极主动，占据先机。在小组讨论时，如果能快速找到切入点，应尽量较早地主动发言，这样可以避免后面轮到自己发言时，案例的核心观点已经被他人说完，无从下手。

·观点有效、多维。发表自己的见解时，要以问题为索引，从多维的角度分析，不要重复别人的观点，要提出自己对案例的独有思考，做到发言的有效性。

·每次发言时，不能太自我，要言简意赅，注重时间控制，一般不要超过3分钟，给其他组员的讨论留出时间。

·不要提出太过绝对、狭隘的观点，不要主动提出涉及政治、宗教等敏感问题观点。

·注意情绪控制。在小组讨论过程中难免因辩论激烈，或者其他组员反驳你的观点而导致你激动或愤怒。在此情况下，一定要注意自己情绪的控制与调节，以理服人，以平和的心态从容应对。

5. 答题锦囊

（1）讨论锦囊

·小组面试时，考生表现积极、多发言，打分可能略高一些。

·考生自告奋勇组织小组讨论，因能表现出领导与责任，也可以适当加分。考生敢于提出新颖的观点，哪怕错了都没关系。如果整个小组大家都讨论错了，但是你表现得相对好一些，那你可能就过了。

·小组面试现场反应很重要，申请人要表达流畅，逻辑清晰。

·面试的重点是考查考生能不能把问题、观点说清楚，能不能展开思维，能不能抓住案例讨论的重点。

·小组讨论中同学们都想表现，在抢话的时候，考生要表现出大度和艺术的处理。

·强烈建议：可以通过多参加模拟专训，反复练习，锻炼自己。

（2）特殊处理

如果在小组讨论时，大家都不赞同你的观点，怎么办？

·如果自己的观点有充足的理由和合理性，而且如果该项观点不被采纳，将给小组带来重大损失，则应当坚持自己的观点。

·如果属于一般性的决策事项，或自己也没有较大的把握确定自己观点的正确性，则可以明确陈述自己的观点、理由和考虑，适当妥协。

·小组成员是一个整体，在讨论时，可以有不同意见，但不要过于固执。如果发现大家都不支持你的想法，而且你又无法说服大家，就不要坚持了，毕竟小组讨论的最终目的是大家达成共识，形成小组统一的结论，通过面试。

遇到冷场怎么办？

·小组讨论的时候，有时会遇到冷场的情况。出现这种情况，可能是因为本组人的性格都偏内向，也有可能是因为大家缺少小组讨论的经验，或者找不到题目的突破口。

·遇到冷场时，强烈建议再次仔细读题，从题目细节中找到突破口。回看自己做的笔记，在之前大家讨论提出的信息观点中，找到其中的关键点，再做进一步的发散延展。

小组中如果有人从头到尾都没有参与讨论，或者发言很少，怎么办？

·小组讨论中，如果有人没有参与讨论，可以想办法给他创造机会，让他发表观点。这样老师会认为，你会照顾团队中的其他人，这是领导力的一种体现；同时也可以看出你在做人方面的一些优点，这样对自己有好处。

在小组面试的时候，一定要谨记：全组考生是一个团队，不需要零和博弈，最后要形成一个统一的结论。如果小组讨论没有达成共识，那么整个小组讨论就失败了。所以，我们不要用辩论的态度对待小组讨论，更不要在讨论时表现出很强的攻击性。面试考官在这一环节，不仅要观察大家的表达能力、分析能力，更重要的是考查大家的团队合作精神。

6. 真题礼包

·某人被总公司调到油漆厂做厂长助理，他以前是做人力资源的，去了以后就发现员工的工作环境恶劣，员工对工作不满意。他用一周时间进行了调研，然后反馈给厂长，厂长埋怨说工人很懒，只在乎钱，没有上进心，绩效很低，而他调研的结论是员工愿意做面对挑战的工作，希望得到尊重等。

问题1. 员工要求属于马斯洛需求理论中的哪个主要需求？

问题2. 如果厂长采纳建议，后期如何进行改进？

问题3. 如果厂长不采纳建议，你将怎么做？

·华为公司在2021年6月2日正式发布可以覆盖手机等移动终端的鸿蒙操作系统（Harmony OS）。鸿蒙已经不是像安卓和iOS那样是一个单纯的操作系统，而是一款全新的智能终端操控系统，让不同的设备实现交互，实现设备间的协同工作。请谈谈鸿蒙操作系统的普及发展面临的机遇与挑战？

二、团队对抗

1. 环节介绍

（1）考查概况

与无领导小组讨论不同，团队对抗面试是一种针对特定题目将考生分为正方和反方两组进行临场辩论的考查形式。现场分组通常采取随机分配的方式，正方和反方两组各有 4 至 6 位同学，考官提供特定的辩题或者从题库中抽取辩题，要求考生在规定的时间内，进行分组讨论、角色分工、提出观点，并收集合适的论据和实例证明己方观点的正确性，自由辩论阶段可以反驳对方的观点，最后小组结辩。在此过程中，考官对考生进行全方位观察，综合评定考生的逻辑思维能力、领导能力、组织协调能力、团队配合能力、语言表达能力等，并根据小组及成员的表现来评定打分。

团队对抗形式源于辩论赛，该形式在日常工作中运用非常普遍。无论是公司老板、管理层，还是具体项目的负责人，经常需要针对有争议的问题进行分析和判断，并且需要有理有据有节地说服上层领导或者部门成员接受自己的决定，从而达到统一思想和认知、团队拧成一股绳、全力以赴完成目标的目的。

MBA 团队对抗题目经常涉及近期热点话题、时事政治观点、国家发展大事件、名人名言理解、电影书籍评论、公司战略研讨、内部管理争议、公司绩效考核方法、企业社会责任、前沿问题探索以及科技发展创新等方面的内容，考查考生的综合知识储备，信息获取和商业及管理分析判断力。

团队对抗一般采用现场抽题的方式进行。按照小组面试题目选材，团队对抗题目主要分为社会热点、名人名言、前沿探索和管理争议四类。

【例题】在我国城市里，许多 20 世纪 90 年代和 2000 年左右建设的居民住宅楼房，受当时发展水平所限，大多没有安装电梯。住在这些楼房中的人多已步入中老年行列，居住在没有电梯的多层楼房当中生活非常不方便，加装电梯成为便利他们出行的迫切需求。但在加装电梯这件事上，住宅小区住户的观点各不相同，有支持的，也有坚决反对的。

正方：电梯的安装使高楼层的住户出行更为便利，尤其为老年人的生活带来了很大的帮助，同时也改善了小区的基础设施，使得房产增值。所以，支持加装电梯。

反方：加装电梯可能会给楼体带来损害，毕竟电梯要与楼体承重墙相连；还会遮挡低楼层住户的部分阳光，给一楼车库车辆进出造成麻烦，占用小区停车位。所以，反对加装电梯。

【例题】电影《我不是药神》引起全国轰动，其事件背景是当年的"陆勇事件"，即我国进口抗癌药太贵，陆勇从印度购买当地仿制药品回国卖给病人。（在国内正规渠道买一盒格列卫需要2万多元，而印度相同效力的仿制药只要200多元一盒。）中国治癌药品价格高企的原因在哪里？

正方：中国致癌药品高企的根本原因在于药品公司的专利保护和税收。中国与WTO接轨后，必须维护药品公司的专利权利，我国目前已经开始将致癌药品的进口税降为零，因此未来大部分癌症患者应该有能力购买致癌药品。

反方：中国致癌药品高企的根本原因不在于专利保护和税收，而在于外国药品公司的超国民待遇，医疗体系整体的唯利是图和医药结合后的医院暴利分成。

【例题】2019年6月18日美国脸书公司发布了Libra加密货币白皮书，正式进军币圈。Libra被定义为"全新的全球化货币，为数字世界设计"，公司宣称将为全球数十亿无法使用传统银行业务的人提供金融服务。

正方：由于脸书的推动，加密货币将会得到加速发展，并获得更多政府认可，最终成为全球主流货币之一。

反方：加密货币不是主权货币，虽然有脸书这样的大公司做背书和推动，但难有更多政府支持，也就无法成为全球主要货币之一，只能游走于边缘货币世界。

（2）流程步骤（见图9-5）

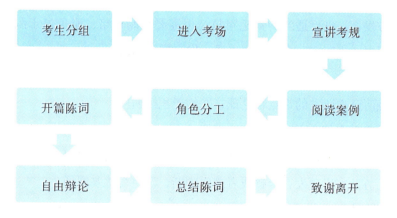

图 9-5　团队对抗面试流程图

团队对抗面试讨论步骤

·小组共同抽题环节：观看一段视频案例或一个纸质版案例，结束之后抽取正反方。

·团队对抗环节：按照学校要求和抽到的分组，将考生分成两方（正方和反方），各方针对自己抽到的案例陈述自己的观点，并对对方的观点进行反驳。在团队对抗的过程中，双方都可以自由发言。团队对抗时间一般为20~30分钟。

·小组推选1位同学或者考官抽点1位同学做结辩总结（2~3分钟）。

·团队对抗结束后的考官互动和评分标准方面与无领导小组讨论有相似之处。

2. 准备攻略

（1）提前准备

·除了无领导小组讨论需要做到的提前准备之外，建议擅长总体把握和分析问题、善于概括和总结的同学，可以在团队对抗中主动承担开篇陈词或者总结陈词的责任。

·角色定位的完成：开篇陈词、自由辩论、总结陈词。

（2）积极表现

·除了无领导小组讨论关于积极表现的建议之外，考生们需要对案例题目进行多角度分析和论证。

·小组成员要敢于多发表独特的见解以支持己方观点，同时最好能够引用耳熟能详的经典案例、名家名言、新闻报道等来证明己方观点。

·在自由辩论过程中，考生可以就对方观点、论证材料真实性、逻辑漏洞、语言不严谨等提出质疑并推翻论证。

·小组成员要积极消除团队对抗的紧张气氛，团结一致、相互支持，还需要指定队友听取对方发言，进行适当的辩论对抗，但需要控制情绪，避免过于激烈的驳斥和人身攻击；同时考生不宜一个人独揽大局，发言贯穿始终。

（3）关注队友

·仔细倾听己方队友的观点和论证，并给予积极回应。

·及时补充和完善己方队友发言，支持己方在对抗中的优势地位。

·仔细倾听对方队友的观点和论证，并给予适当的反驳和提问。

·如果己方队友出现发言卡顿或者逻辑中断，及时帮队友圆场。

·针对对方论证或者反驳的精彩之处，同样给予肯定和积极回应。

（4）例题解析

【例题】十年来，房地产业一直是国民经济重要支柱产业，未来十年房地产业也会是国民经济的支柱产业之一。

正方：未来十年，房地产价格依旧会持续上升。

反方：未来十年，除北、上、广、深等一线城市外，房地产价格将会持续下降。

【解析】辩题中能点明辩题重点、表达辩题含义或辩论内容的关键词称为"题眼"。

·正方题眼为"依旧会上升"，立论为"房地产价格整体趋势依然会上升"。背景条件为"十年来都在上涨，是支柱产业"。论据围绕"未来十年，房地产行业的支柱产业地位并未改变，顺理成章依旧上涨……"展开。

·反方题眼为"除北、上、广、深等一线城市外，价格将会下降"，立论为"除一线城市外，部分地区房地产价格将会持续下降"。

·房地产价格最重要的决定因素是需求与供给，一线城市人口虹吸效应叠加土地供应瓶颈，因此房价可能会因供不应求而上涨。而三、四线城市青壮年劳动人口外流严重，房价可能因供过于求而下跌……

【例题】前几年北京很多公交车上都增设了安全员岗位。这样每辆公交车上都有司机、保安和售票员作为随车工作人员。车辆到站，安全员会大声提示"请不要携带危险品上车"。乘客上车完毕还会高声提醒司机关门。

正方：飞机、火车、轮船上都有安全员，为什么公交车上没有？难道乘坐公交车就不需要安全？所有公交车上安全员都应该成为标准，最大程度确保乘车安全。

反方：公交车车厢空间小、乘客多，无法安装安检设备，并且安全员没有执法权，也无权强制乘客打开箱包。所以，安全员是否有能力确保危险品不上车并不确定，公交车配备安全员无法解决安全问题，还会增加不小的财务支出。反对每辆公交车都配安全员。

【解析】

·正方题眼为"公共交通需要安保"，立论为"公交车作为大众出行最普遍的交通工具也需要加强安保"。论据围绕"首都已经配置，证明大众有安全需求，且事实也已证明这点，应该围绕是否需要以及和其他公共交通都已配置"展开。

·反方题眼为"公交车配置安保事倍功半"，立论为"公交车不同于其他交通工具，既解决不了实际问题，又不经济"。

·论据围绕"公交车与其他配备了安保的公共交通工具的区别"展开，证明这种配置效率低下或者无效，导致资源浪费等。

【例题】最近，国家发改委联合生态环境部、商务部共同发布了《推动重点消费品更新升级，畅通资源循环利用实施方案》。这意味着，乘用车消费障碍被进一步破除，各地严禁出台新的汽车限购规定，大力推动新能源汽车消费使用，各地不得对新能源汽车实行限行、限购，已实行的应当尽快取消。

正方：取消汽车限行、限购后，城市的车辆保有量势必增加，路上的车也会更多，所以应该提高车辆的使用成本，例如停放成本、燃油成本等，降低车辆使用强度，避免车辆增长给城市交通带来更大负担。

反方：老百姓买车，本来就是为了更高效、更舒适地出行，买了车开不起，不是买了一堆废铁吗？再说了，对于绝大多数车主来说，车都买得起，涨点停车费、燃油费老百姓就不开车了吗？提高车辆的使用成本对于绝大多数车主并不会产生实质性的影响，所以反对提高车辆的使用成本。

【解析】

·正方题眼为"城市车辆保有量剧增，给交通和环境带来负担，支持提高车辆使用成本"。立论为"出行效率主要由交通顺畅度决定，而大量增加的城市车辆给交通造成巨大负担，同时汽车尾气排放也会加重城市环境污染问题"，因此需要通过提高使用成本来降低私家车使用率。论据围绕"城市交通拥堵给工作生活带来不便，汽车尾气排放、噪音污染环境等"展开，鼓励大家多使用公共交通绿色出行。

·反方题眼为"具有便捷性的汽车是现代文明的产物，不能因噎废食，可以采用如尾号限行等方式控制在途车辆，而不是增加使用成本"。立论为"解决城市交通问题的方法很多，高峰期限流、尾号限行等方式比直接提高使用成本更有效。"论据围绕"除了提高成本还有很多其他的有效措施，提高使用成本解决不了根本问题，新能源车逐步替代燃油车等"展开。

（5）对抗原则

提前了解团队对抗的原则非常重要，由于对抗过程中双方你来我往、唇枪舌剑，现场火药味儿是所有面试形式之中相对最浓的。在对抗过程中，有效地控制情绪，正确认识到团队对抗没有绝对的胜负而是重在参与，就显得尤为重要。

原则一：正确对待胜负

团队对抗的话题本身带有一定的争议，往往没有绝对正确的结果。评判原则是更看重考生在对抗过程中表现出来的问题论述技巧、清晰的逻辑思维、风趣幽默的语言、令人尊重的个人魅力等。因此对于最后的胜负本身不宜看得过重。

原则二：尊重对手人格

团队对抗中唇枪舌剑是常事，但如果掌握不好分寸，演变成双方的攻击和谩骂，甚至对对方进行人身攻击、人格否定就有悖面试考查的初衷了。

原则三：学会倾听对方

对方队友发言时，己方应认真倾听，还可以记录要点和辩论思路。切忌窃窃私语，更不能直接打断对手发言，否则可能会影响自己甚至己方全组的评分。

原则四：杜绝刻意歪曲

团队对抗中的发言或辩论应杜绝断章取义、刻意歪曲等做法。双方言论行为均不得涉及个人隐私、避免人身攻击，亦不可直接对对方论据中的真理进行歪曲否定。尤其不能以"炫技"的方式刻意曲解或者篡改名人名言、经典语录、新闻纪实报道甚至法律法规中的原意。实事求是是团队对抗中的重要原则。

原则五：遵守时间要求

团队对抗中无论是开篇陈词、自由辩论还是总结陈词，都有严格的时间要求，双方必须在规定时间内完成论述。时间用完后，发言者必须遵守规则立即停止论述，超时可能会被扣分。

（6）分析技巧

快速审题，合理分工

·通读案例后，快速抓住案例中需要论证和支持的观点，注意审题、扣题，明确问题分析的角度和高度，根据论点迅速找准主线定位，寻找突破口。

·抓住案例中己方论证观点的核心点和立论点。

·快速根据队友能力特点进行简单的角色分工——谁开篇理论，谁自由论证，谁总结陈词。

寻找角度，正确立论

·自己拥护和肯定什么、反对和否定什么，都必须旗帜鲜明地体现在自己的言辞之中。要取得团队对抗的胜利，必须有正确的论点、充足的论据和有力的论证，并且立场鲜明。

·开篇理论的时候一定要找到两个及以上的角度阐述和证明己方的案例观点正确，这样才方便在后面进行的自由论证阶段，围绕立论角度进行进一步的阐述和举例论证。

·在该准备阶段，思考对方会从哪几个角度进行理论和辩驳，以让己方在论证对抗中有所准备。

强调逻辑，表达自如

·团队对抗的面试非常强调逻辑严密，组织好语言再发言这一点极为重要！这不仅要求对自己观点的阐述具有条理性，还要做到运用逻辑武器，进攻对方的立论、论据、论证，揭其谬误、避其锋芒。

·在对抗过程中需要一些适当的幽默语言，要有一点幽默感，缓和一下现场的紧张气氛，这样往往容易调动现场情绪，达到事半功倍的效果；也可以运用一些大众耳熟能详的段子，使双方和考官都更轻松自如地能明白其意。

·表达论述中尽量精简词汇，多运用短句，避免长句绕弯子半天阐述不清楚。

·注意正反、利弊、客观与主观等两面性、多面性的辩证论证分析。

引经据典，高分宝典

·在团队对抗中，考生若能恰如其分地引经据典，不但能够极大地增加论证的力度和严密性，增加对手驳斥的难度，还能达到很好的现场视听效果。

·时下热点的词汇和新闻，身边众所周知的案例和事实，都是团队对抗中非常重要的论据要素，这就要求大家有着较为深厚的日常积累和知识储备，并且能够活学活用，使用得当。

·除此之外，生活中，网络上的一些经典段子和网络俚语也可以灵活运用到团队对抗的过程当中，以增强现场效果。

升华拔高

在团队对抗中，要尽量地升华拔高，体现思想的高度和广度，以下是一些常见的案例升华拔高的策略：

立论和思辨的角度和高度，上升到行业的发展，国家战略的方向，对经济对民生的影响等。

·例如之前的房地产价格上涨与否的论题，我们在考虑论述角度和依据的时候，建议将视野开阔到房地产行业黄金 10 年给国民经济带来的影响。国家现在为什么要调控？中国房地产行业是否存在泡沫？如果房地产存在泡沫，继续放任增长对于经济和民生的影响又分别是什么？房地产行业发展的方向在哪里？对这些问题的思考有助于提升论述的高度与深度。此外，我们也可以就低碳、环保、可持续发展等全球热点议题展开论述。

站在全球视野，从世界格局、产业布局、全球一体化等角度论述。

·例如华为应对美国商务部将其加入"实体名单"的案例，我们在展开论述的时候，应该从事件发生的背景开始，论述中国科技企业突围、美国政客围堵打压的原因、大国之间的博弈竞争、世界格局的变化等议题。还有中国从制造业大国向制造业强国转变的决心、我国产业布局的变化、产业价值的重新分配、未来十年中美竞争常态化的预测等议题，也能较好地体现考生的宏观思维与丰富积淀。

热点现象分析，需要从当下的社会发展、国家政策导向解读、技术升级、解决方案建议等方面进行拔高和升华。

·例如之前是否提高车辆的使用成本的案例，我们在分析论述时就需要从国家出台政策的目的和导向出发，思考政策对经济、环境、社会和公众等各方面的影响，展望技术革新带来的优势与解决的问题，以及政策落地时所需要的配套措施等。我们还要关注车主们争论的焦点，探讨从经济、政策和技术的角度是否有更好的解决办法等，尽量提出一些独到的见解。

3. 对抗技巧

团队对抗的流程如图9-6所示，相应技巧如下：

图9-6　团队对抗流程

（1）角色定位

在团队对抗正式开始前，全组需快速商定开篇陈词、自由辩论主发言和总结陈词的角色，如果有机会在入场前明确分工更佳。没有提前明确角色定位和职责，极有可能导致整场团队对抗陷入无序甚至僵局，最终全组考生得分偏低。所以建议考生在准备讨论甚至场外候考阶段就根据队友特点确认角色。

建议管理职务高、逻辑思维能力强，总结提炼和升华水平出众的同学优先担任开篇陈词的角色。开篇陈词者需要有条不紊地阐述和证明己方观点，将支持己方的论据摆出，通过立论为全组打好头阵，条理和气势非常重要。

总结陈词者需要将整场对抗中提到的主要观点、论据和辩论过程进行简短有效的回顾和提炼，再在此基础上加以升华和总结，为团队对抗环节画上圆满的句号。

陈词者角色职责

·引领思路：迅速剖析案例，呈现有利于己方观点的线条脉络并立论。

·提升士气：如果开篇立论思路清晰、逻辑缜密、论证有效，会迅速提升团队士气和信心，给评委留下良好的第一印象，也为自由辩论打好基础。

·重复强调：在自由辩论阶段，陈词者可以继续发言，为确保辩论节奏和内容在开篇陈词的基调和范畴当中，可用不同的语言反复强调论证。

·总结升华：在总结陈词阶段，提炼概括本队观点和论据，并做出有效的延展和升华，从而为团队赢得更高的分数。

自由辩论角色职责

·在自由辩论阶段，将开篇陈词的内容进一步深化和拓展，用更多的论据或从更多的角度论述和支撑己方观点。

·及时发现己方队友发言中的漏洞和不足，做适当的弥补和完善，使团队整体发言思路更加缜密。

·抓住对方队友论述中的漏洞适当反驳，以反证己方观点的正确性。

·整体风格尽量与小组保持一致，发挥个人特长，注重个人观点与己方论点以及己方队友论述的逻辑吻合；另外，可以探索新的角度和内容帮助队友巩固论证。

·发言紧扣论题和己方论点，由分析得出结论，而非自己的简单判断，发言中语言简洁明快，避免长篇大论。

（2）对抗策略（见图9-7）

图9-7 团队对抗策略

（3）注意事项

·拿到辩题后仔细阅读和分析正反双方观点，读懂己方观点的核心并找准题眼，围绕题眼开展讨论，将辩题化大为小，在对己方最有利的定义范围内破解题目。

·构思和发言紧扣己方观点多视角、多维度地开展论证。发表见解时需要以事实为依据，多使用权威素材、经典名言、新闻纪实等论据，避免简单重复他人的观点，要提出自己的看法，具有新意。

·每次发言时言简意赅，注重时间控制，一般不要超过1~2分钟，给其他队友的发言留出时间。

·尽量不要引用未经证实的网络自媒体素材或传闻作为论述材料，避免提出政治、宗教等敏感问题观点。

·注意情绪控制。在团队对抗过程中难免因激烈辩论或相互驳斥而导致激动或愤怒。在此情况下，一定要注意控制与调节情绪，以理服人，以平和的心态从容应对。

4. 答题锦囊

（1）对抗锦囊

·团队对抗环节的每位考生至少发言一次，但需注意逻辑清晰，简要阐明己方观点或论据即可，表达清楚，得分可能略高一些。

·考生能够帮助队友的论述查漏补缺、完善队友发言，即使没有形成自己的完整逻辑，也可以通过协助队友赢得分数。

·团队对抗的正反观点并无对错之分，关键是言之有理、言之有据。

（2）特殊处理

如果自己在发言时，同组考生有异议，怎么办？

·如果自己的论证客观公正、有理有据，能够较好地证明己方观点，且自己对论据中引用的事例、数据和观点等也有十足把握，那么就应该坚持自己的观点。在队友提出异议之后做适当的解释和补充，争取说服队友。

·如果自己对论证或论据没有十足的把握，可以直接邀请己方队友补充论证。例如"接下来将由我方队友继续补充……"

·团队对抗是一个集体项目，队友乃至对手之间都需要相互支持。如果在发言过程中遇到内部意见不一致的情况，首先应考虑以和为贵，避免将内部争执展示在论述过程中。

·如果发现己方队友的论述内容有漏洞或不足，应避免直接指出错误，而是应该在后续发言中补充论述。整个团队团结与和谐才能获得更好的整体评价。

遇到冷场怎么办？

·当遇到冷场的时候，强烈建议再次仔细读题，从题目细节中找到突破口；也可以回看自己做的笔记，在己方或对方的论述中查漏补缺，尽快发起新的讨论结束冷场局面。

在团队对抗的时候，一定要谨记：全组考生是一个团队，最重要的是保证整个团队共同完成团队对抗的考查。在正方或反方内部，可以用不同方式、从不同角度开展论述，但己方论点是相同的。如果内部论述都不统一，团队对抗恐怕就会遭遇失败。

另外，小组中思维能力和表达能力较强的同学要做好及时补充、避免冷场的准备，还要避免团队对抗出现一边倒的趋势，否则会影响整体得分。团队对抗也不需要像辩论赛那样火药味浓烈，以谦和和包容的态度去应对更为合适。

面试考官在这一环节，不仅要观察大家的表达能力、分析能力和思维能力，更重要的是考查大家的团队合作精神和高压环境下的应变能力。

5. 真题礼包

·2019 年 5 月，美国商务部宣布将华为列入"实体名单"，不仅禁止所有美国企业采购华为产品，后续更有可能禁止美国企业对华为销售任何产品。

正方：华为反对美国商务部工业与安全局的决定，更不怕美国在华为供应链上的全面封锁，特别是在 5G 通信方面，华为有能力保持在全球继续领先。

反方：美国商务部利用全球供应链安全战略对华为进行制裁，将使得华为供应链元气大伤，未来几年将由于上下游企业的夹击而被迫退出市场。

·高铁是中国在全球展示中国经济发展的一张靓丽的名片，但是中国高铁出海却一直遭遇各种阻击，特别是许多已经开始的项目也出现了中断或终止。

正方：中国高铁应进一步加大市场推广力度，尽早让"高铁出海"得到回报和效益。

反方：中国高铁的快速发展得益于中国庞大的市场和政策支持，但其他国家目前条件尚不具备，中国高铁出海应"戒急用缓"。

·随着我国人口老龄化的加速和全面放开三孩政策，人们对于家政服务的需求不断增加。当前，我国家政服务劳动者的数量与需求之间的巨大的缺口。为了促进家政服务业的发展，国务院办公厅印发了《关于促进家政服务业提质扩容的意见》。教育部职业教育与成人教育司负责人表示，教育部将引导和鼓励院校加强人才培养，每个省份原则上至少有一所本科高校和若干所职业院校开设家政服务相关专业。

正方：小家政，大民生。开办家政高等学历教育，可以提升家政服务人员的专业技能，提高家政服务质量和管理水平，规范家政行业发展，使得家政服务向专业化、品质化发展。所以，支持教育部的开办家政高等学历教育的做法。

反方：擦桌子、擦地、做饭等家政服务工作，毕竟不是什么需要太多智力和学科知识的服务性工作，现在要让大学生去学家政，纯属"浪费人才"。所以，反对教育部的开设家政高等学历教育的做法。

第十章 | 英语听说关

一、考查形式和内容

绝大部分院校的 MBA 面试设有英语听说能力测试环节，一般该部分由自我介绍、抽题回答及自由问答组成。即使报考院校并未要求自我介绍，建议大家也要认真准备，因为抽题回答和自由问答的内容通常与自我介绍的素材有关。

目前，各大院校英语面试考查形式和内容主要分为六类：

· 考生用英语做自我介绍。

· 考生随机抽取 1 个题目，即兴回答。

· 考生采取对话的形式与考官进行交流。

· 小组面试形式。两位同学为一组。面试形式为面试考官直接提问同学、两位同学之间相互提问、老师问其中一位同学问题后问另一位同学相关问题。

· 给一段英语短文，要求考生现场翻译。

· 放一段英语音频，要求考生作答选择题。

英语听说能力面试时间一般是 4~5 分钟，大多是院校会选择以上形式中其中的 1~3 项组合进行面试，具体的面试形式和内容，请以报考院校项目公布的最新政策为准。

二、英文自我介绍

1. 题型说明

英语自我介绍是整个英语面试环节的首要部分，具有首因效应。考官主要考查考生英语表达能力、语言流利度、思维条理性等，一般持续时长为 1~2 分钟。尽管某些院校没有设置该环节，但是考生也务必要认真准备，因为它是整个英语复试中的最核心环节，大部分抽题题目都是围绕自我介绍进行引申和提问。

2. 内容要点

英文自我介绍不是英文简历，并不需要过于复杂，主要内容通常包含以下七部分（见图10-1）：

寒暄　个人概况　教育背景　工作经历　报考动机　个人爱好　结束语

图10-1　英文自我介绍包含的七个方面

3. 常用模板

Hello, everyone! It is my honor to have this interview. （寒暄）

大家好！很荣幸参加这次面试。

I'm（姓名），（年龄），born in（出生地）.

我是_____，_____，出生在_____。

I graduated from（毕业院校）University in（毕业时间）. And（本科专业）is my major. During college I make extensive and systematic study in ××（专业）. Meanwhile, I took part in various campus and social contests and acquired some valuable experience and some awards which I benefit from. （教育背景：教育信息，校内、校外经历）

【翻译】我在……年毕业于……大学，我的专业是……在大学期间，我在……方面进行了广泛和系统的学习。同时，我参加了校内和社会的比赛，获得了宝贵的经验和奖励，让我从中受益匪浅。

I have been working for（工作单位）as a/an（职位）for（工作年限）years mainly in charge of（工作内容）. I achieve（工作职责）goal with（数字）million performance, increasing by（百分比）% a year and ranking（名次）in（总数量）. I also involve in a few management, supervising the（工作方面）quality, training the new staffs and leading the group to achieve the task. （工作经历：工作信息、工作职责、工作成就、管理经验）

【翻译】作为……，我已经在……公司工作了……年，主要负责……我达到……目标，……百万的业绩，每年增加……%，在……中排名……我也参与一些管理，监督……质量，培训新员工，领导团队完成任务。

I sometimes have problem dealing with certain working issues within my current ability, so I feel it will be fantastic if I can apply my academic knowledge and some management skills into my career, and that is why I choose to further my study with MBA in（报考院校）.（报考院校动机）

【翻译】有时，我会遇到一些超出目前能力范围的工作，因此，如果我能把我的学术知识和管理技能应用到我的工作中，我觉得这将会非常好。这也是为何我会选择……的 MBA 进行继续学习。

In my spare time, I have so numerous hobbies, such as（爱好 1）and（爱好 2）. But my favorite is（爱好 3）with my friends or colleagues in（地方）（考生个人爱好）. That's all my brief introduction. Thank you for your listening/attention!（结束语）

【翻译】课余时，我有许多爱好，比如……和……但是，我最爱和我的朋友或同事在……这就是我简要的自我介绍。谢谢你们的倾听/关注!

4. 范文模板

【范例】

Hello, everyone! It is my honor to have this interview. I'm ×××, 26 years old, born in Chengdu.

I graduated from Sichuan University in 2015. And Business Administration is my major. During college I make extensive and systematic study in Business Administration. Meanwhile, I took part in various campus and social contests and acquired some valuable experience and some awards which I benefit from.

I have been working for ××× Engineering Equipment Limited Company as a a human resources specialist for 10 years mainly in charge of recruitment staff, employee relationship management and salary management. I achieve recruiting achievement goal with 96% of all staffs, increasing by 10% a year and ranking the top of the regional companies. I also involve in a few management, supervising the recruitment quality, training the new staffs and leading the group to achieve the task.

I sometimes have problem dealing with certain working issues within my current ability, so I feel it will be fantastic if I can apply my academic knowledge and some management skills into my career, and that is why I choose to further my study with MBA in UESTC.

In my spare time, I have so numerous hobbies, such as cooking and swimming. But my favorite is jogging with my friends or colleagues outdoor.

That's all my brief introduction. Thank you for your listening/attention!

【其他模板】

模板1

Hello, everyone! It is my honor to have this interview. I'm ×××, 26 years old, born in Chengdu.

Hi! Dear professors! I am looking forward to this interview for a long time. My name is (name) and I'm (age). I grew up in (birthplace), in (Province).

你好！亲爱的教授！我期待这次面试已经很久了。我的名字是（姓名），我是（年龄）。我在（出生地）、（省）长大。

I will graduate from (university) in (year), majoring in (major). During almost four years study in the university as an undergraduate student, I have laid solid foundation of professional knowledge. Meanwhile, I participated in various campus and social contests and acquired some valuable experience and some awards which I benefit from.

我将于（某年）从（毕业院校）毕业，主修（本科专业）。在大学近四年的本科学习中，我打下了扎实的专业知识基础。同时，我参加了各种校园和社会比赛，获得了一些宝贵的经验和奖项，令我受益匪浅。

(university) is one of the most prominent universities in China with outstanding faculty and comprehensive academic resources. Therefore, I sincerely hope to enroll in your university for my further study and I will make every effort to upgrade myself.

（目标院校）是中国最著名的大学之一，师资力量雄厚，学术资源丰富。因此，我真诚地希望进入贵校继续深造，我将尽一切努力提升自己。

In my leisure time, I love (hobby1), (hobby2) and (hobby3). Also, (hobby4) is my favorite.

在业余时间，我喜欢（爱好1）、（爱好2）和（爱好3）。而且，（爱好4）是我最喜欢的。

Thank you for offering me such a great opportunity!
谢谢您给我提供这么好的机会！

5. 准备攻略

·考生结合自己的背景情况，调整相关模板信息，形成自己个性化的个人介绍，熟悉内容之后，背诵记忆，注意时间不宜过长或过短。

·英文自我介绍内容需要详略得当，侧重自己的亮点部分，突出自己的优点。

·现场做英文自我介绍时，注意控制语速，可适当停顿，切忌过于明显的背诵痕迹。

·自我介绍时，要面带微笑，有一定的肢体语言，偶尔与考官有眼神交流。

三、英文抽题回答

1. 题型说明

英语抽题环节的题目都是院校提前准备好的内容，由考生自主选择或者随机分配题目。线下抽题一般是以纸条信息呈现。如是线上面试，线上抽题一般是以电脑屏幕呈现信息的形式。英语抽题环节持续时长通常为 3~4 分钟，主要考查考生应变力、逻辑思维能力，英语语料储备等方面。英语抽题的题目内容一般可以分为以下五个类别：校园学习、工作、日常生活、社会热点。

2. 答题流程

·抽题时，先审题，弄清楚题目意思，若不理解题目，应及时询问考官。

·思考答题思路，可在纸上记录答题关键词及提纲要点。

·答题时，注意按点回答，分点论述，如：第一、第二、第三……个别观点可以适当拓展，采用例证、因果、对比等方法，结尾进行总结。

·回答切勿简单使用 yes 或 no，不要只答一句话，要适度延展，回答三句以上较为合适。

·回答内容注意词汇句式的丰富性，避免重复用同一词或句式结构。

·回答问题时，注意保持与考官的眼神交流，面带微笑，使用肢体语言，并注意语速，适当停顿。

3. 题目类型

（1）校园学习相关

What do you think of MBA/EMBA?

MBA/EMBA could bring you a systematic study on theoretical management to largely improve and promote your managing practice. MBA program in China is also focused on cultivating capable managerial staff in analyzing hot and the latest topics in business.

【翻译】如何看待工商管理/高级工商管理?

　　工商管理/高级工商管理可以让你系统学习管理知识，来提升管理实践。中国的 MBA 课程也通过对商业热点最新话题的分析，来注重培养合格经理人。

What do you think of MPA?

In terms of groups of people, MPA aims to persons in government, public institution or HR. For courses, MPA often offer some content relate to public policy research and public affair management.

【翻译】如何看待公共管理?

　　就人群而言，MPA 目标人群主要是政府、公共机构工作人员或其他人力资源工作人员。对于课程而言，MPA 经常提供一些与公共政策研究和公共事务管理相关的内容。

Why do you choose ×××× University?

×××× University is a comprehensive university, with first-class faculty and profound culture background. It provides students with a capacious platform to develop in an all-around way. Therefore I hope I can get the chance to study further in this University.

【翻译】我为什么选择读××××大学?

　　××××大学是一所综合性大学，有一流的师资和深厚的文化背景，能为学员提供广阔的平台来全方面地发展。因此，我希望自己能有机会在这所大学深造。

What is your major?

I major in Business Administration. And I find business is an interesting field to explore. I am studying so hard and hope that I'll become a successful businessman in the future.

【翻译】你的大学专业是什么?

　　我的专业是工商管理。我发现商业是一个可探索的有趣的领域。我一直努力学习，希望将来成为一位成功的商人。

Do you think English is important? Why?

Yes, I think English is important, because English, the language that is used most widely in the world, can undoubtedly help us travel freely in those different voices on business globally.

【翻译】你认为英语重要吗？为什么？

是的，我认为英语很重要，因为英语是在世界上被广泛运用的语言，能帮助我们在不同语言的全球商业领域自由穿梭。

What kinds of teacher do you prefer?

Well, I prefer teacher with compassion, dedication, diligence and patience. Especially when teaching students, teacher should have the capacity to impart knowledge and often communicate and interact with parents and students.

【翻译】你喜欢哪种类型的老师？

我喜欢老师有同情心、奉献精神、勤奋以及耐心。尤其是在教学生时，老师们应该有传授知识的能力，并且经常和家长以及学生们沟通互动。

Would you like to join foreign exchange program?

Yes, I would. First, during foreign exchange program we can learn some foreign culture, such as their local food and customs. Next, it is the best way to cultivate our independent skills and communicate with foreign friends.

【翻译】你愿意参加国外交换生项目吗？

是的，我愿意。首先，在国外交换生项目中，我们能学习国外文化，例如当地食物和习俗。接着，这是培养独立技能和与国外朋友交流最好的方式。

Do you join some clubs during college?

Yes, I do. After class, joining some clubs could enrich our campus life, because we can make differnet friends in the club and cultivate our interest in music, dance and English. So I feel it is necessary to join the club during college.

【翻译】大学里是否参加社团活动？

是的，我参加过。课后，参加一些社团可以丰富我们的校园生活，因为我们能交不同的朋友，并且培养我们对于音乐、舞蹈、英语方面的兴趣。所以，我觉得大学期间加入社团活动是有必要的。

What do you think of MBA in China?

In China, schools not only emphasize on textbook knowledge, but also stress creativity, critical thinking and curiosity and encourage students to practice their own ideas.

【翻译】 对中国 MBA 的看法？

在中国，学校不仅强调书本知识，而且强调创造力、批判思维和好奇心，鼓励学生实践他们自己的想法。

Talk about your MBA plan.

If I am accepted, I will spend the first year building up the basic knowledge on business, and read comprehensively. In the second year, I will try hard to study the major I choose.

【翻译】 谈谈你的 MBA 规划。

如果我被录取，第一年我会加强商业的基本知识学习并且进行广泛的阅读。第二年，我会全力以赴学习我选择的专业。

Why do you apply for our MBA Program?

Because I have been serving as a leader for so many years, which requires me of good awareness of management knowledge, excellent ability of making decision, high spirit of team work and excellent performance of logic thinking, all those make me apply for MBA program.

【翻译】 为什么你会申请我们的 MBA 项目？

多年来，我都是一位领导，这使我具备了良好的管理知识，优秀的决策能力，高度的团队意识和出色的逻辑思考能力。以上这些是我申请 MBA 课程的原因。

其他参考题目：

· What sort of skills do you want to learn in MBA? 读 MBA 最想学习的技能是什么？

· Which course is your favorite in MBA? MBA 课程中，你最喜欢哪门课程？

· What is your graduated universicity and what do your learn form? 你毕业的大学是哪所？你从中学到了什么？

（2）工作相关

Why do you change your work?

I am leaving my present position because I can make full use of my abilities in a position with wider scope. My present employer knows my ambition and will help me to find a new job.

【翻译】 为什么你要换工作？

我希望有机会充分展现自己的工作能力，从事更大范围的工作，这是我急于离开现职的主要原因。本人现任职公司老板对我的工作雄心颇为赞许。因此，愿协助我另谋他职。

Do you think it is easy to find an ideal job?

No, it isn't. If I can't find a suitable job, firstly, I will reflect myself , and find out what the problem is.

【翻译】你认为现在理想工作好找吗?

不好找。如果我找不到合适的工作，我首先会理性地审视我自己，找出真正的问题。

What is the most difficult thing you encouter during life?

When I was around 19 years old, I saved a little boy who was drowning in a river. I used all of my power, energy and will to get the boy from the river. I felt so proud to save the boy and the appreciation I saw in the boy's parents is something I will never forget.

【翻译】生活中你遇到最困难的事情是什么?

在我 19 岁的时候，我救了一个溺水的小男孩。我用尽我所有的力气、精力和意志把这个男孩从水里救出来。我为能够拯救这个男孩感到非常自豪，我从这个男孩的父母身上看到的感激之情是我永远不会忘记的。

Would you like to work overtime?

Yes, I would. When the company is developing, it's common for employees to work overtime. We may be assigned many tasks to us, so we may not have enough time to finish all of them during the work days. I feel comfortable when the work is finished and we will be paid you for working overtime.

【翻译】你愿意加班吗?

是的，我愿意。当公司在发展时，员工加班很正常。我们可能会被安排很多任务。所以我们可能没有足够的时间在工作日内完成。只有当工作做完了，我才会觉得舒服，并且，对于加班，我们会得到相应的报酬。

When you retired, what do you want to do?

When I retired, I think the earlier the better if I can afford it. Also, retirement doesn't mean sitting around doing nothing all day long. Most retired people continue to stay very active, many even working in some place. That work might be volunteering, or actual paid work.

【翻译】 当你退休了，想做什么？

如果我能负担生活，我认为退休越早越好。而且，退休不意味着整天坐在家里，什么也不做。大部分退休人员仍然持续保持积极的工作态度，许多人甚至在一些地方工作。工作可能是自愿的，或者是有报酬的。

What is your advantage?

I believe my advantage is my consistency. Performing well sometimes is easy, but doing better on any occasion is absolutely difficult.

【翻译】 你的优势是什么？

我觉得自己最大的优点是保持一贯性。偶尔表现突出很容易，但是任何时候都表现突出却很困难。

How to deal with the criticism from others?

I believe "criticism often comes with improvement". In this case, criticism does not necessarily mean malicious conflicts. Therefore, when I get some criticisms, I will not take it personally, instead, I'll examine these criticisms carefully and try to work with it promoting myself.

【翻译】 如果你在工作中被批评了，你会怎么办？

我相信批评往往伴着提升。也就是说，批评并不一定意味着恶意的冲突。因此当我受到别人的批评时，我不会认为这些批评是针对我个人的，相反，我会认真审视这些批评，借此使自己得到提升。

What quality do you admire?

You should be a fast learner and can adapt to new environment in a short time, because you need keep updating your knowledge and skills. Apart from this, you can handle complicated interpersonal relationship and get along well with all the colleagues and clients.

【翻译】 有哪些品质是你敬佩的？

你应该快速地学习，能在短期适应新环境，因为你需要保持更新你的知识和技能。除了这些，你能掌握复杂的人际关系，和所有同事和客户相处很好。

Which types of persons do you hate to contact during work?

There are two kinds of people I find difficult to work with. Firstly, I hate to work with people who have no time concept. Time is precious for everyone, so unpunctuality really equals to energy wasting and low efficiency.

Secondly, bigger talker is another type of people I can't bear working with, because job only can be finished by doing not talking.

【翻译】 你有工作中抗拒和哪种类型的人接触？

有两类人很难相处。第一类，我讨厌与没有时间概念的人工作。时间对于每个人都很宝贵，所以不准时绝对等同于浪费精力和低效率。

第二类，说大话的人也是我不能忍受一起工作的人。因为完成工作只能通过做而不是说。

What do you think of team work?

I think the most important thing for teamwork is deciding who does what. Every member of team should be appointed to specific tasks and he or she should stick to that. Team spirit is also important.

【翻译】 谈谈你对团队协作的看法。

我认为团队合作最重要的是决定谁做什么。每个团队成员都应该被分配特定的任务，他或她应该坚持。团队精神同样重要。

What factors can achieve good communicaiton?

Face-to-face communication is the best way of interaction. It can eliminate misunderstandings quickly, strengthen relationships, and encourage continued interact. If you talk with someone directly, you can see immediately if they don't understand you. A person's body language will tell you if they don't agree or they don't follow you.

【翻译】 你认为哪些因素可以实现良好的沟通？

面对面的交流是最好的沟通方式。它能很快地消除误解，巩固关系，鼓励持续的交流。如果你与某人直接交谈，你能立刻发现他们是否不理解你。一个人的身体语言会告诉你他们是否同意或没有理解你。

其他参考题目：

· Why do you start the company with your friends? 你为什么和朋友一起开公司？

· Do you prefer work in state-owned enterprise or private enterprise? 你更喜欢在国企还是私企工作？

· What should you do when you make a mistake? 当你犯错时，你应该做什么？

· How could you handled the conflicts in your work? 如果你和别人产生了争执，你怎么处理？

· What is the most interesting thing you recently did? 你最近做过什么有意思的事情？

（3）日常生活相关

What do you do in your spare time?

There are a lot of things that I do in my spare time. I like sports very much and football is my biggest favorite. It's always great to get together with my friends on weekends. Playing football makes me physically stronger and refreshed.

【翻译】你休闲的时候做什么？

在休闲时，我会做许多事情。我非常喜欢运动，足球是我的最爱。在周末，和朋友一起通常是不错的。踢球让我身体强壮，恢复精神。

Introduce your hometown.

I am from ××××, a famous city with a long history over ×× years. The city lies in the western of the province, which is the center of politics, economy and culture. In addition, it is famous for the high-quality hot springs. Visitors at home and abroad feel it comfortable to take a bath here. That is my beloved hometown.

【翻译】介绍自己的家乡。

我来自××××，一个有着超过××年悠久历史的著名城市。城市位于省份的西部。它是政治、经济、文化中心。除外，它是以高质量的温泉著名。国内国外游客感觉这里泡温泉很舒服。那是我最爱的家乡。

Could you talk about your family?

There are three members in my family: my parents and me. My father is a manager, who often goes out on business, so my mom does most of the housework. Climbing mountains on Sunday is our common interest. The fresh air and landscape can help us refreshed.

【翻译】介绍一下你的家庭。

我的家庭有三位成员：我父母和我。我父亲是一个经理。他经常出差，所以我母亲完成了大部分的家务活。周天爬山是我们的共同爱好。新鲜的空气和自然美景能帮助我们恢复精神。

Which book do you read recently?

I read the book 'Harry Potter' recently. There are three reasons as follows.

To begin with, it's a great story and has a fantastic plot, which attracted me from beginning to end.

In addition, the book is favorable for both kids and adult, so that is why it is so popular all around the world.

And last but not least, it's an educational book, which teaches us about dedication, loyalty and love. I am sure you will enjoy the book.

【翻译】你最近读哪本书？

我最近读《哈利·波特》。主要有以下三个原因：

首先，这是一个好故事，有极好的情节，这从头到尾吸引了我。

其次，孩子和成人都喜欢这本书，所以这就是它在全世界如此流行的原因。

最后一点，这是一本有教育性的书，它教会我们付出、忠诚和爱。我肯定你会喜欢这本书。

If you choose to live in a city, which one do you prefer? why?

I like cities like Hangzhou. The climate there is quite mild, neither too hot nor too cold. Its economy is well developed, with many well-known companies. It is also one of the most popular tourist attractions in China.

【翻译】如果选择一座城市定居，你会选哪里？为什么？

我喜欢居住在一个像杭州那样的城市。那里的气候很温和，不太热，也不太冷。它的经济很发达，有许多著名的公司。它也是中国最受欢迎的旅游目的地之一。

Please introduce a places of interest you have been to.

The Forbidden City was the Chinese imperial palace from the mid-Ming Dynasty to the end of the Qing Dynasty. It is situated in the center of Beijing and now houses the Palace Museum. For about five centuries, it is the home of the Emperor and his family, and the political centre of Chinese government.

【翻译】介绍一个你去过的名胜古迹。

紫禁城是中国皇家宫殿，从明朝中期到晚清时期。它位于北京中心，现在为故宫博物院。在过去几乎长达五个世纪的时间里，它是皇上和其家人的居住地，也是当时中国政府的政治中心。

What is the meaning of your name?

I love my name because it's a name my parents choose for me and I'm proud to have it. I'm so satisfied with my name now. I think it's unique, and sort of formal.

【翻译】为什么你取现在的名字？

我喜欢我的名字，这是我父母为我挑选的，我为之自豪。我现在很满意我的名字，它与众不同，还有些正式。

Do you have volunteer experience?

Yes, I do. I used to be a volunteer for museums. I believe there could be several reasons for people volunteering. Some people volunteer because volunteering teaches you a lot, like team work, leadership, passion, organizing things and so on

【翻译】有没有过志愿者经历？

是的，我做过。我过去在博物馆做过志愿者。我相信人们有许多理由去做志愿者。很多人去做志愿者是因为做志愿者能教会他们很多东西。比如团队合作、领导力、热情、组织力等。

What kind of food do you prefer? Chinese food or western food?

I prefer western food. The culture of food in the West is a little different from that in China. The meal would include several courses including a soup or salad, an appetizer, the main dish, and a dessert. The atmosphere will be full of light music that would only serve as background as people talk with each other.

【翻译】中国菜西方菜更喜欢哪个？

我更喜欢西方食物。西方的食品文化和中国略有不同。一顿饭可能包括几道菜品，比如汤或沙拉、开胃品、主菜和甜点。人们彼此交谈时，周围弥漫着作为背景的轻音乐。

Introduce a food in your hometown.

Most Cantonese are fond of food. Teas in the morning, afternoon and evening are crucial to locals daily life in Guangzhou. At tea time, snacks are the most important one. The kinds of snacks are so various that people don't get bored with them.

【翻译】介绍你家乡的一道菜。

大部分广东人喜欢食物。在广州，每天早上、下午、晚上喝茶对于当地人来说是必不可少的。喝茶时间，小吃是最重要的。不同的小吃是如此多，以至于人们不会厌烦它们。

Do you like cooking?

Yes, I like it. Usually the more time spending, chopping and dicing, and messed up my kitchen is, the happier I am. I also like to bake: from cookies, cup cakes, to pizza.

【翻译】你喜欢下厨吗？

我喜欢。越耗费时间，越需要剁和切，厨房越多东西，我就越高兴。我喜欢烤东西：从曲奇、妙芙到披萨。

Do you think you are a good neighbor? What do you do?

I am actually a very kind neighbours. The one couple on my left are retired teachers and they focus on their own thing, and we say hello to each other.

【翻译】你认为自己是个好邻居吗？你做了哪些事情？

我是一个好邻居，住在我左边的一对夫妇是退休教师，专注于做自己的事情。我们每次见面都互相问好。

其他参考题目：

· How to balance family and study? 如何平衡家庭和学习？

· Introduce your favorite sports and why? 描述一下你最喜欢的运动，为什么？

（4）社会热点相关

How to think of the success in recent society?

Undoubtedly, different person holds various opinions about success. The majority of people would feel success equal wealth, fame, reputation, and high social status. But I do know some people would consider the success as the development in knowing more about the world, in exploring more about the knowledge boundary of human beings.

【翻译】如何看待当今社会的成功？

　　毫无疑问，不同人对于成功持有不同的观点。我认为大多数人认为成功等于金钱、名声和高的社会地位。但是我了解有一些人把了解世界的发展、探索关于人类知识边界看作成功。

Do you think television is helpful for children's education?

Yes I do. They often prefer watching cartoons on TV, such as Peppa Pig These cartoons on TV are not only a best way to kill time but also able to offer more chances to inspire kids' imagination and satisfy their curiosity.

【翻译】你认为电视能否有益于孩子的教育？

　　是的，我认为。他们通常喜欢看电视动画片，比如《小猪佩奇》。这种动画片不仅是消磨时间的好东西，还能激发小孩的想象力，满足他们的好奇心。

Should government ban the advertisement about trash food?

Yes, the government should ban Junk food ads. TV plays an important role in people's pastime, and the ads on TV no doubt have an unneglectable influence on people. Watching ads of junk food times and again would lure people to try the foods and even confuse people's idea of healthy diet, which would be a real threat to people's wellbeing.

【翻译】对于垃圾食品的广告，政府是否应该禁止？

　　是的，政府应该取缔垃圾食品的广告。电视在人们的休闲中占据重要角色，电视上的广告无疑会对人们造成不可忽视的影响。垃圾食品的广告看多了会诱使人们去买去尝，甚至会混淆他们对健康饮食的认知，这对人民的整体健康也是一种威胁。

Do you support the medical clinical trial on animals, like monkeys?

Yes, I agree that we need to ensure that animals that are used for testing new products have the lowest suffering. However, I am believed that animal testing is essential, and that it will continue to benefit humans in many ways.

【翻译】你支不支持用猴子等动物做临床医学试验？

　　是的，我同意，但是需要确定，使用动物用于测试新产品时，动物要经受最小的折磨。当然，我认为动物测试是有必要的，这会在许多方面持续有益于人类。

What do you think of the smart city?

The concept is based on technologies such as the Internet of things and cloud computing, and embraces transportation, healthcare and public security. For example almost every bus station in cities is equipped with an electronic screen displaying information about the arrival of the next bus. Residents can even check the exact time a bus will arrive on their mobile devices

【翻译】你对智慧城市的看法。

这个概念意为将"物联网"、云计算等技术应用于交通运输、医疗卫生和公共安全等方面。举例来说，城市中几乎所有的公交站都配备电子屏幕，显示下一趟公交车的到达情况。居民甚至可以用移动设备查询下一趟公交车到达的准确时间。

4. 真题礼包

· How do human and computers develop? 人类和计算机如何发展？

· Should homework of children be banned? 应该禁止给孩子布置家庭作业吗？

· Do you prefer communicate by face to face or online, like Wechat? 你喜欢面对面沟通还是微信这种线上沟通？

· What do you think that seniors are used to watching TV, and the young using cellphone? 现在老年人习惯看电视，而年轻人习惯用手机，请问你对此怎么看？

5. 答题锦囊

英语口语听说能力测试时，如果听不懂考官的问题怎么办？

抓住考官提问句子中的关键词，猜测老师可能问及的问题，跟老师简单互动确认之后，再做合理的回答。

四、答题技巧与典型句式

1. 招呼用语（Greeting）

· Good morning, /afternoon, Sir/Madam/Professors.

· I'm glad to attend this interview.

· I hope I will have a good performance today and eventually enroll in my dream university.

2. 未听清问题（Unclear）

· Pardon? Or I beg your pardon?

- I can't follow you. Would you please say it again?
- Could you please repeat what you just said?

3. 回答卡壳（Stuck）

- You know…
- Well, let me see…

4. 问题过难（Difficult）

- This question is a little difficult for me, could I have another one?
- I am so sorry. I guess this question is too difficult for me. Could you please kindly allow me to make a brief self-introduction, which would be helpful for you to get some of my personal information.
- I am sorry about my poor performance. I have prepared much for this interview, but my English listening and speaking still disappointed you. I feel so sorry about it.

5. 面试结束用语（Closing）

- That is all my understanding about the question/topic.

6. 告别用语（Farewell）

- Thank you for your listening.
- I hope my performance today is satisfactory/ good.

五、英语听力测试

1. 短篇新闻

（1）题型要点

所选短篇新闻的字数多为 160~190 词，每篇新闻通常设有 2~3 道题目。根据新闻内容及提问，从四个选项中选出最佳答案，每篇新闻材料只播放一遍。

短篇新闻听力材料多来源于国外知名广播电台及电视，比如 VOA、BBC、CNN 等。题材广泛，例如经济、文化、社会等。

短篇新闻主要考查考生是否能够抓住内容中的主旨大意及细节要点，比如新闻中的六要素，即 5W＋1H：who（人物）、what（时间）、when（时间）、where（地点）、why（原因）、how（方式）。

（2）解题流程

·听前：快速浏览题目选项，勾画出各选项关键词，了解新闻主题内容。

·听中：注意新闻六要素（5W+1H），集中注意抓住听力中提到的关键词。

·听时：可以适当做笔记，记录听力中出现的关键词。

·根据听力中提及的问题，结合记忆及笔记关键词，对比选项，选出最佳答案。

（3）例题展示

Directions：At the end of each news report, you will hear two or three questions. Both the news report and the questions will be spoken only once. After you hear a question, you must choose the best answer from the four choices marked A, B, C and D.

Questions 1 and 2 are based on the news report you have just heard.

1. A. Testing the efficiency of the new solar panel.

   B. Providing clean energy to five million people.

   C. Generating electric power for passing vehicles.

   D. Finding cheaper ways of highway construction.

2. A. They are made from cheap materials.

   B. They are only about half an inch thick.

   C. They can be laid right on top of existing highways.

   D. They can stand the wear and tear of natural elements.

参考答案：1. B 2. C

【听力原文及解析】

（1）Last week, France announced that the country will pave 621 miles of road with solar panels over the next five years, with the goal of providing cheap, renewable energy to five million people. （2）Called "the Wattway", the roads will be built through joint efforts with the French road building company Colas and the National Institute of Solar Energy. （3）The company spent the last five years developing solar panels that are only about a quarter of inch thick and are strong enough to stand up to heavy highway traffic without breaking or making the roads more slippery. （4）The panels are also designed so that they can be installed directly on top of the existing roadways, making them relatively cheap and easy to install. （5）France isn't the first country to kick around the idea of paving its roads with solar panels. （6）In November 2015, the Netherlands completed a 229-foot-long bike path paved with solar panels as a test for future projects. （7）However, this is the first time a panel has been designed to be laid directly on top of existing roads and the first project to install the panels on public highways.

（1）上周，法国宣布将在未来 5 年内铺设一条长达 621 英里（1 英里 = 1. 609 米）

的太阳能公路，以为 500 万民众提供便宜的、可再生的能源。（2）这条公路叫作 "Wattway"，将由法国道路建设公司 Colas 与国家太阳能研究所联合建造。（3）在过去的五年里，Colas 公司一直致力于研发一种太阳能电池板，该板只有四分之一英寸厚，却足以承受高峰期的交通流量而不损坏或者打滑。（4）经过特殊设计，这些电池板可以直接安装在现有道路表层，它们相对便宜并且易于安装。（5）法国并非第一个考虑在道路上安装太阳能电池板的国家。（6）2015 年 11 月，荷兰铺设了一条长 229 英尺（1 英尺＝0.304 8 米）的太阳能自行车道，这是为将来的项目进行的一项测试。（7）然而，这是第一次将电池板设计成可直接铺设在现有道路表层，同时也是第一次将电池板安装于公共道路的项目。

1. What was France's purpose of constructing the Wattway? 法国建设 "Wattway" 的目的是什么？

【解析】答案为 B。

第一句末，提及 "providing cheap, renewable energy to five million people"（向 500 万人提供便宜的、可再生的能源），正好对应选项 B：Providing clean energy to five million people，故选择 B。

2. What is special about the solar panels used in the Wattway? Wattway 中使用的太阳能电池板有何特别之处？

【解析】答案为 C。

第七句转折处提及 "be laid directly on top of existing roads"（直接铺设在现有道路表层），对应 C 选项：They can be laid right on top of existing highways，故选择 C。

模拟题目：

Questions 1 and 2 are based on the news report you have just heard.

1. A. The return of a bottled message to its owner's daughter.

   B. A New Hampshire man's joke with friends on his wife.

   C. A father's message for his daughter.

   D. The history of a century-old motel.

2. A. She wanted to show gratitude for his kindness.

   B. She wanted to honor her father's promise.

   C. She had been asked by her father to do so.

   D. She was excited to see her father's handwriting.

【听力原文及答案】

A message in a bottle sent out to sea by a New Hampshire man more than five decades ago was found 1, 500 miles away and has been returned to his daughter. The long-lost message was discovered by Clint Buffington of Utah while he was vacationing. Buffington says he found a soda bottle half buried in the sand that "looked like it had been there since the beginning of time." The note inside the bottle said, "Return to 419 Ocean Street and receive a reward of $ 150 from Richard and Tina Pierce, owners of the Beachcomber Motel." The motel was owned by the parents of Paula Pierce in 1960. Her father had written the note as a joke and had thrown it into the Atlantic Ocean. Buffington flew to New Hampshire to deliver the message to Paula Pierce. She held up to her father's promise, giving Buffington that reward. But the biggest reward is the message in a bottle finding its way back home.

50 多年前, 一名新罕布什尔州人将一封装在瓶子里的信扔进海里, 在 1 500 英里以外被发现, 并已归还给他的女儿。这封长期未被发现的信是犹他州的克林特·巴夫顿在度假时发现的。巴夫顿说, 他发现了一个半埋在沙子里的汽水瓶, "看起来它从一开始就在那里。"瓶子里的纸条上写着: "带回到海洋街 419 号, 将获得比奇康伯汽车旅馆的老板理查德和蒂娜·皮尔斯的 150 美元奖励。"1960 年, 这家汽车旅馆归宝拉·皮尔斯的父母所有。她父亲写这张纸条只是开个玩笑, 然后把它扔进了大西洋。巴菲顿飞到新罕布什尔州, 把这个消息告诉了保拉·皮尔斯。她遵守了父亲的诺言, 给了巴夫顿那个奖赏。但最大的收获是找到了瓶子里的信息所要归属的地方。

1. What is the news report mainly about? 新闻报道主要是关于什么?

【答案】A. The return of a bottled message to its owner's daughter.

2. Why did Paula Pierce give Clint Buffington the reward? 为什么保拉·皮尔斯给予克林特·布菲顿奖励?

【答案】B. She wanted to honor her father's promise.

Questions 3 and 4 are based on the news report you have just heard.

3. A. Improve the maths skills of high school teachers.

   B. Change British people's negative view of maths.

   C. Help British people understand their paychecks.

   D. Launch a campaign to promote maths teaching.

4. A. Children take maths courses at an earlier age.

   B. The public sees the value of maths in their life.

   C. British people know how to do elementary calculations.

   D. Primary school teachers understand basic maths concepts.

【听力原文及答案】

Millions of people are struggling to understand their paychecks or calculate money in shops, campaigners have said. Being bad at maths should no longer be seen as a "badge of honor" or down to genetics, according to National Numeracy, a new organization which aims to challenge the nation's negative view of the subject. Chris Humphries, chairman of the group, said that poor maths skills can affect an individual's life, leaving them at a higher risk of being excluded from school or out of work. "Figures from a government survey, published last year, show that 17 million adults in England have basic maths skills that are, at best, the same as an 11-year-old," he said. Speaking at the lounge of National Numeracy, Mr. Humphries said, "That's a scary figure, because what it means is they often can't calculate or give change." Mike Ellicock, chief executive of National Numeracy, said: "We want to challenge this 'I can't do maths' attitude that is prevalent in the UK," adding that it was vital that all primary school teachers understand key maths concepts, as young children who fail to learn the basics will suffer later on.

活动人士表示，数百万的人正绞尽脑汁想要搞懂自己的工资单、计算购物时到底花了多少钱。据新成立的英国国家数学能力中心称，数学不好，不应再被看作是"荣誉徽章"，也不应再从祖先的基因遗传上找借口。他们旨在改变全国大众对数学的负面看法。这个组织的负责人克里斯·汉弗莱斯表示，数学不好可能会影响一个人的一生。数学不好的人有很大可能无法融入学校或职场。他说道："去年公布的一项政府调查数据显示，1 700 万英国成年人的基本数学技能，充其量与一个 11 岁的孩子相当"。在英国国家数学能力中心的启动仪式上，他说："这是一个可怕的数字，因为它意味着这些人往往无法算钱或找零。"英国国家数学能力中心的首席执行官麦克·艾力阔克说："我们想要对现今英国普遍存在的'我不会数学'的负面态度发出挑战"，并补充道，所有小学教师都必须了解重要的数学概念，如果孩子们连基础的数学知识都学不好，以后就会难上加难了。

3. What does the organization National Numeracy aim to do? 英国国家数学能力中心的目标是什么？

【答案】B. Change British people's negative view of maths.

4. What is vital according to the chief executive of National Numeracy? 根据英国国家数学能力中心的行政长官的说法，什么是至关重要的？

【答案】D. Primary school teachers understand basic maths concepts.

Questions 5 to 7 are based on the news report you have just heard.

5. A. The lack of clues about the species.

   B. Inadequate funding for research.

   C. Endless fighting in the region.

   D. The hazards from the desert.

6. A. To observe the wildlife in the two national parks.

   B. To study the habitat of lions in Sudan and Ethiopia.

   C. To identify the reasons for the lions' disappearance.

   D. To find evidence of the existence of the "lost lions".

7. A. Lions' tracks.

   B. Lions walking.

   C. Some camping facilities.

   D. Traps set by local hunters.

【听力原文及答案】

Lions have disappeared from much of Africa, but for the past few years scientists have wondered if the big cats were hanging on in remote parts of Sudan and Ethiopia. Continuous fighting in the region has made surveys difficult. But scientists released a report Monday documenting, with hard evidence, the discovery of "lost lions". A team with Oxford University's Wildlife Conservation Research Unit, supported by a charity organization, spent two nights in November camping in a national park in northwest Ethiopia, on the Ethiopia-Sudan border. The researchers set out six camera traps, capturing images of lions, and they identified lion tracks. The scientists concluded that lions are also likely to live in a neighboring national park across the border in Sudan. The International Union for Conservation of Nature had previously considered the area a "possible range" for the species, and local people had reported seeing lions in the area, but no one presented convincing evidence.

非洲大部分地区的狮子已经消失了，但在过去的几年里，科学家们猜想这种大型猫科动物仍然存在于苏丹和埃塞俄比亚的偏远地区。该地区持续不断的战争使调查工作变得困难。但是，科学家们于周一发布了一份报告，该报告附有"消失的狮子"被发现的确凿证据。在一个慈善组织的支持下，牛津大学野生动物保护研究单位的一个小组于 11 月在埃塞俄比亚西北部的一个国家公园里露营两夜，该公园位于埃塞俄比亚与苏丹的边界。调查者设置了 6 架隐蔽摄影机，用于捕捉狮子影像，他们发现了狮子的踪迹。科学家们得出结论称狮子可能生活在临近苏丹境内的国家公园中。国际自然保护联盟此前曾认为该地区是该物种的"可能存在区域"，当地居民也曾报告在该地区看到过狮子，但没有人提供过有说服力的证据。

5. What has made it difficult to survey lions in remote parts of Sudan and Ethiopia? 是什么使得在苏丹和埃塞俄比亚的偏远地区难以开展对狮子的调查？

【答案】C. Endless fighting in the region.

6. What was the main purpose of the research? 该项调查的主要目的是什么？

【答案】D. To find evidence of the existence of the "lost lions".

7. What did the researchers find in the National Park? 研究人员们在国家公园里发现了什么？

【答案】A. Lions' tracks.

2. 场景对话

（1）题型要点

·所选对话的字数多为 200~300 词，每篇对话一般有 4 道题目。考生根据对话内容及提问，从四个选项中选出最佳答案。每篇对话材料只播放一遍。

·对话听力材料通常为一男一女谈话，场景主题多是关于生活、校园、学习、生活等。

·对话主要考查考生是否能够抓住对话中的主题大意及细节要点，比如人物态度和观点等。

（2）解题流程

·听前：快速浏览题目选项，勾画出各选项关键词，推测题目提问内容。

·听中：注意对话中出现的主题及语气强调的内容，集中注意抓住听力中提到的关键词、重复词等。

·听时：适当做笔记，记录听力中出现的关键词。

·根据听力中提及的问题，结合记忆及笔记关键词，对比选项，选出最佳答案。

（3）例题展示

Directions：In this section，you will hear two long conversations. At the end of each conversations you will hear four questions. Both the conversations and the questions will be spoken only once. After you hear a question. You must choose the best answer from the four choices marked A，B，C and D.

Questions 1 to 4 are based on the conversation you have just heard.

1. A. A special gift from the man.

B. Her wedding anniversary.

C. A call from her dad.

D. Her 'lucky birthday'.

2. A. Threw her a surprise party.

   B. Took her on a trip overseas.

   C. Bought her a good necklace.

   D. Gave her a big model plane.

3. A. What her husband and the man are up to.

   B. What has been troubling her husband.

   C. The trip her husband has planned.

   D. The gift her husband has bought.

4. A. He wants to find out about the couple's holiday plan.

   B. He is eager to learn how the couple's holiday turns out.

   C. He will tell the women the secret if her husband agrees.

   D. He will be glad to be a guide for the couple's holiday trip.

参考答案：1. D 2. A 3. C 4. B

【听力原文及解析】

（1）M：I bet you're looking forward to the end of this month, are you?

男：我打赌你期待着这个月底的到来，对吧？

（1）W：Yes, I am. How did you know?

女：是的，我很期待。你是怎么知道的？

（2）M：David told me you had a special birthday coming up.

男：David 告诉我你特殊的生日就要到了。

（2）W：Oh, yes. That's right. This year would be my golden birthday.

女：是的，对。今年我将迎来我的金色生日。

（3）M：What does that mean? I've never heard of a golden birthday.

男：那是什么意思？我从没有听说过金色生日。

（3）W：I've actually just learnt this concept myself. Fortunately, just in time to celebrate. A golden or lucky birthday is when one turns the age of their birth date. So, for example, my sister's birthday is December 9th and her golden birthday would have been the year she turns 9 years old. Come to think of it, my parents did throw her a surprise party that year.

女：我也是刚刚知道这么一个说法的。幸运的是，我赶上庆祝了。金色生日或者幸运生日是指一个人的年龄与出生日期相同的那年生日。比如说，我姐姐的生日是 12 月 9 日，那么她的金色生日就是 9 岁那年的生日。细想一下，我父母确实在那一年为她准备了一个惊喜派对。

（4）M：Interesting. Too bad I missed mine. My golden birthday would've been four years ago. I assume you got big plans then.

男：有意思。很遗憾我错过自己的金色生日了。我的金色生日应该是在 4 年前。我想你们一定好好筹划了一番。

（4）W：Actually yes. My husband is planning a surprise holiday for the two of us next week. I have no idea what he's got in mind, but I'm excited to find out. Has he mentioned anything to you?

女：确实是这样。我先生正在准备下周的惊喜假期。我还不知道他是怎样安排的，但是我很期待知晓。他有向你提到过这些计划吗？

（5）M：He might have.

男：他可能提到过吧。

（5）W：Anything you'd like to share? I'm dying to know what kind of trip he has planned on where we're going.

女：你可以向我透露一些吗？我很想知道他安排我们去那里玩，怎么玩。

（6）M：You know nothing at all?

男：你一点也不知道吗？

（6）W：Not a clue. Hard to imagine, isn't it! Though I must say, I think he's been even more fun keeping the secret from me in the past few weeks.

女：没有线索。很难想象，不是吗？不过我必须说，这样瞒着我，过去几周他肯定偷着乐呢。

（7）M：I'm sure both of you will have a fantastic time. Happy golden birthday! I can't wait to hear all about it when you get back.

男：我相信你们会玩得很开心的。金色生日快乐！我已经等不及听你回来后分享旅程了。

1. What is the woman looking forward to? 该女士期待的事情是什么？

【解析】答案为 D。

第三轮对话女士回答中提及"A golden or lucky birthday is when one turns the age of their birth date."，正好对应 D 选项中的 "Her 'lucky birthday'."，这里的 "lucky birthday" 为同词，故选择 D。

2. What did the woman's parents do on her sister's lucky birthday? 该女士的父母为她妹妹的幸运生日做了些什么？

【解析】答案为 A。

第三轮对话末，女士回答中提及 "Come to think of it, my parents did throw her a surprise party that year." 正好对应 A 选项中的 "Threw her a surprise party." 故选择 A。

3. What is the woman eager to find out about? 该女士热切地想要知道什么?

【解析】答案为 C。

第四轮对话中,女士回答中提及 "husband is planning a surprise holiday for the two of us next week." 正好对应 C 选项中的 "The trip her husband has planned." 故选择 C。

4. What does the man say at the end of the conversation? 对话末尾该男士说了什么?

【解析】答案为 B。

最后一轮对话中,男士回答中提及 "I can't wait to hear all about it when you get back. (我已经等不及听你回来后分享旅程了。)" 与 B 选项中 "He is eager to learn how the couple's holiday turns out. (他渴望了解夫妇的假期最终怎样)" 意思一致,故选择 B。

模拟题目:

Questions 1 to 4 are based on the conversation you have just heard.

1. A. Vacation in Italy.

   B. Study abroad.

   C. Throw a farewell party.

   D. Go to a fashion show in Milan.

2. A. Quite sleepy.

   B. Very excited.

   C. Rather depressed.

   D. Nearly exhausted.

3. A. He has to attend a party.

   B. He has to meet a friend.

   C. He has to make a presentation.

   D. He has to finish an assignment.

4. A. Say goodbye to the woman at the airport.

   B. Meet the woman at the Black Cat Cafe.

   C. Drive the woman to the airport.

   D. Have lunch with the woman.

【听力原文及答案】

M: Hi, Emily! I hear you're leaving for Italy soon. Do you plan to have a going-away party before you disappear? It'll be really nice for us to hang out together before you go.

男：嗨，艾米莉！我听说你很快就要去意大利了。你打算在离开之前开个送别派对吗？在你离开之前我们在一起会感觉很愉快的。

W：I'm not sure. I'm leaving in just two more days, and I'm going to miss all my friends here and especially this place.

Why don't you come over? I'm feeling rather sad, actually. I'm currently sitting alone at a table outside the Black Cat Cafe, listening to the rain and watching people passing by.

女：我不确定。再过两天我就要走了，我会想念这里所有的朋友，尤其是这个地方。

你为什么不过来呢？实际上，我觉得很难过。我现在独自坐在黑猫咖啡馆外的一张桌子旁，听着雨声，看着路上人来人往。

M：I am sorry. I can't just now. I need to get this assignment finished by Monday, and I'm way behind. Anyhow, cheer up! You're not leaving for good. And you'll absolutely love Italy.

男：我很抱歉。我不能现在来。我需要在星期一之前完成这项任务，而且我已经落下很多了。不管怎样，振作起来！你不会永远离开的。你一定会爱上意大利的。

W：Yeah, you're right. But I just feel like I'm not quite ready to go. And studying in a foreign country seems a bit overwhelming.

女：是的，你说的没错。但我觉得我还没准备好要去那儿。在国外学习似乎有点让人难以适应。

M：Just think of your life in Milan. In the mornings, you can go down to a small local cafe, soaking up the sun's rays and drinking coffee. I envy you. You can buy lots of gorgeous Italian clothes.

男：想想你在米兰的生活。早上，你可以去当地的一家小咖啡馆，沐浴阳光，喝咖啡。我羡慕你。你可以买很多漂亮的意大利衣服。

W：That does sound nice. And of course, I can keep in touch with everyone through Facebook. Maybe you can all come visit me.

女：听起来不错。当然，我可以通过 Facebook 与任何人保持联系。或许你们都能来看我。

M：Of course we will. When is your flight?

男：我们当然会的。你的航班是什么时候？

W：On Saturday, after lunch, at 1:45.

女：星期六下午 1:45。

M：Okay, I'll try and come to the airport on Saturday to see you off. I'll give you a call that morning, no matter what.

男：好吧，我尽量周六到机场给你送行。不管发生什么事，那天早上我都会给你打电话。

1. What is the woman going to do? 这位女士打算干什么？

【答案】B. Study abroad.

2. How does the woman feel at the moment? 当时这位女士心里是什么感受？

【答案】C. Rather depressed.

3. Why can't the man meet the woman now? 为什么这位男士现在不能与这位女士见面？

【答案】D. He has to finish an assignment.

4. What will the man possibly do on Saturday? 这位男士在周六可能做什么？

【答案】A. Say goodbye to the woman at the airport.

3. 提升小贴士

考生平时要养成听力练习习惯，每天精听一篇文章，内容可以重点选择四六级真题题目，或者挑选难度适中的 VOA、BBC、CNN 以及英美剧或电影中的材料。精听过程中务必遵循以下步骤：

·听前，先快速浏览题目，勾画重点关键信息。

·第一遍听时，注意抓住关键信息点，可以适当做笔记并完成相应题目。

·第二遍听时，再次确认已选答案，对于遗漏信息，再次仔细倾听。

·第三遍听时，参考答案及听力原文内容，确认答题是否正确，找出出错点，识别个别生词的意思。

·根据听力原文内容，以句为单位，进行跟读及跟写，不熟悉的内容可以重复精听数次。